KB217538

뜨겁게 행하라

김양재 목사의 큐티강해
마태복음 6

뜨겁게 행하라

지은이 **김양재**

Q.T M

이 책을 펴내며

블레셋에 빼앗겼던 언약궤가 이스라엘로 돌아올 때 쓰임받은 것은 새 수레와 멍에를 메어 보지 않은 암소 두 마리였습니다(삼상 6:1~18). 새 수레는 세속적인 목적으로 쓰인 적이 없는 수레이고, 암소 두 마리는 새끼를 낳자마자 강권적으로 끌려와 아직 젖이 나는 어미 소였습니다. 암소 두 마리가 모정과 본능을 초월해 부르심에 따라 사명의 길을 갈 수밖에 없었던 것처럼, 복음 전파의 사명을 감당하는 데는 모정과 인정(人情)을 초월하는 자기 부인이 따라야 합니다.

말씀이 희귀했던 이스라엘은 인재도 희귀하여 암소가 언약궤를 메야 하는 슬픈 시대였지만, 하나님이 지명하여 택하시면 그 어떤 피조물도, 그 어떤 환경에서도 암소처럼 부르심에 이끌려 사명을 감당할 수 있음을 확신합니다. 그래서 늘 사명은 자원함보다 부르심이 먼저고, 나의 힘든 환경 속에서 하나님의 택하심이 깨달아졌다면 그곳이 바로 사명의 자리입니다.

지난 2006년, 마태복음 큐티강해 1권『큐티하는 자는 복이 있나니』를 출간한 뒤 어느덧 마태복음의 마지막 권을 출간하게 되었습니다. 자격과 공로가 하나도 없는 저이지만 하나님의 강권적인 이끄심에 의해 오직 말씀대로 믿고 살고 누리는 본을 보이며 걸어왔더니, 어느덧 우리들교회도 창립 10주년을 맞게 하셨습니다.

"암소가 벧세메스 길로 바로 행하여 대로로 가며 갈 때에 울고 좌우로 치우치지 아니하였고 블레셋 방백들은 벧세메스 경계선까지 따라 가니라"(삼상 6:12).

진리의 길에서 바로 행하여 대로로 가며, 죄와 수치를 투명하게 오픈하고, 좌우로 치우치지 않고 말씀과 질서에 순종하며, 눈물로 십자가를 져 온 우리들교회 성도들이 있었기에 지금껏 수많은 영혼이 살아나고 가정이 회복될 수 있었습니다. 그래서 이 책은 제가 쓴 책이 아니라 우리들교회 공동체가 눈물로 함께 쓴 공동체의 고백입니다.

인생의 목적은 행복이 아니라 거룩이며, 하나님의 선택에는 후회와 차별이 없습니다. 이름도 없이 빛도 없이 사명을 감당하고 하나님 앞에 번제로 바쳐진 두 암소처럼, 구원을 위해 오늘 나에게 허락하신 십자가를 지고 뜨겁게 행하는 여러분이 되시기를 예수님 이름으로 축원합니다.

2013년 6월
우리들교회 담임목사 김양재

CONTENTS

Part 1

하나님의 마음으로
뜨겁게 행하라

그런즉 깨어 있으라

마태복음 25:1~13

하나님 아버지, 안일함으로 졸던 제게
깨어 일어나 주님의 말씀을 들으라 하십니다.
말씀하여 주옵소서. 듣겠습니다.

1980년대 초반까지도 해안으로 간첩이 침투하는 사건이 종종 있었습니다. 해안에 철조망을 쳐 놓고 보초를 설 때 군견도 함께합니다. 그런데 초병이 졸면 군견도 같이 존다고 합니다. 그러다 순찰대에 들키면 기합으로 끝나지만 행여 간첩이 들어오면 정말 큰일 나는 겁니다.

그런데 간첩이 들어왔을 때 군견이라도 깨어서 초병에게 알리면 병사는 간첩도 잡고 군견 덕분에 1계급 특진도 하고 헬기 타고 고향에 가는 영광도 누리게 됩니다. 실제로 어느 집사님이 군복무 시절 이런 영광을 누렸다고 합니다.

개도 깨어 있으면 주인을 영광스럽게 합니다. 하물며 하나님의 자녀인 우리가 항상 깨어 있어서 내 삶에 침투하는 사탄을 능히 물리치면 주님이 얼마나 기뻐하시겠습니까! 그렇다면 어찌해야 항상 깨어 있을 수 있을까요?

올바른 준비를 해야 합니다

1 그 때에 천국은 마치 등을 들고 신랑을 맞으러 나간 열 처녀와 같다 하리니 2 그 중의 다섯은 미련하고 다섯은 슬기 있는 자라 3 미련한 자들은 등을 가지되 기름을 가지지 아니하고 4 슬기 있는 자들은 그릇에 기름을 담아 등과 함께 가져갔더니 _마 25:1~4

"천국은 신랑을 맞으러 나간 열 처녀와 같다"고 하십니다. 천국을 소망하는 우리도 열 처녀와 다름없습니다. 천국으로 인도하실 신랑을 맞이하고자 등을 들고 기다리는 인생입니다. 천국은 기다림과 연결됩니다. 그런데 똑같이 등을 들고 기다리는데 한쪽은 달랑 등만 들고 있고, 다른 한쪽은 여분의 기름을 가득 채운 그릇까지 예비합니다. 이것이 미련함과 슬기로움의 차이입니다. 천국을 기다릴 때 가장 중요한 것은 '준비'입니다.

저는 기름을 준비한다는 것은 자신이 죄인임을 깨닫고 회개하는 것이라고 생각합니다. 예배 때나 큐티를 할 때나 말씀을 듣고 보면서 자기의 죄를 보고 회개하는 사람이야말로 기름을 잘 준비하는 사람입니다. 그래서 다섯 처녀는 자기가 죄인임을 알고 기름을 준비했습니다. 그러나 똑같이 등을 가졌어도 나머지 다섯 처녀는 자기 죄를 드러내길 싫어하기에 기름을 준비하지 못했습니다.

주님의 재림을 기다리며 기름을 준비한답시고 재산을 처분하고, 집안일을 제쳐두고 전도하러 나가는 것이 올바른 준비가 아닙니다. 신앙은 상식적이고 인격적인 것입니다. 평범한 생활을 잘 하는 것이 비범한 재능보다 낫습니다. 가정에서 주어진 역할에 충실하며 존경과 사랑을 이루는 것이 주님을 기다리는 올바른 준비입니다. 아무리 세상적으로 큰 성공을 거두었어도 가정을 지키지 못하면 올바로 준비하는 게 아닙니다.

집마다 좋은 사람만 있습니까? 별별 사람이 다 있지 않습니까? 별별 사람, 별별 문제를 다 겪으면서도 내 죄를 인정하고 고백하는 사람은 집 안팎으로 존경을 받게 돼 있습니다. 어떤 경우에도 내 죄를 보고 가는 것이 슬기로운 자입니다.

◆ 매일 자신이 죄인임을 고백하며 기름을 준비하고 있습니까? 말씀을 듣고 큐티를 하면 남의 죄가 보입니까, 내 죄가 보입니까? 평범한 일상에서 날마다 나의 몸을 산 제사로 드리며 올바른 준비를 하고 있습니까?

더디 오셔도 졸지 말아야 합니다

신랑이 더디 오므로 다 졸며 잘새 _마 25:5

주님이 더디 오시는 이유는 우리가 올바른 준비를 하도록 하기 위해서입니다. 그런데 슬기로운 자나 미련한 자나 더디 오는 신랑을 기다리다가 너나 할 것 없이 다 졸며 잠이 들었습니다. 다 잡니다. 예외가 없습니다. 베드로후서 3장 4절에 보면 말세에 조롱하는 자들이 "주께서 강림하신다는 약속이 어디 있느냐, 조상들이 잔 후로부터 만물이 처음 창조될 때와 같이 그냥 있다"고 합니다. 또 9절에서 어떤 이들은 주님의 강림이 더디다고 생각합니다.

우리 인생도 그렇습니다. 내 환경이 너무 편안하고 가진 게 많으면 예수 신랑 만나는 것이 고역입니다. 편안하면 잠도 더 깊이 잡니다. 굳이 부지런 떨며 살지 않아도 되니 "좀 더 자자, 좀 더 졸자, 좀 더 누워 있자" 합니다. 욕망과 쾌락의 잠에도 쉽게 빠집니다.

반면에 너무 고난이 많아도 그렇습니다. 낙심의 잠에 빠져서 나를 구원해 주실 주님을 마냥 기다리는 걸 힘들어합니다. 고난이 없으면 쾌락과 안일의 잠을 자고, 고난이 있으면 낙심의 잠을 잡니다. 그러면서 이구동성으로 하는 말이 "더디 온다"입니다. 더디 오시는 주님의 재림을 구원의 기회로 써야 하는데 어떤 사람은 원망의 기회로, 어떤 사람은 방종의 기회로 씁니다.

미국의 남극 탐험가인 리처드 버드 제독과 함께 14개월 동안 남극 대륙을 탐험한 노먼 데인 보핸의 이야기입니다.

1928년 성탄절에 남극에 도착한 탐험대는 영하 50도에 햇빛도 전혀 없는 남극에서 5개월간 겨울을 지내기 위해 월동 준비부터 했습니다. 얼음으로 집을 짓고, 라디오 수신탑을 세우고, 창고도 지었습니다. 필요한 식량과 생활필수품은 물론 자가 발전기, 통신 장비까지 다 갖추고 깜깜한 어둠의 생활에 들어갔습니다. 나름대로 등도, 기름도 잘 준비하고, 5개월 후에는 햇빛이 비친다는 걸 알고 있음에도 불구하고 일행들의 삶은 혼란스러웠습니다. 어떤 사람은 우울증에 빠지고, 어떤 이는 매일 총을 차고 다니면서 노먼을 죽인다고 협박했습니다. 누가 그러거나 말거나 줄곧 책만 읽는 사람도 있었습니다.

공통적인 것은 모두 잠을 잤다는 것입니다. 믿음이 있는 사람이나 없는 사람이나 다 졸며 잤다는 것입니다. 5개월 후면 어둠이 물러가고 세상이 밝아지리라는 것을 다 알고 있지 않습니까? 그런데도 불평하고 별소리를 다 했답니다. 5개월이 더디 지나는 것만 같아서입니다. 그래도 거기서 끝까지 살아남을 수 있었던 것은 공동체가 있었기 때문입니다. 그 어둠 속에서 서로 손잡고 있었던 공동체가 있었습니다.

아무리 형편없고 어두운 환경 가운데 있어도 그렇습니다. 남편을 봐도, 자녀를 봐도 눈앞이 캄캄하지만 공동체에 잘 붙어서 지체들의 손을 꼭 잡고 있으면 언젠가는 빛이 되신 주님이 오실 것입니다. 어둠이 깊을수록 빛 되신 예수님을 더 잘 만나게 될 것입니다. 한번 어둠을 겪었던 사람들은 그 빛이 너무 감사해서 옛날로 돌아가지 않게 됩니다. 저는 공동체가 너무 중요하다고 생각합니다.

이 땅에 평안한 사람이 어디 있습니까? 돈 많고 자녀가 공부 잘하면 평안합니까? 가진 것이 많을수록 시기와 질투, 염려의 잠에 깊이 빠지게 된다는 걸 잊지 말아야 합니다. 그렇게 잠든 나를 깨우기 위해 '보라 신랑이로다!' 하는 사건이 찾아옵니다.

> 6 밤중에 소리가 나되 보라 신랑이로다 맞으러 나오라 하매 7 이에 그 처녀들이 다 일어나 등을 준비할새 8 미련한 자들이 슬기 있는 자들에게 이르되 우리 등불이 꺼져가니 너희 기름을 좀 나눠 달라 하거늘
>
> _마 25:6~8

재림의 나팔 소리가 울려 퍼지고 신랑인 예수님이 오셨습니다. '보라 신랑이로다' 하는 소리가 들릴 때 기름을 준비한 슬기로운 처녀는 급히 나와서 맞이합니다. 갑자기 사건이 일어나도 구원의 사건으로 알고 '아멘'으로 맞이합니다. 그런데 잘생기고 돈 많고 학벌 좋은 사람이 내 신랑이라면, 그런 신랑을 두고 예수님이 오셨다고 해서 "아멘, 주 예수여" 하겠습니까? 못 그럽니다. "주님, 조금만 더 있다가 오세요" 하지 않겠습니까? 더러는 '차라리 예수님이 오지 않으시면 좋겠다'는 생각도 할 것입

니다. "여기가 좋사오니", "지금이 좋사오니" 하면서, 기름을 준비하지 못한 다섯 처녀처럼 신랑 예수를 '간절히' 기다릴 수 없는 겁니다.

그러니 미련한 처녀들은 뒤늦게야 자기네 등불이 꺼져 가는 것을 봅니다. 미련한 처녀에게 예수님이 찾아오셨는데 있을 수 없는 일이 일어난 겁니다. 잘생긴 신랑이 바람을 피우고 돈 많은 신랑에게 부도가 난 겁니다. 그러니 원망과 낙심으로 인생의 등불이 꺼져갈 수밖에 없습니다. 그래서 여기저기 손을 벌리고 기름을 달라고 합니다.

그런데 부탁이 아니라 명령조입니다. 여분의 기름을 준비하지 못한 자신의 부족함을 모릅니다. 겸손이라고는 조금도 없습니다. 막상 사건이 일어나도 자기 문제가 무엇인지 깨닫지 못합니다. 평소에 대비하지 못한 사람의 특징입니다. 한편 등불이 꺼져 간다는 것은 곧 성령의 불길이 소멸해 감을 의미합니다. 말씀의 기름, 회개의 기름을 준비하지 않았으니 성령의 불길이 꺼질 수밖에 없습니다.

◆ 여러분은 슬기로운 처녀입니까, 미련한 처녀입니까? 나에게 '보라 신랑이로다' 하는 배신과 부도의 사건이 왔습니까? 말씀의 기름, 회개의 기름이 준비되어 구원의 등불을 켤 수 있습니까?

하나님과의 관계가 바르게 되어야 합니다

하나님과의 관계가 바르게 될 때 깨어 있을 수 있습니다. 구원은 다른 사람과 나눌 수 없는 철저히 개인적인 것입니다. 나와 하나님과의 관계가 바르지 못하면 절대 준비할 수도, 깨어 있을 수도 없습니다. 그래서 슬기로운 자들은 이렇게 대답합니다.

> 슬기 있는 자들이 대답하여 이르되 우리와 너희가 쓰기에 다 부족할까
> 하노니 차라리 파는 자들에게 가서 너희 쓸 것을 사라 하니 _마 25:9

너무 얄밉습니까? 냉정한가요? 슬기로운 처녀들은 '구원'을 나눌 수 없다는 걸 압니다. 기름을 나눴다간 나도 죽고 너도 죽는 거니까 차라리 가서 기름을 사 오라고 합니다.

내가 나눠 줘서 가족이 구원되는 게 아닙니다. '결혼해서 믿게 해야지' 하고 불신결혼을 했다가는 우리도 죽고 너희도 죽을 수 있습니다. 결혼 전에는 불신결혼을 안 하는 것이 기름을 준비하는 적용입니다. 우리 집과 너희 집이 다 죽기 때문에 끊어야 합니다. 그러나 이미 불신결혼을 했다면 복음이 전파될 때까지 인내해야 합니다. 이것이 결혼 후의 기름을 준비하는 적용입니다.

냉정한 게 아닙니다. 기름을 준비하지 못한 다섯 처녀를 끊어야 합니다. 구원과 상관없이 돈 많고 지위 높은 이들을 끊지 못하는 것은 나의 욕심 때문입니다. 오랜 시간이 지나도 열매가 없는데 내 욕심 때문에 못 끊습니다. 또한 돈과 권세에 빠져서 졸고 있는 사람은 믿음 있는 내가 끊어 줘야 졸음에서 깨어납니다. 인생에 대해 심각하게 생각해 봅니다. 반면에 가진 것 없고 앞날이 막막해서 하나님을 원망하며 졸고 있는 사람은 내가 품고 인내해야 할 대상이지 끊어야 할 대상이 아닙니다. 이 적용을 거꾸로 하면 안 됩니다.

문제없는 집이 없습니다. 어느 집이나 알코올중독, 도박, 폭력, 성 중독, 화 중독, 일중독 등 문제 있는 사람이 있게 마련입니다. 온 가족이 이

런 1차 역기능자에게 신경 쓰고 염려합니다. 만일 역기능자가 아버지일 경우 어머니는 온통 아버지에게 관심을 집중합니다. 기도도 잔소리도 아버지가 대상입니다. 이렇게 1차 역기능자인 아버지 때문에 2차 역기능자가 생기고 점차 역기능 가정이 됩니다. 역기능이 역기능을 계속 몰고 갑니다. 한쪽에는 부모 때문에 반항으로 가는 자녀가 있고, 한쪽에는 잃어버린 미아 같은 자녀가 있습니다. 또 한쪽에는 마스코트 같은 자녀가 있습니다. 그렇게 아버지를 미워해도 꼭 아버지 같은 사람으로 자랍니다. 배우자를 택할 때도 그런 사람을 만나야 편합니다. 그래서 더욱더 역기능자가 되어갑니다. 상처가 대물림하는 것입니다.

그러나 역기능 가정에 하나님과의 관계가 바른 한 사람만 있으면 그 가정은 살아납니다. 미련한 다섯 처녀처럼 잘 먹고 잘 자고 잘살다가 주님을 못 만나면 그게 저주이고 지옥입니다. 역기능 가정에서 힘들게 자라서 주님을 만날 수 있었다면 그게 축복입니다. 원래부터 좋은 집안은 없습니다. 예수 믿으면 천국의 로열패밀리입니다. 자기의 약함을 마음껏 이야기할 수 있는 곳이 천국입니다.

열 처녀 비유는 종말의 때에 하나님과의 개인적인 관계에 초점을 맞추고 있습니다. 내가 나눠 줘서 내 식구가 살아나는 게 아닙니다. 가족의 구원을 위해 끝까지 인내하고 기도해야 하지만 힘든 남편이, 자녀가 변해서 내가 편해지는 게 목적이 되어서는 안 됩니다. 오직 구원을 목적으로 할 때 나도 식구들도 올바른 준비를 할 수 있습니다.

내 남편, 내 자식 때문에만 울지 말고 내 가족이 안 변하는 그 애통함을 가지고 다른 힘든 사람을 섬기기 바랍니다. 내가 구원을 위해 섬기면서 어느 날은 소리를 내고, 어느 날은 잠잠히 인내하는 것을 내 식구들이 보고 있습니다.

그들이 사러 간 사이에 신랑이 오므로 준비하였던 자들은 함께 혼인 잔치에 들어가고 문은 닫힌지라_마 25:10

슬기로운 자들은 그토록 기다리던 신랑과 함께 잔치에 들어갔습니다. 날마다 하던 대로 회개와 말씀과 순종의 기름으로 준비하면 혼인 잔치에 들어갑니다. 늘 하던 대로가 가장 중요합니다. "스올에는 일도 없고 계획도 없고 지식도 없고 지혜도 없음이니라"라고 했습니다(전 9:10). 만날 하는 게 텔레비전 보고 바둑 두고 게임하는 거라면 거기가 스올입니다. "보라 지금은 은혜 받을 만한 때요 보라 지금은 구원의 날"입니다(고후 6:2). 인생은 하나님을 위해 산 것 외에는 계산되지 않습니다. 정직하게 일하고 공부했어도 하나님은 주를 위하여 산 것만 계산하십니다. 배우자, 자식을 위해 사는 게 아닙니다. 주를 위하여, 구원을 위해 살라고 나에게 역기능 식구들을 붙여 주셨음을 알아야 합니다.

11 그 후에 남은 처녀들이 와서 이르되 주여 주여 우리에게 열어 주소서 12 대답하여 이르되 진실로 너희에게 이르노니 내가 너희를 알지 못하노라 하였느니라 13 그런즉 깨어 있으라 너희는 그 날과 그 때를 알지 못하느니라_마 25:11~13

기름을 준비한 처녀들이 들어가고 문이 닫혔습니다. 내 자녀, 내 아내는 들어갔는데 눈앞에서 천국 문이 닫힌 것입니다. 남은 자들이 와서 "주여, 열어 주소서" 하여도 하나님은 속지 않으십니다. 갑자기 망하게 되니까 급해서 열어 달라고 한 것이지 주님을 사랑해서가 아닙니다. 그걸 아시기 때문에 울부짖으며 기도해도 "너희를 알지 못한다"고 하십니다. 교회에 열심히 다녔어도 하나님과 친밀하지 않은 사람들은 아무리 울부짖고 열어 달라고 해도 그렇습니다. 주님은 모른다고 하십니다.

하나님은 '야다'의 하나님이십니다. '야다'는 부부간의 동침을 의미합니다. 모든 것을 보여 줄 수 있는 부부 사이처럼 나와 친밀한 관계를 맺으시는 하나님입니다. 부부 사이에서만 알 수 있는 은밀하고 친밀한 관계를 주님과 형성하지 못했다면 나머지 다섯 처녀와 같은 처지가 될 것입니다. 만일 어떤 아내가 남편과 아주 냉랭한 관계라고 합시다. 그런데도 남들 앞에서는 교양 있게 금실 좋은 척하고 삽니다. 그러다 어느 날 남편이 뜻하지 않게 어마어마한 재산을 상속받게 되었습니다. 그런 남편에게 아내가 다정한 목소리로 "여보~" 하면 남편이 어찌하겠습니까? 남편은 아내가 자신을 사랑해서가 아니라 재산이 탐나서 그러는 줄 잘 압니다. 속지 않습니다. 신랑 예수야말로 모든 것을 가지신 분 아닙니까? 오시기 전에 잘해야 합니다.

미련한 처녀들은 기름 준비도 때에 맞게 못 하고 엉뚱한 데 가서 나눠 달라고 하더니 닫힌 문을 향해서도 항변을 합니다. 제때 순종하지 못하는 사람입니다.

술 마시는 사람은 "다 너 때문에 술 마신다" 하고, 바람피우는 사람도 "다 너 때문에 바람피운다" 하고 핑계를 댑니다. "내가 아니면 누가 그 사람을 구원받게 하겠냐" 하며 불신결혼을 합리화하며 항변합니다. 이렇듯 미련한 처녀들은 이때라도 "주님, 잘못했습니다" 하며 회개하지 않습니다. 서둘러 열어 달라고 항변만 합니다. 하지만 미리 준비하는 사람은 신랑이 갑자기 올 수도 있고, 더디 올 수도 있음을 늘 염두에 둡니다. 신랑이 오시는 시간 외에는 관심을 두지 않습니다.

남편이 하늘나라로 떠난 후부터는 외출할 때마다 제가 직접 운전을 해야 했습니다. 그런데 제가 워낙에 길치여서 운전하는 것이 공포였습니다. 당시는 내비게이션도 휴대폰도 없던 시절이었으니 논현동에서 서초동까지 가는 길을 몰라서 논현동에서 우리 집까지 왔다가 다시 서초동으로 갈 정도였습니다.

그러던 어느 날이었습니다. 운전대를 잡고 올림픽대로를 탔는데 서초동 진입로를 막아 놓은 겁니다. 저는 차에서 내려 "경찰 아저씨, 열어 주세요" 하고 막힌 도로를 열어 달라고 사정했습니다. 그 길 아니면 다른 길을 모르니 절박했습니다. 내 눈에는 그 길만 보이는데 열어 주지 않으니 어쩝니까? 그날 천국 문 앞에서 거절당하는 기분을 느꼈습니다.

우리는 최후 승리를 얻기까지 십자가를 튼튼히 붙잡고 가야 합니다. 회개의 기름을 채우며 올바르게 준비해야 합니다. 내 죄를 보는 것이 가장 큰 적용입니다. "보라 신랑이로다" 할 때 맞서서 나갈 수 있는 우리가 되길 바랍니다. 하나님과의 관계가 바로 서 있지 않으면 깨어 있을 수 없습니다. 그러므로 신랑 예수가 더디 오시는 기다림의 시간이 힘들어도 날마다 말씀을 붙잡고 깨어 있기를 바랍니다. 넘어지고 엎어져도 다시 일으켜 주시는 주님의 손을 붙잡고 하나님의 길로 가시기 바랍니다.

◆ 냉정해 보여도 구원을 위해 내가 끊어 내야 할 것은 무엇입니까? 끊어 내는 삶을 살고 있습니까? 힘든 배우자가 변하고, 힘든 자녀가 변하기를 바라는 목적이 무엇입니까? 구원 때문입니까, 나의 편안함을 위해서입니까? 하나님과 '야다'의 친밀함을 누리며 살고 있습니까?

말씀으로 기도하기

천국은 신랑을 기다리는 열 처녀와 같습니다. 슬기로운 처녀와 미련한 처녀의 차이는 기름을 준비했는가 안 했는가에 있습니다. 신랑이신 예수를 기다리며 깨어 있기 위해서는 올바르게 준비해야 합니다. 내 죄를 보는 회개의 기름이 가장 큰 준비입니다. 주님은 나를 훈련하시기 위해 더디 오십니다. 그렇다고 죄악의 잠, 쾌락의 잠에 빠져 졸며 자고 있으면 안 됩니다. 내가 깨어서 준비하지 못했기에 구원의 문이 닫히고 주님이 나를 모른다고 하시면 어쩝니까? 구원은 나눠 줄 수 없는 철저히 개인적인 것입니다. 나와 하나님과의 관계가 바르지 않으면 결코 깨어 있을 수 없습니다. 오직 구원을 위해 끊어야 할 것을 끊고 회개와 순종의 기름을 준비하며 혼인 잔치에 들어가는 우리가 되기를 바랍니다.

올바른 준비를 해야 합니다(마 25:1~4).

날마다 말씀으로 회개의 기름을 채우며 올바른 준비를 하기 원합니다. 일상생활을 잘 하는 것이 주님의 재림을 맞는 자세임을 알고 가정과 직장, 주어진 환경에 충실하며 순종과 헌신과 회개의 기름을 준비하게 하옵소서.

더디 오셔도 졸지 말아야 합니다(마 25:5~8).

나를 훈련하기 위해 더디 오시는 주님을 잘 기다리게 하옵소서. 안일함과 쾌락의 잠에 빠진 나를 깨우려고 '보라 신랑이로다'의 사건이 왔다고 하십니다. 원망과 낙심으로 꺼져 가는 등을 보며 기름을 나눠 달라고 떼를 쓰는 미련한 처녀가 되지 않게 하시고, 어떤 사건에서도 회개의 기름으로 구원의 등불을 켜게 하옵소서.

하나님과의 관계가 바르게 되어야 합니다(마 25:9~13).

신랑과 함께 혼인 잔치에 들어간 다섯 처녀처럼 날마다 말씀과 순종과 회개의 기름을 준비하며 하나님과 친밀한 관계를 맺게 하옵소서. 구원은 철저히 개인적인 것이고 나눠 줄 수 없는데 내가 나눠 줘서 구원된다고 생각해 내 식구에 집착하고, 불신결혼을 하며 내가 끊지 못하는 것을 회개합니다. 교회를 열심히 다녀도 내 앞에서 천국 문이 닫히고 주님 이 나를 모른다 하실 수 있다는 말씀을 두렵고 떨림으로 받아 깨어 있기를 원합니다.

우리들 묵상과 적용

저는 자녀들을 일류로 만들기 위해 최선을 다하시는 부모님 덕분에 가정, 학교, 교회에서 칭찬받는 자랑스러운 자녀로 자랐습니다. 그리고 결혼도 일류로 해야 했기에 '선교사의 사명, 전도의 사명'을 핑계하고 합리화하며 불신결혼을 했습니다. 육신의 정욕과 안목의 정욕 그리고 이생의 자랑(요일 2:16)을 다 만족시킬 만한 배우자와 결혼한 탓에 결혼 이후에는 용광로 생활을 하게 되었고, 하나같이 하나님을 원망하며 "도대체 왜 내게?"를 외쳤습니다.

저희 어머니는 불교 집안에서 태어나 할머니를 따라 절에 다니셨습니다. 그러다 할머니가 갑작스럽게 돌아가시고 집안이 풍비박산되자 영육 간에 곤고해지셨고, 이때 하나님을 극적으로 만나셨습니다. 이후 어머니의 배우자 조건은 오로지 예수 잘 믿는 신랑이었기에 가난한 시집살이를 각오하며 아버지와 결혼했습니다. 고된 시집살이 탓에 교회와 예수만이 살길이라는 엄마의 신념은 더욱 확고해졌습니다. 어린 우리가 보기에는 상식을 초월하는 믿음으로 개척교회를 섬기셨습니다.

몇 년 전 간암 판정을 받으신 어머니는 투병 8년 동안 11차례의 색전시술(항암 치료)을 감당하셔야 했는데 이 기간이 등에 기름을 준비하시는 기간이었던 것 같습니다. 한 번 색전시술을 하면 3주가량을 집에서 꼼짝도 못 하셨는데, 그때마다 하나님께서 끊지 못하는 죄를 깨닫게 하시고 하나씩 내려놓으셨습니다.

그럼에도 저는 고시 공부한다고 가정을 돌보지 않는 남편 때문에 가장 역할을 하느라 아이를 어머니한테 맡겨 놓은 상태였습니다. 그러니 투병 중인 어머니를 지켜보기가 더 안타깝고 괴롭고 죄송했습니다. 그럴수록 남편이 미웠고 용서할 수 없었습니다. 그러던 중 언니의 소개로 믿음의 공동체에 속하며 죄가 깨달아지기 시작했습니다. 어머니 역시 말씀으로 암 사건이 해석되면서 우리 세 모녀는 죄에 대한 얘기를 자유롭게 나누는 은혜를 누렸습니다.

어머니는 돌아가시기 전에 아직 믿지 않는 오빠의 구원을 저희에게 부탁하고 떠나셨습니다. 어머니의 얼굴은 기름을 잘 준비한 슬기로운 처녀처럼 평온해 보였습니다(마 25:4). 저는 그동안 교회에 다니는 것으로 등을 잘 준비해 왔지만, 내 죄를 깨닫는 회개의 기름도 잘 준비해야 한다는 것을 알았습니다. 날마다 말씀을 붙잡고 깨어서 회개의 기름을 준비하여 신랑 예수가 오시는 날, 우리 가족 모두가 준비한 기름으로 등불을 밝히고 천국 잔치에 들어가기를 소망합니다(마 25:10).

영혼의 기도

하나님 아버지, 주님이 다시 오시는 때에 내 죄를 보는 회개의 기름이 없어서 미련한 자로 있는 저의 모습을 봅니다. 신랑이 더디 오시는 이유를 알지 못한 채 '좀 더 자자, 좀 더 졸자' 하는 악이 있음을 고백합니다. 주님이 나를 사랑하셔서 "보라 신랑이로다" 하고 고난의 사건으로 찾아오셨건만 해석이 안 되어 원망하고 낙심하고 슬기로운 자를 괴롭히면서 악을 행하였음을 고백합니다. 고난은 위장된 축복인데 말씀이 없으니 문제를 해석하지 못합니다.

나는 등을 준비하고 교회에 열심히 다녔는데 천국 문 앞에서 주님이 모른다고 하실까 봐 두렵습니다. 교회에서 봉사도 열심히 했는데 내 앞에서 천국 문이 닫힐까 봐 두렵습니다.

하나님과의 관계가 바로 되기 전에는 깨어 있을 수 없음을 알았습니다. 구원은 철저히 개인적인 것인 줄도 알았습니다. 주님, 나 같은 것을 만나 주신 것처럼 우리 가정에도 찾아오셔서 만나 주옵소서. 우리 가정을 안수하여 주옵소서. 믿음 안에서 성령과 지혜로 기도하며 주님이 원하시는 일을 하고 갈 수 있도록 은혜를 내려 주옵소서.

그래도 앉으나 서나 가족 때문에 가슴 아파하며 기도하는 줄 주께서 아십니다. 우리 가정에서 믿음의 리더십이 세워지길 원합니다. 비록 역기능 가정이지만 주께서 바꾸심으로 하나님 나라의 로열패밀리가 될 것을 믿습니다. 예수님 이름으로 기도합니다. 아멘.

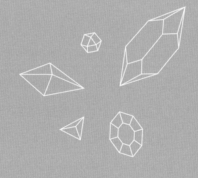

2

즐거움에 참여하라

마태복음 25:14~30

하나님 아버지, 착하고 충성된 종이 되어
주님의 즐거움에 참여하길 원합니다.
어떤 종이 되어야 하는지 가르쳐 주시고
말씀하여 주옵소서. 듣겠습니다.

영국 속담에 하루가 기쁘려면 이발을 하고, 일주일이 기쁘려면 자동차를 사고, 한 달이 기쁘려면 결혼을 하고, 1년이 기쁘려면 새 집을 사라고 했습니다. 그런데 영원히 기쁘려면 무엇을 해야 할까요? 주인의 즐거움에 참여해야 합니다. 예수님이 오시는 것은 큰 기쁨의 소식입니다. 사탄은 예수 믿으면 재미없고 지루하다고 속입니다. 하지만 예수 안에는 놀라운 기쁨이 있습니다. 하나님의 즐거움에 참여하는 자는 영원한 기쁨을 얻을 수 있습니다. 그렇다면 어찌해야 하나님의 즐거움에 참여할 수 있을까요?

착하고 충성된 종이 되어야 합니다

14 또 어떤 사람이 타국에 갈 때 그 종들을 불러 자기 소유를 맡김과 같으니 15 각각 그 재능대로 한 사람에게는 금 다섯 달란트를, 한 사람에게는 두 달란트를, 한 사람에게는 한 달란트를 주고 떠났더니_마 25:14~15

주인이 종들에게 각각 다섯 달란트, 두 달란트, 한 달란트를 맡기고 떠났습니다. 본문에 나오는 주인은 예수 그리스도입니다. 그런데 중요한 것은 주님이 재능대로 주셨다는 것입니다. 착하고 충성된 종은 주인이 재능대로 준 것인 줄 압니다. 누가복음 19장에 보면 므나 비유가 나오는 데, 열 명의 종에게 똑같이 한 므나씩 주었다고 기록되어 있습니다. 은사가 각각 다르지만 하나님 앞에는 다 똑같은 것입니다. 이것을 아는 사람이 착하고 충성된 종입니다.

> 16 다섯 달란트 받은 자는 바로 가서 그것으로 장사하여 또 다섯 달란트를 남기고 17 두 달란트 받은 자도 그같이 하여 또 두 달란트를 남겼으되_마 25:16~17

다섯 달란트 받은 자는 바로 떠나서 장사하여 이윤을 남겼습니다. 이런 사람이 열등감이 없는 사람입니다. 많이 받았으니까 많이 남깁니다. 주님은 이처럼 손해 안 보고 남길 사람에게 사명을 맡기십니다.

그렇다면 어떤 사람이 다섯 달란트를 받았을까요? 저는 세계 선교의 아버지 윌리엄 캐리가 생각났습니다. 윌리엄 캐리는 제화공의 아들이었습니다. 그가 세계적인 선교사가 된 후에 인도 총독이 주최한 연회에 참석했습니다. 거기서 맞은편에 앉은 장교가 큰 소리로 캐리에게 "당신은 과거에 제화공이 아니었습니까?"했습니다. 그러자 그는 "아니요, 장교님. 저는 그보다 더 밑에 있는 구두 수선공이었습니다"라고 대답했습니다.

저는 캐리가 자기처럼 무능한 자를 구원하시고 써 주신 하나님께 감사해서 주님을 사랑함으로 세계 선교를 했다고 생각합니다. 그래서 캐리는 자신이 헌신했다고 생각하지 않았을 것입니다. 사람들은 그의 선교를 충성되고 헌신적인 것으로 보지만, 정작 캐리는 주님을 사랑해서 한 것일 뿐입니다.

이처럼 사랑은 '즉시, 바로 간다'는 특징이 있습니다. 지체하지 않고 바로 가서 무엇인가를 해 주고 싶은 것입니다. 남녀 간에도 사랑할 때는 간이라도 빼 주고 싶습니다. 서로 사랑할 때는 열등감이 들지 않습니다. 주님과 사랑하는 사이니까 다섯 달란트건 두 달란트건 이윤을 남기게 됩니다. 이윤은 곧 열매라 할 수 있습니다. 여러분은 어떤 열매가 있습니까?

1장의 열 처녀 비유에서 '기름'은 자기 죄를 보는 것이라고 했습니다. 그렇게 볼 때 다섯 달란트 받은 자는 자기 죄를 많이 본 사람, 그래서 많이 회개한 사람이라고 생각합니다. 하나님은 이런 사람을 쓰십니다. 윌리엄 캐리는 학벌도 돈도 없었습니다. 선교를 나갈 때도 영국 교회는 그가 자격이 없다면서 파송하지 않았습니다. 그러나 캐리는 옥스퍼드대학 출신이 못하는 큰일을 했습니다. 큰 대학을 세웠고, 성경을 44개 언어로 번역했으며 영국령 인도에 도덕적 씨앗을 뿌렸습니다. 이런 사람이 다섯 달란트 받은 사람입니다.

돈 많고 학벌 좋다고 다섯 달란트를 맡기는 것이 아니라 주님 때문에 감사하고 주님 때문에 내 죄를 보고 눈물 흘리는 사람에게 다섯 달란트를 맡기십니다. 이런 사람에게 주님은 다음과 같은 상을 주십니다.

21 그 주인이 이르되 잘하였도다 착하고 충성된 종아 네가 적은 일에 충성하였으매 내가 많은 것을 네게 맡기리니 네 주인의 즐거움에 참여할지어다 하고 22 두 달란트 받았던 자도 와서 이르되 주인이여 내게 두 달란트를 주셨는데 보소서 내가 또 두 달란트를 남겼나이다 23 그 주인

이 이르되 잘하였도다 착하고 충성된 종아 네가 적은 일에 충성하였으매 내가 많은 것을 네게 맡기리니 네 주인의 즐거움에 참여할지어다 하고_마 25:21~23

첫째, 잘했다 칭찬하십니다.
둘째, 더 많은 것을 맡기십니다.
셋째, 즐거움에 참여하라고 하십니다.

저는 우리들교회 성도들이 회개할 때면 너무 기뻐서 "잘하였도다"라는 말이 저절로 나옵니다. 자기 죄를 볼 때 열매가 많습니다. 그러면 적은 일에 충성했다는 것은 무엇입니까?

1494년 어느 여름 새벽녘에 이탈리아의 한 영주가 산책을 했습니다. 그러다 어느 젊은이가 나무 화분에 정성스레 조각하는 것을 보았습니다. 영주는 그렇게 애를 쓴다고 돈을 더 받는 것도 아닌데 왜 그런 수고를 하는지 궁금했습니다. 젊은이는 자신은 정원을 너무나 사랑하며, 정원을 아름답게 가꾸는 게 직무이기 때문에 보수와 상관없이 기쁘게 일하고 있다고 했습니다. 영주는 젊은이의 말에 감동해서 그가 미술 공부를 하도록 후원해 주었습니다. 그 젊은이가 바로 유명한 미켈란젤로입니다.

억지로, 남이 시켜서, 눈치 보여서, 체면 때문에 일하면 기쁨이 없습니다. 내게 주어진 일에 최선을 다하는 것이 적은 일이지만, 하나님의 도움의 손길은 거기서부터 시작됩니다.

내가 충성했는지는 '즐거움에 참여했나 안 했나'로 알 수 있습니다. 내가 다섯 달란트를 받아서 다섯 달란트를 남겼어도 주인의 즐거움에 비하면 너무나 적은 것입니다. 영적 직분에 열등감을 느끼면 안 됩니다. 세계 선교를 하고 교회를 부흥시켜도 그것은 적은 일입니다. 그러나 그 적은 일에 충성해야 합니다.

아기는 엄마 배 속에 캄캄하게 있을 때는 거기가 전부인 줄 알고 있다가 세상에 나와 자랄수록 세상이 넓다는 것을 알게 됩니다. 또 세상이 나만의 것이 아니라 남의 것임을 알게 됩니다. 이처럼 이전에는 상상할 수조차 없던 큰 우주를 알게 되면 창조주를 인정하지 않을 수 없습니다. 나사(NASA)의 과학자들이 별 하나를 연구하고 나면 하나님을 믿게 된다고 합니다. 그러니 우리가 어떻게 하나님을 인정하지 않을 수 있겠습니까? 내 눈에 보이는 모든 것이 지극히 적은 것에 불과하다는 걸 알게 되었는데요. 다섯 달란트의 열매를 맺고, 세계 선교를 해도 하나님의 세계에 비하면 지극히 적은 것입니다.

우리가 적은 것에 충성해야 하지만 충성할 때 관계가 아닌 다른 것이 목적이 되어서는 안 됩니다. 예를 들어 시집살이, 부부, 자녀 관계에 충성해야지 시댁의 재물, 남편의 지위, 자녀의 성적에 충성하면 안 됩니다. 지위, 돈, 권세를 남의 것으로 여길 때 나에게 권세가 있게 됩니다. 관계가 아닌 다른 것이 목적이라면 사랑할 수가 없고 그러면 충성할 수 없습니다.

즐거움에 참여하는 것, 기쁨으로 하는 것, 사랑해서 하는 것이 최고의 상입니다. 죽음이 두렵습니까? 즐거움에 참여하지 못한 것입니다. 예수님을 만나고 이 세상보다 더 큰 세상이 있다는 걸 알면 죽음이 두렵지 않고 진정한 평강을 누리게 됩니다. 평강이 없다면 아직도 죽을까, 아플까 두렵기 때문입니다. 두렵기 때문에 지위와 권세, 돈에 집착하고 내 자식, 내 돈 하며 욕심부리고 이윤도 열매도 내지 못하는 것입니다.

◆ 지극히 적은 일에 충성합니까? 나처럼 무능한 자를 써 주신 하나님, 나를 구원해 주신 주님이 감사해서 주님을 사랑함으로 맡기신 일에 충성합니까?

악하고 게으른 종은 참여할 수 없습니다

한 달란트 받은 자는 가서 땅을 파고 그 주인의 돈을 감추어 두었더니
_마 25:18

16절의 "다섯 달란트 받은 자는 바로 가서"와 18절의 "한 달란트 받은 자는 가서"에서 '가다'의 의미는 전혀 다르게 쓰였습니다. 16절에서는 새로운 출발을 의미하고 18절에서는 섭섭해서 주인에게 등을 돌리고 감정적으로 이탈한 행동을 뜻합니다. 한 달란트는 6,000데나리온으로 노동자가 20년 동안 일한 만큼의 품삯입니다. 이렇게 많은 돈인데도 다섯 달란트, 두 달란트와 비교하니까 섭섭한 마음이 들 수밖에요. 다른 사람에 비하면 자기는 주님에게서 받은 것이 아무것도 없다고 생각합니다. 그래서 주인의 돈을 감추어 두었습니다. 게다가 다섯 달란트, 두 달란트 받은 사람이 칭찬까지 받으니 속이 더 상합니다.

24 한 달란트 받았던 자는 와서 이르되 주인이여 당신은 굳은 사람이라 심지 않은 데서 거두고 헤치지 않은 데서 모으는 줄을 내가 알았으므로 25 두려워하여 나가서 당신의 달란트를 땅에 감추어 두었었나이다 보소서 당신의 것을 가지셨나이다 _마 25:24~25

앞서 다섯 달란트 받은 사람은 20절에서 "다섯 달란트를 더 가지고 와서 이르되 주인이여 내게 다섯 달란트를 주셨는데 보소서 내가 또 다섯 달란트를 남겼나이다" 했습니다. 말이 짧았습니다. 군말이 없습니다. 그런데 한 달란트 받은 사람은 말이 깁니다. 할 말이 많습니다. 더구나 주

인더러 '굳은 사람'이라 하며 남 탓을 합니다. 굳었다는 건 완강하고 냉정하고 강퍅하다는 것입니다. 그러니 "나한테는 조금밖에 안 줬으면서 무슨 이유를 내놓으라고 하냐?" 하며 원망하는 것입니다. 또 "심지 않은 데서 거두고 헤치지 않은 데서 모으는 줄을 내가 알았다"고 말합니다. '나에게 공부를 시켜 줬나, 유학을 보내 줬나, 직분을 줬나, 나한테 투자한 것도 없으면서 무엇을 거두려고 하느냐'는 것입니다. '쟤들은 많이 주었으니 거두는 게 당연하지 않느냐'고 항변하는 것입니다. 나름대로 논리적이지 않습니까? 그런데 이게 끝이 아닙니다.

> 두려워하여 나가서 당신의 달란트를 땅에 감추어 두었었나이다 보소서 당신의 것을 가지셨나이다_마 25:25

이 사람은 아는 게 많아서 매사가 두렵습니다. 장사를 해도 망할 걱정부터 합니다. 큐티를 할까, 청소를 할까, 장을 볼까, 이것저것 생각만 하다가 아무것도 못 합니다. 그러면서도 주인을 탓하며 마치 자신이 피해자인 양 말합니다.

한 달란트 받은 사람은 하나님이 주신 것이 적다고 생각해서 섭섭마귀에 사로잡혀 있었을 것입니다. 그래서 복수심에 '한 달란트 더러워서 안 쓴다, 내가 벌어서 내 돈 내가 쓴다' 하면서 파묻었을 것입니다. 파묻어 놓고 자기 힘과 노력으로 사느라고 인생이 힘들었을 것입니다.

하나님이 주신 것에 만족하지 못하면 자식 문제도 예외가 없습니다. 내가 받은 자식이 품질이 떨어진다고 생각하면 자기 힘으로 달달 볶아대서 명문 대학에 보내려고 합니다. 그러면서도 하나님한테는 "당신이 굳은 사람인 걸 이제 알았어요?" 합니다.

한 달란트 받은 자는 할 일을 안 한 게 아니라 복수하려고 더 열심히 살았을 겁니다. 그러나 결국 고생은 고생대로 하고 번 것도 없고 수치까지 당했습니다. 늘 감춰 두니까 허세가 많고 비밀이 많고 그래서 능력이 없습니다. 이 사람은 또 죄의식이 없습니다. 모두가 영적 열매를 내고 있는데 자기는 열매도 없이 "주님이 주신 것 한 달란트만 받으세요. 왜 이리 욕심이 많아요?" 합니다. 자기가 무슨 말을 하는지 모릅니다. 남을 인정하지 않고 불평불만이 많습니다. 다른 사람을 인정하지 않는 사람은 세상에서도 결코 성공할 수 없습니다.

방송인 신동엽 씨는 언젠가 한 주간지 인터뷰에서 자신이 닮고 싶은 동료 연예인들을 이렇게 평가했습니다.

"임성훈 씨는 물 흐르듯 진행하는데다 각 프로그램마다 그 성격에 맞는 말을 구사한다. 김용만 씨는 안정감이 있다. 그는 수많은 사람과 인터뷰하면서도 개인의 개성을 잘 찾아내고 어떤 사람들과 있어도 자신감을 잃지 않는다. 유재석 씨는 상대방을 돋보이게 해 주는 능력이 있다. 그는 상대방의 장점을 찾아서 정확하게 칭찬해 준다."

한 분야에서 최고의 자리에 오른 사람은 각자 특별한 장점이 있습니다. 그런데 그 장점은 상대방을 밟고 이겨서 얻은 것이 아니라 다른 사람을 세워 주면서 쌓은 장점이어야 인정받을 수 있습니다. 세상에서도 이러한데 하나님 나라에서 어떻게 남을 인정하지 않고 불평만 하면서 하나님의 즐거움에 참여할 수 있겠습니까? 이렇게 불평하고 주인을 비판하며 남을 탓하고 원망해도 별 탈 없이 살 수는 있습니다. 그러나 반드시 결산할 때가 옵니다.

◆ 적게 받았다고, 받은 게 없다고 주님께 섭섭해서 등을 돌리고 마음을 돌립니까? 다른 지체가 칭찬받는 걸 견딜 수 없습니까? 하나님이 주신 것으로 만족하지 못하고 오히려 주님을 책망하며 열매 없는 삶을 살고 있습니까?

주인과 결산할 때가 반드시 온다는 것을 알아야 합니다

오랜 후에 그 종들의 주인이 돌아와 그들과 결산할새_마 25:19

오늘 하나님 나라가 임한다면 무얼 내놓겠습니까?

죄가 얼마나 힘이 큰지 처음에는 어색하고 힘들어하다가도 금세 익숙해집니다. 어떤 크리스천이 바람을 피운 뒤 '과연 용서받을 수 있을까?' 괴로워하더니 조금 지나니까 딴살림을 차리고는 부인과의 결혼생활이 얼마나 힘들었는지를 변명하고 다닙니다. 나중에는 믿는 사람들은 속이 좁다고 욕하면서 세상 사람들과 어울려 다니며 죄의 즐거움에 빠져 삽니다. 그렇게도 잘 살 수 있습니다.

고난 중에 잘 믿는 것 같다가 고난이 끝나니까 큐티도 안 하고 예배도 안 드리고, 그러면서 잘 살 수 있습니다. 그런데 반드시 결산할 때가 옵니다.

26 그 주인이 대답하여 이르되 악하고 게으른 종아 나는 심지 않은 데서 거두고 헤치지 않은 데서 모으는 줄로 네가 알았느냐 27 그러면 네가 마땅히 내 돈을 취리하는 자들에게나 맡겼다가 내가 돌아와서 내 원금과 이자를 받게 하였을 것이니라 하고_마 25:26~27

34

부자 청년을 양육하신 것처럼 주님은 이 사람도 양육하십니다. 그러면서 "나는 심지 않은 데서 거두고 헤치지 않은 데서 모으는 줄로 네가 알았느냐?" 하시며 그의 말을 그대로 반복하십니다.

사람은 자기가 한 말로 자기가 판단을 받습니다. 주인은 이 사람에게 '악하고 게으른 종'이라고 하십니다. "네가 나를 그렇게 알았다면 은행에 넣어서 이자라도 받게 해야 할 것 아니냐, 네 말이 앞뒤가 안 맞는다"고 하십니다. 한 달란트 안 쓰고 묻어 둔 것을 주님은 악하다고 하십니다. 해야 할 일을 안 하고 가만히 있는 것은 중간이라도 가는 게 아니라 악한 것입니다.

> 28 그에게서 그 한 달란트를 빼앗아 열 달란트 가진 자에게 주라 29 무릇 있는 자는 받아 풍족하게 되고 없는 자는 그 있는 것까지 빼앗기리라 30 이 무익한 종을 바깥 어두운 데로 내쫓으라 거기서 슬피 울며 이를 갈리라 하니라_마 15:28~30

이렇게 말씀하시는 것은 지금이라도 돌아오라고 양육하기 위함입니다. 우리의 수고에 대한 상급은 주어진 기회를 얼마나 충성스럽게 사용했느냐에 달렸습니다. 많이 받은 사람은 청지기 의식을 가진 데 반해 적게 받은 사람은 부자 의식을 가졌기에 영육 간에 고통스럽습니다. 악하고 게으른 종은 한 달란트마저 빼앗기고 내어 쫓겨서 슬피 울며 이를 갈게 되었습니다. 우리는 자녀에게 문제가 생기고 직장과 돈을 잃게 되면 슬피 울며 이를 갑니다. 눈에 보이는 작은 것에 집착하니까 그것을 잃으면 이를 갈면서 슬피 울며 힘들어합니다.

영적 봉사의 기회를 하찮게 여기면서 활용하지 않아도 그렇습니다.

점점 그 은사를 상실해 가다가 더 이상 영적인 일을 할 수 없는 사람으로 전락해 버립니다. 목자를 하다가 힘들어서 지쳤습니까? 이젠 좀 쉬겠다고 그 일을 안 하면 점점 상실하게 됩니다. 은사는 사용하면 풍성해집니다. 세상은 줄수록 없어지지만 하나님은 줄수록 풍성합니다. 하나님 나라의 선물은 언제나 생명이 있습니다.

저는 일주일에 설교를 여러 번 합니다. 제가 매주 설교를 하면 다음 설교가 바닥날 것 같지만 그다음에 가면 또 할 말이 있습니다. 하나님의 것이기 때문에 줄수록 풍성해집니다. 언제든 주려고 마음만 먹으면 영육 간에 풍성하게 하십니다.

다섯 달란트 받은 종은 달라고 해서 받은 게 아니라 무능함을 알고 자신이 죄인임을 알았기 때문에 하나님이 주실 수밖에 없었습니다. 그는 받은 즉시 가서 장사하여 이윤을 남겼습니다. 그러나 내 죄가 안 보이는 우리는 한 달란트 받은 사람처럼 날마다 원망하고 부모와 배우자와 자녀를 탓하기만 합니다. 혼자 외롭게 피를 철철 흘리면서도 불륜으로, 도박으로, 폭력으로 기회를 탕진합니다. 그러다가 나에게 있는 한 달란트마저 빼앗기면 어쩝니까? 곧 결산의 때가 오면 있는 자는 더 풍족하게 된다고 했는데 말입니다. 하나님의 일을 하는 사람은 늙도록 부하고 존귀할 줄 믿습니다(대상 29:28). 인생의 목적은 거룩입니다. 행복을 따르면 불행해질 뿐이지만 거룩을 따르면 행복이 옵니다.

◆ 오늘 주님이 오신다면 내놓을 것이 있습니까? 악한 종처럼 주님께 변명거리만 늘어놓습니까? 영적인 열매를 맺으라고 직업과 직분을 주셨는데 이를 충성스럽게 감당하고 있습니까?

즐거움에 참여하는 것,
기쁨으로 하는 것,
사랑해서 하는 것이 최고의 상입니다.

말씀으로 기도하기

예수님을 내 인생의 주인으로 모시는 것이 최고의 기쁨입니다. 주인이신 예수님의 즐거움에 참여하는 자는 영원한 기쁨을 얻을 수 있습니다.

착하고 충성된 종이 되어야 합니다(마 25:14~17, 21~23).

즉시 순종하여 이윤을 남긴 다섯 달란트 받은 종처럼 어떤 일을 하든지 즐거움으로 하는 착하고 충성된 종이 되길 원합니다. 겸손하게 내 죄를 보고 회개의 열매를 맺으며 "잘하였도다" 칭찬받는 종이 되게 하옵소서. 돈을 벌고 인정을 받아서 충성하는 게 아니라 주님을 사랑함으로 즐겁게 일하는 최고의 상을 받기 원합니다.

악하고 게으른 종은 참여할 수 없습니다(마 25:18, 24~25).

내가 악하고 게으른 종이기에 열등감과 시기에 빠져 즐거움이 없는 것을 회개합니다. 나만 힘들고 나만 받은 게 없다고 불평하며, 하나님을 인정하지 않기에 다른 사람도 인정하지 못하는 것을 용서하여 주옵소서.

주인과 결산할 때가 반드시 온다는 것을 알아야 합니다 (마 25:19, 26~30).

악한 종의 변명을 지적하며, 지금이라도 회개하고 돌이키라고 가르쳐 주시는 주님의 음성을 사랑으로 받게 하옵소서. 내가 차별받았다고 원망만 하고 있으면 있는 것도 빼앗긴다고 하십니다. 영적 열매를 맺으라고 주신 기회를 하찮게 여기다가 아예 빼앗길까 두렵습니다. 오늘 주님이 오신다면 무엇을 내놓을 수 있겠습니까. 이제 상처와 열등감으로 파묻었던 주님의 은혜를 꺼내어 나와 남을 살리는 일에 충성하며 풍성한 삶을 살게 하옵소서.

우리들 묵상과 적용

저는 초등학교 시절부터 중학교 때까지 백일장, 영어 말하기 대회, 그림 대회, 가창 대회 등 각종 경연대회에 학교 대표로 뽑혀 다수의 상을 받았습니다. 아버지의 둘째 부인으로서 열등감과 불안과 우울감에 시달리던 어머니에게 저는 단연 위로와 자랑이 되는 딸이었습니다. 하지만 이것저것 관심만 많다 보니 저는 한 가지에 몰두하지 못했습니다. 뭐 하나 똑 부러지게 잘하는 것이 없게 되었습니다.

고등학교 시절 이렇게 왜곡된 자존감으로 심각한 감정의 기복을 겪고 있을 때 하나님을 인격적으로 만났고, 예기치 못한 은혜로 최고의 선생님에게서 첼로를 배워 대학에서 전공을 하게 되었습니다. 그런데 저는 기쁨도 잠시, 남보다 늦게 시작한 탓에 명문 대학에 들어가지 못한 열등감에 시달리다 이것마저 포기하고 싶었습니다. 한 달란트를 받은 종처럼 늘 남이 가진 것이 부럽기만 했습니다. 여전히 일류대만 찬란한 다섯 달란트로 보는 저의 악함으로 하나님이 주신 선물인 첼로가 슬픔의 주제가 된 것입니다.

그래서 제게 맡기신 달란트를 창조적으로 도모할 엄두도 내지 못한 채 가만히 묻어 두고만 싶었습니다(마 25:25). 이후 큐티와 말씀 양육이 없었더라면 저는 벌써 첼로를 내려놓고 다른 것에 매달려 전전긍긍했을 것입니다.

그런데 큐티를 하는 동안 달란트의 많고 적음이 문제가 아니라 얼마나 충성하느냐가 결산하고 회계하실 때의 관건임을 알았습니다. 저를 첼로 선생으로 부르심으로써 이루고자 하시는 하나님의 목적도 알게 되었습니다. 이제는 훗날 하나님이 맡겨 주신 달란트로 잘했다고 칭찬받을 수만 있다면 깨어져야 할 때 잘 깨어지는 질그릇이 되고 싶습니다(마 25:21). 예수님이 보여 주신 최고의 '가르침'은 삶과 지식과 정성으로 점철된 '섬김'이었듯이, 저도 잘 섬기는 선생이 되고 싶습니다.

영혼의 기도

하나님 아버지, 악하고 게으른 종인 한 달란트 받은 자는 예수님한테 당신은 굳은 사람이며 인색하다고 책망합니다. 나한테 해 준 게 뭐냐고, 무슨 기회를 주었느냐며 날마다 불평하고 원망합니다.

자신을 합리화하느라 외롭고 두려워서 폭력과 불륜과 같은 꾐에 빠지고는 너 때문이라고 남 탓을 합니다. 이것이 저의 모습임을 고백합니다. 결산의 때에 그나마 한 달란트마저 빼앗기고 쫓겨나 이를 갈며 슬피울까 두렵습니다.

다섯 달란트 받은 자는 자신이 죄인임을 알기에 주신 것이 감사해서, 주님을 사랑함으로 즐거움에 참여하는 자가 되었습니다. 악하고 게으른 저의 모습을 회개하며 이제라도 돌이켜서 주님의 즐거움에 참여하길 원합니다.

영적인 열매를 맺으라고 저에게 딱 맞는 달란트를 주셨사오니 남과 비교하지 말고 불평하지 않으며 지극히 적은 일에도 충성하는 종이 되게 하옵소서. 진정한 행복은 주님의 즐거움에 참여하는 것임을 알았사오니 이제 인생의 목적이 행복이 아닌 거룩임을 알고 걸어가길 원합니다. 예수님 이름으로 기도합니다. 아멘.

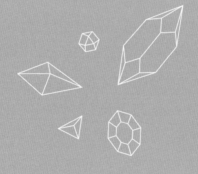

3

복받을 자들

마태복음 25:31~46

하나님 아버지, 복받을 자가 되고 싶습니다.
낮은 자의 모습으로 오신 예수님 같은
지체를 섬김으로 진정 복받는 인생이 되도록
말씀하여 주옵소서. 듣겠습니다.

신문에서 한 연예인이 지금까지 100억이 넘는 큰돈을 기부했다는 기사를 읽었습니다. 자신은 전세 아파트에서 살면서 말이지요. 그런데 그는 팬들이 준 돈으로 기부했기 때문에 팬들이 한 일이라면서 기부 자체가 주는 행복이 너무 커서 오히려 더 큰 이익을 얻었다고 했습니다. 이처럼 자기가 좋아하는 일을 하는 것이 복받은 사람입니다. 누군가는 큰돈을 경마와 카지노, 혹은 주식으로 쓰면서 기뻐하겠지만, 이분은 선한 일을 하며 큰 행복을 얻었습니다.

예수님은 여러 비유를 통해 우리에게 경고하셨지만, 그것은 모두 우리가 복받기를 바라서였습니다. 시편 1편에서는 말씀을 묵상하는 자가 복이 있고, 마태복음 5장에서는 심령이 가난한 자, 애통하는 자, 의를 위해 박해받는 자가 복이 있다고 했습니다. 이 본문은 예수님이 십자가에 달리시기 전의 마지막 설교입니다. 여러 비유로 종말을 말씀하신 주님은 죄를 보고 회개해서 결론적으로 구제를 하라고 하십니다. 구제는 해도 되고 안 해도 되는 것이 아닙니다. 우리가 믿음으로 구원에 이르지만 그 믿음의 결론은 행위로 나타나야 합니다. 그렇다면 복받을 자가 되기 위해 힘써 할 것은 무엇일까요?

지극히 작은 자를 잘 섬겨야 합니다

인자가 자기 영광으로 모든 천사와 함께 올 때에 자기 영광의 보좌에 앉으리니_마 25:31

자기 영광으로 오시는 예수님, 자기 영광의 보좌에 앉으시는 예수님입니다. 자기 영광의 보좌에 앉으셨다는 게 무슨 뜻입니까? 빌립보서 2장 6, 7절에 "그는 근본 하나님의 본체시나 하나님과 동등됨을 취할 것으로 여기지 아니하시고 오히려 자기를 비워 종의 형체를 가지사 사람들과 같이 되셨고"라고 했습니다. 그 모습이 35절과 36절에 있습니다.

35 내가 주릴 때에 너희가 먹을 것을 주었고 목마를 때에 마시게 하였고 나그네 되었을 때에 영접하였고 36 헐벗었을 때에 옷을 입혔고 병들었을 때에 돌보았고 옥에 갇혔을 때에 와서 보았느니라_마 25:35~36

주님은 주리고, 목마르고, 나그네 되고, 헐벗고, 병들고, 옥에 갇힌 모습으로 이 땅에 오셨습니다. 이 여섯 가지 모습, 이것이 주님의 영광입니다. 굳이 이렇게 안 살아도 되는데 이렇게 사신 예수님처럼 나도 주리고 목마른 인생을 자원한다면 자기 영광이 있을 줄 믿습니다. 그러면 자기 영광의 보좌에 앉아서 다른 사람들을 분별할 수 있게 되는 겁니다.

> 32 모든 민족을 그 앞에 모으고 각각 구분하기를 목자가 양과 염소를
> 구분하는 것 같이 하여 33 양은 그 오른편에 염소는 왼편에 두리라
> _마 25:32~33

자기 영광의 십자가가 있는 사람은 분별할 수 있는 능력을 받습니다. 고난의 십자가를 거치지 않고 복받을 자와 저주받을 자를 분별하기는 어렵습니다. 양이든 염소든 전부 교회 다니는 자라고 볼 수 있습니다. 양과 염소는 한 들판에 섞여서 같이 풀을 뜯지만, 밤이 되면 누가 시키지 않아도 어김없이 각각 자기 우리로 들어갑니다. 의인과 악인이 어느 때에는 완전히 분리되는 것입니다.

그리고 복받을 자는 예비된 나라를 상속받습니다.

> 그 때에 임금이 그 오른편에 있는 자들에게 이르시되 내 아버지께 복 받을 자들이여 나아와 창세로부터 너희를 위하여 예비된 나라를 상속받으라_마 25:34

저도, 여러분도 분별을 잘해서 예비된 나라를 상속받으라는 말씀을 듣기 바랍니다. 저주에서 복받는 자리로 옮겨 가기를 바랍니다. 그러려면 자기 십자가의 영광이 있어야 합니다. 심판은 반드시 있습니다. 다만 심판당하지 말고 우리가 분별해서 다른 사람들에게 예비된 나라를 상속하게 하는 역할을 감당하기를 바랍니다. 35절과 36절을 다시 봅니다.

> 35 내가 주릴 때에 너희가 먹을 것을 주었고 목마를 때에 마시게 하였고 나그네 되었을 때에 영접하였고 36 헐벗었을 때에 옷을 입혔고 병들

었을 때에 돌보았고 옥에 갇혔을 때에 와서 보았느니라 _마 25:35~36

주님이 너희가 나를 이렇게 도왔다고 말씀하십니다. 그랬더니 의인들이 뭐라고 합니까?

37 이에 의인들이 대답하여 이르되 주여 우리가 어느 때에 주께서 주리신 것을 보고 음식을 대접하였으며 목마르신 것을 보고 마시게 하였나이까 38 어느 때에 나그네 되신 것을 보고 영접하였으며 헐벗으신 것을 보고 옷 입혔나이까 39 어느 때에 병드신 것이나 옥에 갇히신 것을 보고 가서 뵈었나이까 하리니 40 임금이 대답하여 이르시되 내가 진실로 너희에게 이르노니 너희가 여기 내 형제 중에 지극히 작은 자 하나에게 한 것이 곧 내게 한 것이니라 하시고 _마 25:37~40

마태복음 25장에는 주리고 목마르다는 표현이 반복해서 나옵니다. 성경의 일점일획이 중요한데, 내 옆에 있는 지극히 작은 자가 너무 중요하기 때문에 이렇게 반복하시는 것입니다. 주님이 목마르고 나그네 되었다고 하십니다. 주님이 그런 지극히 작은 사람의 모습으로 오시기 때문에 우리가 그런 사람을 대접하는 것이 주님을 대접하는 것입니다.

한때 인터넷을 떠들썩하게 만든 목도리녀 이야기가 있습니다. 대학 4학년인 이 여학생은 길에서 앉은뱅이처럼 기어가는 노숙자 할아버지가 막걸리를 사러 간다니까 본인이 직접 막걸리와 빵을 사 가지고 왔습니다. 그러고는 할아버지가 잡수시는 동안 할아버지의 이야기를 들어 주었습니다. 할아버지는 30년 전에 집을 나왔고 주소도 정확히 외우고 있었습니다. 딸도 있다고 했습니다. 그러다 몇 달 전에 사고가 나서 걷지도 못하게 되었습니다. 그 몸으로 지하철에서 주무신다니까 안타까워서 여학생은 수중에 가진 유일한 것인 목도리를 벗어 할아버지 목에 감아 드렸습니다. 그 모습을 지나가던 누군가가 사진으로 찍어서 인터넷에 올려 화제가 된 것입니다. 그러나 여학생은 인터넷에 올라 화제가 되지 않았다면 이 일을 오랜 시간이 흐른 뒤에 잊어버렸을 것입니다. 내가 언제 마시게 했고 언제 입혔느냐고 할 것입니다.

자기가 한 일을 기억하지 못하는 건 구제가 일상적인 삶이어서 그렇습니다. 당연하게 늘 하는 일이어야 생색내지 않습니다.

복받을 자들은 "나는 한 일이 없다"고 말합니다. "내가 언제 주님같이 거룩한 분을 도왔느냐?"고 합니다. 주님은 우리를 가난에서 구원하시는 것이 아니라 죄에서 구원하신다고 했습니다. 내가 죄를 지어 감옥에 갔다 왔는데 감옥에 간 다른 사람을 정죄할 수 있습니까? 내가 바람피우다 교회에 왔는데 바람피운 다른 사람을 비난할 수 있습니까? 같은 죄인의 입장이기 때문에 생색낼 수 없는 것입니다.

그리고 35절에 '너희가' 먹을 것을 주었다고 하셨습니다. 37절에도 '우리가 어느 때에'라고 합니다. 이 세상은 나 홀로 살 수 없습니다. 공동체를 통해 돕고 도움을 받을 수 있습니다. 혼자 인터넷으로 예배를 드리고 복지시설에 헌금한다고 천국 가는 게 아닙니다. 그것으로 이름이 났다면 이미 상을 받은 것입니다. 그러므로 왼손이 하는 걸 오른손이 모르는 봉사와 구제를 하십시오.

37절과 39절을 가만히 살펴보면 의인들의 특징이 또 나옵니다. 그들이 '보고, 갔다'고 합니다. 죄를 깨닫고 회개하면 손이 가고 발이 갑니다. 생각으로만 하지 않습니다.

노숙자를 돕는 '심플 웨이'라는 무소유 공동체를 설립한 쉐인 클레

어본(Shane Claiborne)은 『믿음은 행동이 증명한다』에 이런 글을 썼습니다.

크리스천들이 예수님에 대해 어떤 생각을 하고 있는지를 알아보는 여론 조사를 하면서, '나는 누구보다 열심히 예수님을 따르고 있다'고 자신하는 설문 참가자들에게 '예수께서 가난한 사람들과 시간을 보내셨다고 생각하는가?'를 물었다. 응답자 가운데 80%가 그렇다고 대답했다. 나는 다시 그들에게 당신이 가난한 사람들과 시간을 보내고 있는지 물었다. 그러자 2% 미만의 응답자들이 그렇다고 대답했다. 나는 거기서 큰 교훈을 얻었다. 그것은 바로, 우리가 예수님이 하셨던 일을 하지 않으면서도 예수님을 흠모하고 또 예배하고 있다는 사실이었다. 우리는 예수님이 설교하신 대로 행동하지 않으면서도 예수님의 설교에 갈채를 보내고 또 그 설교를 반복하고 있다. 우리는 십자가를 지지 않으면서도 예수님의 십자가를 받들고 있다.

나는 교회 안에서 일어나고 있는 가장 큰 비극이, 부유한 크리스천들이 가난한 사람들을 돌보지 않는 게 아니라 가난한 사람들을 모른다는 것임을 깨닫게 되었다. 가난한 세상과 부유한 세상이 서로 만나 융합할 때 거기서 나오는 강력한 힘이 세상을 바꿀 수 있다. 그러나 그러한 융합은 좀처럼 일어나지 않는다.

교회가 유기적 공동체가 되기보다 부자와 가난한 사람들 사이에서 중개업을 하는 곳이 될 때, 교회는 살아 숨쉬기를 중단하게 되고, 그리스도의 살아 있는 몸이 되기를 중단하게 되며, 부유한 사람들이 물자를 쏟아 놓으면 가난한 사람들이 주워 가는 분배센터가 된다. 부자들은 좋은 일을 했다는 느낌으로, 가난한 사람들은 옷과 먹을 것을 잔뜩 싸 가지고 가면서, 양쪽 모두 만족을 얻고 돌아가지만 어느 쪽도 변화되지 않는다. 그런

상태에서는 복음의 뿌리에 가까운 새로운 공동체가 형성되지 않는다.

때로는 부유한 사람들이 우리 단체를 위해 좋은 일을 하고 싶다고 말한다. 그들에게 수천 달러의 후원금을 요구할 수 있지만 그것은 그들과 우리 모두를 너무 편하게 만드는 일이다. 물론 내가 기부금 제도를 전면 부인하는 것은 아니다. 잘 분별하여 기부와 후원을 하라. 그렇지만 이러한 기부와 후원과 더불어 가난한 자들을 직접 대하는 일이 반드시 필요하다. 그래서 나는 와서 보라고 요청한다. 기부는 그들의 기분을 좋게 해 주고, 가난한 사람들을 위해 좋은 일을 했다는 느낌을 줄 뿐, 결코 그들을 변화시키는 자리로 인도하지 못한다. 그러나 그들이 무허가 주택가 천막촌과 굶주린 아이들을 직접 본다면 삶이 변화될 것이며, 다시 태어나는 경제를 꿈꿀 것이며 가난을 종식시키기를 갈구하게 될 것이다.

저는 언제나 환난당하고, 빚지고, 원통한 사람들(삼상 22:2)만 오시라고 부르짖는데, 우리들교회에는 부자와 가난한 사람들이 골고루 섞여 있습니다. 서로가 자신의 죄를 보고 가기에 부자는 우쭐대지 않고 가난한 사람은 비굴하지 않게 한 성령으로 묶여 갈 수 있습니다.

신문을 보니 이런 기가 막힌 이야기가 있었습니다. 반군을 피해 세운 우간다 난민촌은 상하수도가 없고 흙집에서 오물이 쏟아져 나옵니다. 밤중에 반군이 쳐들어오기도 하는데 반군이 아이의 손을 묶고 발가락을 자르고 입술을 도려냅니다. 그리고 아홉 살 아이에게 환각제를 먹여서 외삼촌의 코를 자르게 하고 배를 찌르게 하는 참담한 일을 시킵니다. 이들이 우리와 같은 시대를 사는 사람들입니다. 그런 모습을 보면서 아무런 감정이 없을 수 있습니까? 누구는 이렇게 태어나고 누구는 풍족하게 생활합니다. 우리가 그런 사람들의 삶을 가서 봐야 합니다.

지극히 작은 자로 오신 예수님이 주리고 목마르다는 게 너무나 중요해서 본문에 반복해서 말씀하십니다. 그렇다고 우간다 난민만 '내 형제 중에 지극히 작은 자'는 아닙니다. 겉모습만 봐서는 모르기 때문입니다. 문자적으로 주리고 목마르고 벗은 자가 지극히 작은 자일 수 있지만 학벌이 좋아도 지극히 작은 자일 수 있습니다. 지위가 있어도 그 권세로 협박하는 지극히 작은 자가 있습니다. 힘이 있어서 언어폭력, 육체적 폭력을 가하는 지극히 작은 자가 있습니다. 그들이 내 식구로 있습니다. 죽일 수도 없고 안보고 살 수도 없는 사람들이 지극히 작은 자로 내 옆에 있습니다.

◆ 주리고 목마르고 나그네 되었고 헐벗었고 병들고 옥에 갇힌 모습으로 이 땅에 오신 예수님에게 나는 어떻게 합니까? 나도 주님과 같은 삶을 자처하고 십자가를 져 사람을 분별합니까? 내가 먹이고 마시게 하고 돌아보았다고 생색내지 않습니까?

열심과 생색을 내려놓고 믿음의 공동체에
잘 붙어 있어야 합니다

또 왼편에 있는 자들에게 이르시되 저주를 받은 자들아 나를 떠나 마귀와 그 사자들을 위하여 예비된 영원한 불에 들어가라 _마 25:41

저주받은 자들은 첫째, 예수님을 떠났습니다. 그리고 마귀와 그 사자들을 위해 예비된 영원한 불에 들어갑니다. 창세로부터 예비된 나라가 아니라 마귀와 사자들을 위해 예비된 불 속으로 들어갑니다. 저주받을 자들의 특징은 이렇습니다.

> 42 내가 주릴 때에 너희가 먹을 것을 주지 아니하였고 목마를 때에 마시게 하지 아니하였고 43 나그네 되었을 때에 영접하지 아니하였고 헐벗었을 때에 옷 입히지 아니하였고 병들었을 때와 옥에 갇혔을 때에 돌보지 아니하였느니라 하시니 44 그들도 대답하여 이르되 주여 우리가 어느 때에 주께서 주리신 것이나 목마르신 것이나 나그네 되신 것이나 헐벗으신 것이나 병드신 것이나 옥에 갇히신 것을 보고 공양하지 아니하더이까 45 이에 임금이 대답하여 이르시되 내가 진실로 너희에게 이르노니 이 지극히 작은 자 하나에게 하지 아니한 것이 곧 내게 하지 아니한 것이니라 하시리니 46 그들은 영벌에, 의인들은 영생에 들어가리라 하시니라 _마 25:42~46

주리고 목마르다는 이야기가 계속 나오지요? 여기도 '너희'가 있고 '우리'가 있습니다. 우리 공동체가 복의 공동체인지, 저주의 공동체인지를 알아야 합니다. 예수님을 죽인 공동체도 있고 이단 공동체도 있습니다.

왼편에 있는 자들도 나름으로는 열심히 살았습니다. 그래서 이들은 내가 언제 그런 일을 안 했느냐고 항변합니다. 복받을 자들은 한 게 없다고 하는데 이 사람들은 다 했다고 합니다. 둘의 차이가 무엇입니까? 생색입니다. 교회 열심히 다녔다, 헌금했다, 봉사했다고 생색내는 게 가장 저주받을 죄입니다. 이들의 특징은 자기가 하고 싶은 일만 하고 만나고 싶은 사람만 만납니다. 구제도 한계를 정해 놓고 합니다. 그러니까 주님의 지극히 작은 자와 그들의 지극히 작은 자는 개념이 다릅니다. 강도와 살인보다 무서운 것은 자기 열심이 하나님의 열심보다 앞서는 것입니다. 주님이 하라고 하는 일은 하나도 안 하고 자기 열심으로 살면서 내가 안 한 게 뭐가 있냐고 합니다. 한 달란트 받은 종처럼 주인을 굳은 사람으로, 완악한 사람으로 여깁니다.

염소는 주인을 두려워만 한다고 합니다. 주인에 대한 아무런 애정도 존경도 없습니다. 우리 중에는 하나님을 두려움의 대상으로만 보고 회개와 죄 사함의 은혜를 모르는 사람이 있습니다. 염소 같은 사람입니다. 하나님을 굳은 분으로 생각하면 자기도 굳은 사람이 되고 하나님을 부드럽고 좋은 분으로 생각하면 자기도 부드러운 사람이 됩니다.

나는 주님 때문에 주리기도 싫고 옥에 갇히기도 싫고 병들기도 싫고 나그네 되기도 싫은데, 내 옆에 그런 모습으로 온 그 사람이 너무 싫습니다. 그러면서 생색만 냅니다. "내가 안 한 게 뭐 있냐? 내가 학비 댔고 부모님 간병했고 바람피워도 참지 않았냐?"고 끊임없이 생색을 냅니다. 제일 무서운 병이 생색병입니다. 약도 없습니다.

아무리 참고 도와준 것이 많아도 주님은 저주받을 사람이라고 하십니다. 저는 청상과부가 되어 20년 넘게 혼자서 아이들을 키웠습니다. "내가 고생해서 이만큼이라도 산다, 내가 기도해서 이 집을 일으켰다, 나 아니면 이 집안이 일어날 수 있었겠느냐?" 하며 얼마든지 생색을 낼 수 있습니다. 듣고 보면 다 맞는 말이지만 기분은 썩 좋지 않습니다. 그래서 저는 이런 말을 하지 않습니다. 난 열심히 섬겼는데 집에서도 교회에서도 알아주지 않는다고 원망합니까? 하나님께 내가 한 일로 생색내면 영벌의 인생을 살 수밖에 없습니다.

다윗이 간음해서 낳은 아들을 하나님께서 데려가셨습니다. 다윗이 수준이 높았기에 하나님께서 평생 그 죄를 물으셨습니다. 그래서 다윗은 생색을 낼 수가 없었습니다. 그런데 통일이 되고 나니까 인구 조사를 합니다. 내가 이 정도면 잘했다고 은근슬쩍 숫자 자랑을 하고 싶은 겁니다. 다윗도 그랬는데 우리라고 안 그렇겠습니까?

저는 성경을 보면서 혼자서 많이 웁니다. 성경을 보면서 저주받을 자에서 복받을 자로 옮겨 갑니다. 하나님께서 다 거저 주셨고 섬길 만하니까 섬기는 것이지 제가 한 일이 뭐가 있겠습니까? 생색을 낼 마음이 생기다가도 말씀을 보면서 꺾게 됩니다.

우리에게는 본성적으로 율법주의가 있어서 대가 없이 구원을 얻었음에도 행위를 자랑하고 싶어 합니다. 예수 믿었어도 그 행위를 자꾸 자랑하고 싶어 합니다. 그래서 무슨 일이든 예수님의 공로로 해야 자랑할 것이 없습니다. 열심이 아닌 은혜로 해야 생색이 안 납니다.

사랑은 행동이고 태도입니다. 아무리 온몸을 불살라 내어 줄지라도 헛것일 수 있습니다. 내 죄에 대해 애통하지 않는 사람은 남을 사랑할 수 없습니다. 우리는 사랑을 지을 수도 만들 수도 없습니다. 인정받고 싶은 욕심으로는 사랑할 수 없습니다. 받은 바 은혜 때문에 온몸을 불살라 사랑할 수 있는 것입니다.

사람들은 대부분 "구제는 돈 많은 사람이나 하는 것이지 나처럼 돈 없는 사람은 못한다"고 말합니다. 하지만 우리가 어떤 신분을 가진 사람들입니까? 하나님의 자녀 아닙니까? 우리의 신분을 알면 가진 게 없어도 남을 도울 수 있습니다.

◆ 나는 하나님의 은혜로 삽니까, 자기 열심으로 삽니까? 행위를 자랑하고 싶고 인정받고 싶은 욕구가 있습니까? 나의 죄를 애통해하며 지극히 작은 자를 사랑하며 삽니까?

내 신분을 알아야 합니다

34절을 한 번 더 보겠습니다.

> 그 때에 임금이 그 오른편에 있는 자들에게 이르시되 내 아버지께 복받을 자들이여 나아와 창세로부터 너희를 위하여 예비된 나라를 상속받으라_마 25:34

우리는 창세로부터 예비된 나라를 상속받을 수 있는 인생입니다. 엄청난 신분입니다. 돈이 없어도, 집이 없어도, 건강이 없어도 봉사와 기도로 도울 수 있고 따뜻한 말로 주린 자를 먹일 수 있습니다. 내 옆에 주리고 목마르고 나그네 되고 헐벗은 사람이 있다면 감사한 일입니다. 내 옆에 지극히 작은 자, 즉 도움이 필요한 사람이 있다는 것은 나에게 사랑이 있다는 증거이기 때문입니다.

내가 감추어 두었던 한 달란트로 내 옆의 지극히 작은 자를 섬겨야 합니다. 따뜻한 말로, 미소로, 관심으로, 친절로, 들어줌으로, 기도로, 말씀으로 도울 수 있습니다. 돈이 많아야 하는 게 아닙니다. 그러므로 할 수 없는 사람은 아무도 없습니다.

영벌의 인생이 생색내는 것인데, 한 달란트 받은 자처럼 혼자 비교하고 시기 질투하면 내 옆의 지극히 작은 사람들이 얼씬도 못 합니다. 자기가 얼마나 상대에게 생채기를 내는지 모르는 것입니다. 주릴 때는 인색해서, 목마를 때는 게을러서, 나그네 되었을 때는 귀찮아서 못 합니다. 이렇게 냉정하고 쌀쌀맞으니 누군들 내 옆에 올 수 있겠습니까?

예수님이 말씀하시는 천국과 지옥의 차이는 바로 의인과 저주받을 자의 차이입니다. 생색병이 저주받을 병임을 알고 내 옆에 있는 힘든 사람은 내가 복받을 자가 되라고 붙여 주신 주님의 축복인 줄 믿으십시오.

내 아이부터 지극히 작은 자입니다. 그 아이들이 예비된 나라를 상속받도록 도와야 합니다. 우리들교회 성도의 이야기를 소개하겠습니다.

우리 아이는 키로는 앞에서 첫 번째, 공부로는 뒤에서 첫 번째입니다. 놀기 좋아하고 게임 좋아하는 지극히 아이다운 아이입니다.

3학년 때 공부를 시켜 보았는데 30분 동안 하는데도 머리에 땀이 나고 머리가 뜨겁기에 "숙제만이라도 해 가자. 모두가 공부를 잘할 수는 없지만 숙제는 누구나 똑같이 할 수 있는 거야" 했습니다.

고학년 엄마들은 임원 엄마들 말고는 학교 출입을 삼갑니다. 제가 학부모 총회 때 교실에 들어서자 담임선생님이 놀라는 눈치였습니다. 교실에는 공부 좀 한다는 아이의 엄마와 회장 엄마만 있었습니다. 선생님과 함께 아이들 이야기를 나누었습니다.

"세훈이는 어디 어디 학원을 다녀요?"

선생님이 제게 물었습니다.

"선생님, 세훈이는 학원을 다니지 않아요. 오늘 제가 여기 온 이유는, 선생님도 알다시피 우리 세훈이가 키로는 앞에서 첫 번째, 공부로는 뒤에서 첫 번째라서 온 것입니다."

순간 두 엄마의 시선이 제게로 쏠렸습니다.

"세훈이 엄마, 정말 아무것도 안 시켜요?"

"그동안 경제적으로 여유가 안 돼서요."

하지만 창피하지 않았습니다. 창피할 이유가 전혀 없었습니다.

"우리 세훈이는 공부는 꼴찌지만 심부름을 많이 시키는 형이 고난인 아주 건강한 아이입니다. 선생님의 관심이 필요한 아이입니다."

선생님께 아이를 부탁드리며 집으로 돌아왔습니다. 그러던 어느 날 세훈이가 이런 말을 했습니다.

"엄마 나, 지금까지 숙제 다 해 갔다."

선생님의 애정 어린 한마디에 세훈이가 숙제를 해 가는 아이로 변한 것입니다. 그날 선생님은 수학 문제지를 사서 보내 주면 매일 1시간씩 풀어 복습할 수 있도록 하겠다고 하셨습니다. 선생님께 고맙다는 인사를 하고 나오면서 주께서 나의 기도에 응답하셨음을 알았습니다. 저는 아침에 나가 밤 11시에 들어오는 터라 주님이 아이들을 지켜 주시고 학생의 신분에 맞게 재미있게 공부할 수 있는 마음을 달라고 기도했던 것입니다.

요즘 우리 세훈이는 "숙제를 정말 안 해 오는 애가 있어" 합니다. 그러면 저는 "작년의 네 모습이다. 아들아" 하며 웃습니다. 주님의 사랑으로 우리 세훈이에게 자존감이 생기길 기도합니다.

이것이 지극히 작은 아이입니다. 구체적으로 가서 적용할 때 하나님께서 역사해 주십니다. 꼴찌를 하면 어떻습니까? 저는 이런 모습을 하나님께서 가장 기뻐하신다고 믿습니다.

❖ 구제헌금도 하고 선교헌금도 내고 단기선교도 가는데 내 옆의 지극히 작은 자들은 외면하지 않습니까? 그러면서 지극히 작은 자들을 도왔다고 생색내지 않습니까? 지난 일주일 동안 내가 만난 사람들의 리스트를 적어 보십시오. 나는 어떤 사람들을 만나고 있습니까?

말씀으로 기도하기

복받을 자가 되기 위해 깨어 있으라 하시고, 회개하라 하시고, 그 결론으로 구제하라고 하십니다. 구제는 해도 되고 안 해도 되는 일이 아니라, 주님을 대접하는 일이기 때문에 반드시 해야 합니다.

지극히 작은 자를 잘 섬겨야 합니다(마 25:31~40).

주님은 주리고, 목마르고, 나그네 되고, 헐벗고, 병들고, 옥에 갇힌 모습으로 이 땅에 오셨습니다. 나도 주님처럼 자원해서 주리고 목마르고 나그네 되고 헐벗고 옥에 갇히는 십자가를 지며 자기 영광을 누리기 원합니다. 십자가 영광의 보좌에 앉아서 복받을 자와 저주받을 자를 분별 할 수 있는 놀라운 통찰력을 갖게 하옵소서. 예비된 나라를 상속받는 엄청난 특권을 가지고 주리고 헐벗은 자를 가서 보며 기도와 행함으로 돕게 하옵소서. 내 것이 아니고 오직 은혜이기에 생색낼 것도 없고, 내 죄를 생각할 때 생색을 낼 수도 없음을 고백합니다.

열심과 생색을 내려놓고 믿음의 공동체에 잘 붙어 있어야 합니다
(마 25:41~46).

하나님의 은혜가 아닌 내 열심으로 살았기에 생색이 나고 내가 안한 게 뭐가 있냐고 항변하는 저주받을 자의 모습이 저에게 있습니다. 생색과 원망으로 영벌의 인생을 사는 저를 불쌍히 여기시고, 받은 은혜와 사랑을 생각하며 입이 다물어지게 하옵소서.

내 신분을 알아야 합니다(마 25:34).

　　돈이 없고 배운 게 없고 시간과 건강이 없어도 나는 창세로부터 예비된 나라를 상속받을 엄청난 신분입니다. 내 신분을 알고 그 특권을 누리며 미소와 관심과 친절로 내 옆의 힘든 사람을 섬기게 하옵소서. 주리고 헐벗은 내 가족과 이웃이 나를 복받을 자 되게 하는 축복의 통로임을 깨닫게 하옵소서.

우리들 묵상과 적용

알코올중독으로 생활력이 없는 아버지를 대신하여 새벽부터 밤까지 부지런히 일하시던 엄마처럼 저도 어릴 때부터 내 열심으로 살았습니다. 학교에서는 모범생이었지만 우울한 가정에서 외롭게 자라 자존감이 낮았습니다. 자존감을 높이고 인정받기 위해 제가 택한 것은 '자기 열심'과 '자기 의(義)' 그리고 '불교'였습니다. 불교에는 보살사상이라는 것이 있는데, 그것은 고통을 겪고 있는 중생들을 부처의 사랑으로 구원해야 한다는 것입니다. 대단히 좋은 말인 것 같지만, 그것은 스스로 하나님이 되어 다른 사람을 구원한다는 의미입니다.

저는 의대에 들어가 적응을 못하다가 이 '보살사상'을 받아들인 후에는 공부에 열심을 내었고, 졸업 후에는 고향 부산으로 내려가서 가장 가난하고 힘든 환자들만 오는 부산시립병원에 지원했습니다. 힘든 중생들을 구제하려면 소록도 같은 곳을 가야 하는데, 거긴 너무 멀어 도저히 못 갈 것 같아 차선책으로 택한 곳이었습니다. 그런데 그곳에서 저는 한 번도 만나 본 적이 없는 행려 환자들을 많이 만났고, 악취로 가득한 병실에서 매일 죽어 가는 사람들의 사망진단서를 써야 했습니다. 우울증이 있던 저는 눈앞에서 매일 부딪히는 비참한 사람들의 모습에 더 어두워져 갔습니다. 내가 해 줄 수 있는 것이 아무것도 없다는 사실에 괴로웠고, 보살사상이고 뭐고 거기서 도망치고 싶은 마음뿐이었습니다.

그러다 결국 저는 그 병원에서 환자 보호자로 온 남편을 만나 도망치듯 결혼했습니다. 중생을 다 구원할 수 없을 것 같으니, 한 사람이라도

돕고 구원하자고 생각했던 것 같습니다. 그렇게 내가 하나님이 되어서 택한 결혼은, 남편의 강하고 불같은 성격으로 인해 애굽의 종살이보다 더 힘들었고, 결국 저는 두 손 들고 하나님 앞에 나아가게 되었습니다. 하나님은 지금까지 제힘으로 다른 사람을 도우려고 했던 모든 노력이 다 헛수고이며, 나야말로 주리고, 목마르고, 병들고, 옥에 갇힌 자라는 것을 보게 하셨습니다(마 25:35~36).

그리고 이제는 제 열심이 아니라 하나님의 열심으로 다른 힘든 사람들을 돌보라고 하십니다. '제가 복받을 자가 되라고 붙여 주신, 제 옆에 있는 지극히 작은 자들이 누굴까?' 생각해 봅니다. 매일 만나는 환자들과 목장의 지체들, 가족이 제가 섬겨야 할 자들이겠지요. 주님의 마음이 머무르는 한 사람을 아무 대가도 바라지 않고 섬기는 것이 예수님을 섬기는 것임을 기억하겠습니다(마 25:40).

영혼의 기도

하나님 아버지, 복받을 자와 저주받을 자의 차이가 생색임을 알았습니다. 예수님 때문에 주리고 목마른 인생을 자처하지 않기 때문에 그런 예수님의 모습으로 온 사람을 싫어하고, 자기 열심으로 원하는 사람만 만나고 도우면서 내가 무엇을 못 했느냐고 합니다. 내가 살림을 안 했나, 돈을 못 벌었나, 공부를 안 시켰나, 부모님을 안 모셨나 생색내느라 아무것도 못 합니다. 주님의 사랑을 잊었습니다.

지극히 작은 자는 우간다 난민촌에도 있습니다. 그리고 내 옆에도 있습니다. 주리고, 목마르고, 나그네 되고, 헐벗고, 병들고, 옥에 갇힌 이 여섯 종류의 사람들이 보기도 싫고 가기도 싫어서 견딜 수가 없습니다. 냉정함과 무관심으로 한 달란트를 감추어 두고 생색내며 원망하고 불평합니다. 저희를 불쌍히 여겨 주옵소서.

나는 생색을 내고 주님을 배반하지만, 주님이 이런 나를 위해 빌어 주시니 내가 복받을 자가 될 줄로 믿습니다. 내 옆에 있는 주리고 목마르고 헐벗은 지극히 작은 자는 나를 복받을 인생으로 만드는 사람입니다. 그러므로 이 작은 자를 사랑하기 원합니다. 내 옆에 힘든 사람을 붙여 주심을 감사합니다. 끝까지 생색내지 않고 갈 수 있도록 은혜를 내려 주옵소서. 예수님 이름으로 기도합니다. 아멘.

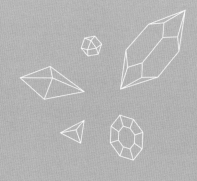

4

좋은 일을 행하라

마태복음 26:1~16

하나님 아버지, 사람을 살리는
좋은 일을 행하기 원합니다.
주님의 좋은 일이 무엇인지
말씀하여 주옵소서. 듣겠습니다.

지난 2007년, 버지니아 공대를 피로 물들인 조승희 사건을 보며 우리 옆
에도 그렇게 힘든 사람들이 있다는 생각에 가슴이 아팠습니다. 좋은 가족,
좋은 학교, 좋은 학우와 교수들이 옆에 있어도 함께하는 것을 느끼지 못해
서 외톨이가 되고 피를 철철 흘리며 죽어 갔습니다. 부부간에, 부모 자식
간에 같이 살면서도 함께라는 것을 느끼지 못하는 사람들이 많습니다. 예
수 믿는 우리가 그들의 구원을 위해 행해야 할 좋은 일은 무엇일까요?

사람 살리는 의논을 해야 합니다

1 예수께서 이 말씀을 다 마치시고 제자들에게 이르시되 2 너희가 아는
바와 같이 이틀이 지나면 유월절이라 인자가 십자가에 못 박히기 위하
여 팔리리라 하시더라_마 26:1~2

바로 앞 장에서 복받을 자가 되려면 내 죄를 보고 회개하며, 생색내지 말라고 했습니다. 그리고 26장 첫 부분의 주제는 '생색내지 말되 어디까지 내지 말아야 할까'입니다.

주님은 생색내지 말라는 말씀을 다름 아닌 대제사장과 서기관 바리새인, 즉 믿음 좋다는 유대 지도자들에게 전했습니다. 그럼에도 이들은 안 변했습니다. 죄를 봐라, 회개해라, 생색내지 말라고 해도 못 알아듣고 오히려 예수님을 죽이려고 의논합니다. 그들이 말을 안 듣고 예수님을 죽이려고 하니까 예수께서 '나는 죽고 너희는 사는' 적용을 하십니다. "십자가에 못 박히리라"는 강한 의지가 담긴 수동형입니다.

교회 안에서도 높은 직분이 자기 죄를 못 보게 합니다. 주님은 변하지 않는 우리, 도박, 주식, 바람, 술 못 끊는 우리를 위해 죽기로 작정하셨습니다.

3 그 때에 대제사장들과 백성의 장로들이 가야바라 하는 대제사장의 관정에 모여 4 예수를 흉계로 잡아 죽이려고 의논하되_마 26:3~4

죽기로 작정한 사람은 어떤 일에도 놀라지 않습니다. 그들이 이미 대제사장의 관정에 모여 있습니다. 이미 나를 죽이려 하고 있습니다. 그러니까 이 일은 있어야 할 일이므로 놀라지 말라는 겁니다. 대제사장의 관정은 당시의 사법부를 의미합니다. 그런데 지금 이 모임은 산헤드린 공회원의 정식 회합이 아닙니다. 임시로, 대제사장의 안뜰에서 비밀리에 모여서 교활한 술책으로 예수님을 죽이기로 의논한 것입니다. 나를 죽이기로 결정했는데 안 죽으려고 하면 안 됩니다. 가장 가까운 사람, 같은 하나님을 믿고 있는 사람 중에 예수님을 죽이려는 사람이 있습니다.

말하기를 민란이 날까 하노니 명절에는 하지 말자 하더라_마 26:5

여기서 명절은 유월절을 말합니다. 이스라엘 백성이 애굽을 탈출하기 전날 밤, 하나님께서 바로의 장자를 비롯한 애굽 땅에 있는 모든 처음 난 것을 죽이면서 어린 양의 피를 문설주에 바른 이스라엘 백성의 집은 그냥 지나치신 사건을 기념하여 정한 날이 유월절입니다. 이스라엘은 이를 대대로 명절로 지켜 왔습니다.

유월절의 주인은 예수님입니다. 그런데 대제사장과 백성의 장로들이 명절의 주인인 예수님을 죽이기로 모의합니다. 예수님은 '나는 죽고 너희는 살기'로 결정하셨는데, 이 사람들은 '우리는 살고 너는 죽자'를 결정한 것입니다. 그런데 성경을 너무 많이 알아서 "명절에는 그러지 말자" 합니다.

바람피우는 남편을 보면 대부분 결혼기념일은 잘 챙깁니다. "이렇게 잘하는 내가 바람피우는 건 너 때문이야"라고 변명하려고 그러는 것입니다. 부부간에, 부모 자식 간에 싸우면서 "나는 맞고 너는 틀려. 그래서 나는 살고 너는 죽어야 해" 합니다. 이런 것이 바로 예수님을 죽이는 의논입니다.

서두에 언급한 조승희는 자신이 누구인지 몰랐기 때문에 부유한 아이들을 원망하고 종교에 불평했습니다. "나는 맞고 너는 틀렸다, 내가 한 일이 옳다"는 것을 알리려고 범행 직전에는 방송사에 자기 모습이 담긴 사진과 선언문을 담은 영상까지 보냈습니다. 그러나 세상은 그를 기억하지 않습니다. 오히려 버지니아 공대 총기사고의 희생자인 유대인 교수 리비우 리브레스쿠(Liviu Librescu)를 기억합니다. 그는 2차 세계대전 당시 유대인 학살 중에도 생존한 사람입니다. 그는 76세의 노구임에도 제자들의 생명을 구하다가 죽었습니다. 나는 죽고 너는 살리는 적용을 그 교수가 했습니다. 잊히지 않는 사람은 바로 그 교수인 겁니다.

◆ 나는 사람을 죽이는 의논을 합니까, 살리는 의논을 합니까? 나는 맞고 너는 틀리기 때문에 네가 죽어야 한다고 생각하는 것은 무엇입니까?

좋은 일은 사랑하는 것입니다

6 예수께서 베다니 나병환자 시몬의 집에 계실 때에 7 한 여자가 매우 귀한 향유 한 옥합을 가지고 나아와서 식사하시는 예수의 머리에 부으니 8 제자들이 보고 분개하여 이르되 무슨 의도로 이것을 허비하느냐 9 이것을 비싼 값에 팔아 가난한 자들에게 줄 수 있었겠도다 하거늘 10 예수께서 아시고 그들에게 이르시되 너희가 어찌하여 이 여자를 괴롭게 하느냐 그가 내게 좋은 일을 하였느니라_마 26:6~10

대제사장들은 예수님을 잡아 죽이려 하는데 의외의 헌신이 나병환자 시몬의 집에서 있었습니다. 그는 아마도 병을 고침받아서 주님을 식사 시간에 초대했을 것입니다.

또한 그때 그의 집에서 한 여자가 옥합을 내놓았습니다. 요한복음 12장 3절에 의하면 이 여자는 나사로의 누이이자 마르다의 동생 마리아로 여겨집니다. 사람들이 무시하든지 말든지 주님을 사랑하니까 마리아는 모든 고정관념에서 벗어날 수 있었습니다. 마리아에게는 주님께 드리기에 아까운 것이 없었습니다.

그렇다고 누구나 시도 때도 없이 향유를 부으라는 것이 아닙니다. 노동자들의 1년 품삯을 어떻게 한순간에 쏟을 수 있겠습니까? 집을 팔아서 거리에 나앉는 게 사랑이 아닙니다. 중요한 것은 '내가 왜 이 귀중한 것을 내놓는가'입니다. 향유를 드리는 것은 선일 수도 악일 수도 있습니다. 시마다 때마다 다릅니다. 그러나 내가 주님을 만나서 나병이 낫고 참생명을 얻었는데 아까운 게 뭐가 있겠습니까? 마리아는 양육을 잘 받고 있습니다.

그런데 바로 요 앞 2절에서 주님이 뭐라고 하셨습니까? "이틀이 지나면 유월절이라 인자가 십자가에 못 박히기 위하여 팔리리라" 하지 않으셨습니까. 이틀 후면 주님이 돌아가십니다.

그런데도 제자들이 장례 준비를 안 하고 있습니다. 십자가 죽음이 얼마나 중요한지도 모릅니다. 그러니 지금 제자들이 정작 해야 할 고민은 하지 않고, 안 해도 될 고민을 하는 것입니다. 향유를 붓는 마리아에게 유다가 뭐라고 합니까? "그걸로 가난한 자를 돕지, 교회에는 뭐 하러 헌금하느냐?'는 것입니다. 이것은 2천 년 동안 계속되어 온 질문입니다. 하지만 예수님의 장례는 2천 년 동안 한 번 있는 일이고, 가난한 자는 항상 우리 옆에 있습니다.

마리아는 말씀대로 향유를 바르는데 제자들은 "장례는 무슨 장례! 암이라도 걸렸으면 죽을 준비를 한다지만 예수 믿는 사람이 왜 죽는다고 해? 너 믿음이 없냐?" 이러는 겁니다. 말씀을 안 믿으니 장례 준비도 안 하는 것입니다.

11 가난한 자들은 항상 너희와 함께 있거니와 나는 항상 함께 있지 아니하리라 12 이 여자가 내 몸에 이 향유를 부은 것은 내 장례를 위하여

함이니라 13 내가 진실로 너희에게 이르노니 온 천하에 어디서든지 이 복음이 전파되는 곳에서는 이 여자가 행한 일도 말하여 그를 기억하리라 하시니라_마 26:11~13

제자들이 가난한 자를 돕겠다고 하지만 그것은 마리아의 행동을 비난하고 비아냥거리기 위한 구실에 불과합니다. 제자들은 사실 가난한 자를 도울 마음도 없었습니다. 하지만 마리아는 선을 행하고도 비난을 받았지만 아무 말이 없습니다. 그러자 주님은 제자들을 야단치고 마리아를 칭찬하십니다.

이 세상이 존재하는 한 가난한 자들은 늘 있다고 했습니다. 그렇다면 한 번 있는 주님의 장례와 늘 있을 가난한 자 돕는 일 중 어떤 것을 선택하겠습니까?

마리아가 훈련받은 제자들과 차원 높은 영적 싸움에 들어갔습니다. 예수님과 3년을 함께한 열두 제자들도 분별이 안 되는데 마리아가 분별하려니 얼마나 힘들었겠습니까? 마리아가 누구한테 생색내려고 했겠습니까? 마리아는 옥합을 깨뜨렸습니다(막 14:3). 조금 붓고 다시 가져간 게 아니라 완전히 깨뜨렸습니다.

나의 자존심, 이기심, 시간, 물질을 다 깨뜨려 주님께 드리려면 사랑하지 않으면 할 수 없습니다. 하나님의 은혜가 나에게 임하면 죽음같이 강한 사랑, 불같이 강한 사랑을 하게 됩니다. 제자들이 욕하고 대제사장이 죽이려 해도 불같이 사랑합니다.

마리아가 행한 일은 헌신이 아니라 사랑입니다. 남녀 간에도 그렇지 않습니까? 사랑에 빠지면 어떤 말도 귀에 들어오지 않습니다. 주님과 사랑에 빠지면 가난도 병도 부도도 문제 될 게 없습니다. 누군가를 사랑하면서 "나는 당신한테 헌신하는 거야" 하지 않습니다. 그냥 사랑할 뿐입니다. 사랑은 사랑으로밖에 갚을 수 없습니다. 주님의 사랑을 아니까 죽음보다 강한 사랑을 하는 것입니다.

주님의 일이라면 아낌없이 다 깨뜨려야 합니다. 예수 잘 믿는 며느리가 부모님 때문에 힘들어하기에 "가서 부모님께 빌라"고 했더니 못 빕니다. 옥합을 못 깨는 겁니다. 아까운 것을 못 깨니까 사과를 못 합니다. 그런데 유명한 병원장으로 부러울 게 하나 없던 어떤 분이 며느리가 이혼한다니까 며느리한테 빌어서 이혼을 막았습니다. 이것이 능력입니다.

마리아가 별일 안 한 것 같아도 마태, 마가, 요한복음에 기록되었고, 2천 년 동안 그의 이름이 이렇게 불리고 있습니다. 이 사랑 때문입니다. 신앙은 선택입니다. 육적인 일인가 영적인 일인가, 중요한 일인가 급한 일인가 보십시오. 그런데 가장 중요한 일은 영적인 일, 구원의 일입니다. 마리아는 아는데 대제사장도 제자들도 모릅니다. 우리가 자녀에게 가르칠 것이 바로 이런 것입니다. 세상에서 성공하고 공부 잘하는 것만 가르쳐선 안 됩니다.

어떤 분은 의류 공장이 잘되어서 잘살게 되니까 골프 치러 다니느라 교회에 안 나옵니다. 하지만 단 하루도 일하지 않으면 안 되는데다 우울증까지 앓고 있는 어떤 분은 아이들만 두고 혼자 교회에 갈 수 없어 새벽마다 아이들을 깨워 함께 교회에 와서 예배를 드립니다. 예수 믿는 길은 고독합니다. 예수 믿는다고 다 잘되는 것도 아닙니다. 하지만 하나님이 기뻐하실 사람이 누구겠습니까?

◆ 선을 행하고도 비난을 받을 때 나는 어떤 반응을 보입니까? 힘든 사람, 미운 사람을 주님의 이름으로 사랑하며 섬깁니까?

좋은 일은 고독의 길에 참여하는 것입니다

14 그 때에 열둘 중의 하나인 가룟 유다라 하는 자가 대제사장들에게 가서 말하되 15 내가 예수를 너희에게 넘겨 주리니 얼마나 주려느냐 하니 그들이 은 삼십을 달아 주거늘 16 그가 그 때부터 예수를 넘겨 줄 기회를 찾더라_마 26:14~16

대제사장들은 잡아 죽이려 하고, 제자들은 저희끼리 싸우고, 마리아는 예수님 사랑한다고 왕따당하고…… 결국 예수님 옆에는 아무도 없습니다. 예수님이 얼마나 고독하시겠습니까? 게다가 열두 제자 중 하나인 가룟 유다가 예수님을 팔아넘기려 합니다.

마리아가 향유 한 옥합을 예수님의 머리에 부은 것을 보고 제자들이 모두 분개했습니다. 그리고 그 때문에 예수님에게 모두 야단을 맞았습니다. 그런데 유다만 유독 분히 여겼습니다.

유다는 대부분 갈릴리 출신인 제자들 사이에서 혼자만 가룟 출신입니다. 거기에다 똑똑해서 돈궤도 맡았습니다. 가난한 자들을 돕는 민중운동의 정당성도 가지고 있습니다. 상처 많고 혼자 왕따를 자처하니까 사탄이 틈을 타게 되었습니다. 대제사장들이 찾아온 게 아니라 가룟 유다 스스로 찾아갔습니다. 가난한 자를 돕자는 자기 의견을 무시한다고 생각할 수도 있겠지만, 결론적으로는 삼십에 스승을 판 것입니다. 그는 돈을 주니 냉큼 받았습니다.

우리가 아무리 명분을 갖다 대도 모든 것의 배후에는 돈이 있습니다. 사탄은 돈으로 둔갑해 유다로 하여금 스승인 예수도, 친구인 제자들도 소용없게 만들었습니다. 적어도 가룟 유다가 울며 하나님 앞에 자기 죄를 고백하며 기도했다면 그렇게 되지는 않았을 겁니다.

신앙고백을 멋있게 할수록, 성경 공부를 열심히 할수록 하나님과 올바른 관계를 가지지 않으면 악을 저지를 기회가 훨씬 많습니다. 대제사장들은 잡아 죽이려고 의논해도 예수님의 거처를 몰라 결정적으로 죽이는 역할을 하지 못했는데 예수님 바로 옆에 있는 제자는 너무 잘 알아서 결정적인 역할을 했습니다.

유다는 은 삼십, 즉 소 한 마리 값에 예수님을 팔았지만, 우리는 점심 한 끼에 예수님을 팔아넘기지 않습니까? 유다의 문제는 돈이 없는 게 아니라 돈을 사랑한 것입니다.

마리아의 고독과 유다의 고독은 어떻게 다릅니까? 마리아는 주님을 사랑해서 고독했고 유다는 돈을 사랑해서 고독했습니다. 어느 고독을 택하겠습니까?

모든 인생은 고독하지만 진정한 고독에 참여하는 것이 좋은 일을 행하는 것입니다. 유다가 배반하지 않아도 예수님은 십자가에 못 박히실 것입니다. 굳이 내가 그 역할을 할 필요가 없는 겁니다. 유다의 고독에 참여하면 '살기도 괴롭군 죽으면 편하리 44번지'로 갑니다. 우리는 천국으로 이사해야 합니다. '은혜시 안식구 행복동 77번지'로 가는 것이 마리아의 고독을 택하는 것입니다.

1956년 미국 전역을 큰 충격으로 몰아넣은 이야기가 있습니다.

짐 엘리엇(Jim Eliot)을 포함해 다섯 명의 젊은이들이 신학교를 마치고 간단한 짐만 챙긴 채 남미의 에콰도르로 선교를 떠났습니다. 한 번도 복음이 전해지지 않은 이곳에 엘리엇과 그의 친구들이 찾아간 것입니다. 에콰도르에는 아우카족이라는 잔인하고 독하기로 이름난 족속이 살고 있었습니다.

조그만 경비행기를 타고 해변에 내린 이들이 해변가에 텐트를 치고 아우카족에게 복음을 전하기 위한 준비를 시작한 지 닷새쯤 됐을 때입니다. 선교본부는 이들로부터 아무런 소식이 없자 확인차 비행기를 보냈습니다. 그런데 바로 그곳 해변에서 다섯 명의 청년이 무참하게 살해된 채 발견되었습니다. 그런데 한 가지 이상한 점은 그들의 주머니에 권총이 들어 있었던 것입니다. 그들은 목숨을 위해 권총을 사용할 수 있었음에도 차라리 죽음을 선택한 것입니다.

당시 잡지 《라이프(LIFE)》는 이 사건을 10쪽에 달하는 기사로 다루면서 다음과 같이 표현했습니다.

"아우카족은 수백 년 동안 외부인들을 모두 죽여 버렸다. 다른 인디언들조차 두려워하는 아우카족을 복음화하기 위해 젊은 선교사들이 목숨을 걸고 찾아간 것이다. 이 얼마나 불필요한 낭비인가!(What a unnecessary waste!)"

짐 엘리엇의 아내 엘리자베스는 이에 대해 질문하는 기자에게 정색하며 이렇게 말했습니다.

"말씀을 삼가십시오. 낭비라니요? 남편의 죽음은 낭비가 아닙니다. 그는 온 생애를 이것을 위해 준비한 사람입니다. 바로 이 시간을 위해 살아온 사람입니다. 그는 자기의 책임을 수행한, 그리고 자기 목표를 달성하고 죽은 행복한 사람입니다!"

1949년 대학생 시절 짐 엘리엇은 이런 글을 남겼습니다.

"영원한 것을 얻고자 영원하지 않은 것을 버리는 자는 바보가 아니다."

짐 엘리엇이 죽고 난 뒤, 이번에는 그의 부인 엘리자베스 엘리엇이 남편의 뒤를 따라 그곳의 선교사로 갔습니다. 1년간 간호사 훈련을 받고 아우카족에게 갔는데, 아우카족은 여자를 해치는 것은 비겁한 짓이라고 여겨 부인을 해치지 않았습니다.

여러 해 동안 아우카족을 위해 헌신하던 어느 날 아우카족의 추장이 그녀에게 물었습니다.

"당신은 누구이고 우리를 위해 이렇게 애써서 수고하는 이유가 무엇입니까?"

부인은 이렇게 대답했습니다.

"나는 5년 전에 당신들이 죽인 백인 남자 중 한 사람의 아내입니다. 그러나 하나님의 사랑 때문에 여기에 오게 되었습니다."

엘리자베스의 헌신으로 아우카족은 모두 예수 그리스도를 영접하게 되었습니다. 그중에서 짐 엘리엇을 죽인 청년은 나중에 아우카족의 목사가 되었습니다. 그리고 언젠가는 당시 아우카족의 추장이던 사람이 빌리 그레이엄이 주도한 어느 예배에서 간증을 했습니다.

"우리는 그들에게서 복음을 받고 하나님을 믿게 되었습니다. 그 젊은이들의 희생이 아니었다면 우리는 아직도 전과 같은 삶을 살고 있었을 것입니다. 그분들의 죽음으로 인해 우리는 빛을 보게 되었습니다. 우리도 오래 살기를 원하지 않습니다. 주님처럼, 그분들처럼 살기를 원합니다."

생명을 내놓는 헌신이 어떻게 낭비입니까? 향유를 붓는 적용이 낭비입니까? 나의 인격을 무너뜨리는 오픈이 낭비입니까? 기자는 낭비라 했지만 그들의 죽음으로 에콰도르는 복음화되었습니다.

우리 인생은 고독합니다. 예수를 믿으면 고독할 수밖에 없습니다. 여러분이 예수를 믿으면 자녀일지라도 부모를 구원할 수 있습니다. 먼저 믿은 사람이 예수님처럼 고독의 길을 가면 온 집안을 구원으로 이끌 수 있습니다.

　나의 자존심과 명예를 내려놓고 다른 사람을 살리려 할 때 유다의 외로움이 아닌 마리아의 외로움, 예수님의 외로움에 동참하게 될 것을 믿습니다.

◆ 하나님을 사랑한다 말하면서도 실제는 돈을 사랑하고 따르지 않습니까? 먼저 믿은 내가 예수님처럼 고독의 길을 따라가기로 결단합니까?

말씀으로 기도하기

가족, 동료, 친구들이 옆에 있어도 함께하는 것을 느끼지 못하고 죽어 가는 사람들이 있습니다. 예수님을 위해 좋은 일을 행하는 것은 외롭고 고독한 일입니다. 그러나 내 자존심과 기득권을 깨뜨리며 구원을 위한 좋은 일을 행하는 것이 나도 살고 다른 사람도 살리는 일입니다.

사람 살리는 의논을 해야 합니다(마 26:1~5).
예수님은 십자가를 지기로 작정하시고 나는 죽고 너희는 살리는 적용을 하십니다. 내가 옳고 너는 틀리다고, 나는 살고 너는 죽어야 한다며 살리는 의논이 아니라 죽이는 의논만 하고 있는 나 자신을 회개합니다.

좋은 일은 사랑하는 것입니다(마 26:6~13).
내 자존심, 시간, 재물, 명예를 주를 위해 깨뜨리기 원합니다. 급한 일보다 중요한 일을 하기 원합니다. 중요한 일 중에서 더 중요한 구원의 일을 하기 원합니다. 수많은 질문이 우리 가운데 있지만 주님께 헌신함이 아니라 사랑함으로 이 모든 것을 깨뜨리기를 바랍니다.

좋은 일은 고독의 길에 참여하는 것입니다(마 26:14~16).
가장 좋은 일은 주님의 고독에 참여하는 것입니다. 마리아의 고독에 참여하는 것입니다. 돈을 사랑함으로 고독했던 유다의 길이 아니라, 주님을 사랑함으로 고독했던 마리아의 길을 가기 원합니다. 누가 알아주지 않아도, 비난과 따돌림을 당할지라도 주님을 사랑함으로 나의 귀한 옥합을 깨뜨리게 하옵소서. 온 천하에 기념이 되는 구원의 일, 좋은 일을 행하는 하루하루를 살게 하옵소서.

우리들 묵상과 적용

저는 청소년기에는 친구를, 청년기에는 풍요로운 대학 생활과 모임, 이성 등을 삶의 우선순위에 두었습니다. 결혼하고 나서 자식이 생기니 자식보다 더 귀한 것이 없습니다. 그랬기에 신앙생활을 하면서 주님께 드릴 수 있었던 것은, 다 제하고 남는 시간과 물질과 봉사였습니다. 주님에 대한 사랑이 없었기에 제 것은 다 아껴 두고 제 것이 아닌 것만 드렸습니다. 저를 위해 큰 사랑을 값없이 주신 주님이신데, 저는 늘 주님께 드릴 것을 계산했고, 돈과 자식, 공부와 나의 사치 때문에 온전하게 드리지 못했습니다.

제자들은 마리아의 행동에 분을 냅니다. 향유의 값어치만 가지고 난리를 치고, 팔아서 자기들에게 주었으면 유용하게 썼을 것을 주님께 드린 것이 '허비'라고까지 말합니다(마 26:8). 저는 우리들교회에 나오면서 믿음 생활에 탄력이 붙었지만 시간이 없는 저에게 자꾸 수요예배에 나와야 한다는 목자님들의 강요(?)가 싫어 분을 내었습니다. '주일예배 가고 목장모임 가면 됐지, 지금 내 환경에서 할 수 없는 순종을 하라니……' 하면서 수요예배 가는 것을 비효율적인 시간의 허비라고 생각했습니다.

이렇게 바닥인 저를 포기하지 않으시고 품고 가시는 주님의 외로움을 이제야 조금씩 깨닫습니다. 저의 환경으로는 도저히 주님만 바라볼 수 없음을 아시기에 긍휼함이 많은 성품을 주시고, 또한 인생의 목적이 행복에서 거룩으로 옮겨 가기를 원하는 마음을 주셨습니다. 공동체를 통해 아프고 힘든 지체들을 붙여 주시고, 세상의 사랑이 아닌 주님의 사랑으로 품고 가도록 끌어 주심에 감사합니다. 결국 복음과 함께 끝까지 전해질 것은 믿음으로 행한 일임을 알고 자녀와 이 가정에 대대로 전해질 만한 믿음을 주시길 소망합니다(마 26:13).

세상 사랑으로는 자기밖에 몰라 유다처럼 예수님을 팔 인생밖에 못 됐지만, 거기서 깨닫게 하사 건져 주시고 주님에 대한 사랑 지수를 점검하게 하심에 감사합니다(마 26:15).

영혼의 기도

하나님 아버지, 사람 살리는 일을 한다면서도 언제나 나는 살고 예수님은 죽이는 의논을 할 때가 많습니다. 나는 맞고 너는 틀렸다고 할 때가 많습니다. 예수님처럼 그들을 위해 죽어야 하는데, 마리아처럼 생색내지 말아야 하는데 죽지도 못하고 생색도 내고 싶습니다. 대제사장들은 예수님을 죽이려는 의논을 하고, 함께한 제자는 주님을 죽음에 넘겨주었습니다. 예수님은 외로운 길을 가십니다. 마리아는 열두 제자들에게도 인정 못 받는 외로운 헌신의 길을 갑니다. 그러나 주님을 사랑하기 때문에 가는 길이므로 좋은 일임을 압니다. 마리아처럼 좋은 것을 택하는 분별을 갖기 원합니다.

유다는 가장 좋은 스승과 친구가 있어도 알아보지 못하고 스스로 왕따를 자처하고 가난한 자를 돕겠다는 명분을 내세우며 돈을 사랑했습니다. 그는 돈이 부족한 것이 아니라 돈을 사랑한 고독한 사람이었습니다.

은 삼십도 안 되는 점심 한 끼에 주님을 팔아넘길 기회를 찾는 우리를 불쌍히 여겨 주옵소서. 내 옆에 피를 철철 흘리며 외로워서 죽어 가는 형제, 자녀, 배우자가 있습니다. 마리아처럼 그들을 찾아가서 나의 자존심을 내려놓고 좋은 일을 행하기 원합니다. 주님과 마리아의 고독에 참여하며 마지막까지 나를 인정하지 않아도 그 길을 갈 수 있도록 하옵소서. 예수님 이름으로 기도합니다. 아멘.

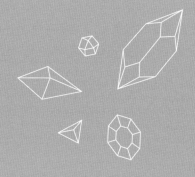

5

받아먹으라

마태복음 26:17~30

하나님 아버지,
나를 위해 죽어 주신 주님을 묵상하고
먹고 마시며 주님 안에 거하기를 원합니다.
말씀해 주시옵소서. 듣겠습니다.

시골의 어느 가난한 집사가 외항선을 타고 중동에 가는데 일본의 시모노세키에 들렀습니다. 짜장면도 한 번 못 먹어 본 사람이 돈가스를 먹으러 갔다가 수프가 나오자 수프만 먹고 나왔습니다. 그러고는 돈가스를 먹었다고 자랑했습니다. 사람들이 뭐가 나오더냐고 하니까 국물이 나오더라며 자랑했습니다. 주요리(main dish)는 먹어 보지도 못했으면서 돈가스 먹었다고 자랑한 것입니다.

신앙생활도 마찬가지입니다. 주님은 온몸을 주겠다고 하시는데, 우리는 날마다 '돈, 돈, 돈', '건강, 건강, 건강'을 부르짖습니다. 그러다 그것을 주시면 우리는 그것이 인생의 전부인 줄 알고 자랑합니다. 그러니 주님이 너무 안타까워하십니다. 주님이 주시는 구원을 받아먹으려면 어찌해야 할까요?

유월절을 준비해야 합니다

17 무교절의 첫날에 제자들이 예수께 나아와서 이르되 유월절 음식 잡수실 것을 우리가 어디서 준비하기를 원하시나이까 18 이르시되 성안 아무에게 가서 이르되 선생님 말씀이 내 때가 가까이 왔으니 내 제자들과 함께 유월절을 네 집에서 지키겠다 하시더라 하라 하시니 19 제자들이 예수께서 시키신 대로 하여 유월절을 준비하였더라 _마 26:17~19

우리는 유월절을 준비해야 합니다. 유월절을 준비한다는 것은 구원의 확신을 가지는 것입니다. 유월절이 중요한 것은 애굽의 열 가지 재앙에서 구원되었기 때문입니다. 죽음의 사자가 애굽의 장자는 치고 이스라엘은 지나갔습니다. 이스라엘이 유월절을 기념하는 것처럼, 우리도 구원받았으면 그것을 기념하고 나누어서 다른 사람도 구원받게 해야 합니다. 주일예배, 수요예배, 목장예배(소그룹 예배)를 드리고, 날마다 큐티하며 구원을 기념해야 합니다. 구원 때문에 공부도 해야 하고, 구원 때문에 결혼도 하고, 취직도 해야 합니다. 날마다 나의 구원을 기념하지 않으면 그 감격을 금세 잃어버립니다.

3년 동안 예수님을 따라다닌 제자들은 마지막까지 예수님께 드릴 음식도, 모실 곳도 구하지 못했습니다. 마리아가 향유 붓는다고 분을 낸 사람들이 무슨 잡수실 것, 모실 곳을 마련했겠습니까? 그럼에도 제자들은 예수님께 물어보았습니다. 그리고 시킨 대로 행했습니다. 이것이 매우 귀합니다.

그런데 이때 유월절 만찬을 성안의 아무개가 준비합니다. 나병환자 시몬, 무시받는 여인 마리아가 장례 준비를 하더니 최후의 만찬은 대제사

장도 아니고 제자들도 아니고 성안의 아무개가 준비합니다. 구원의 확신
은 성안의 아무개가 가지고 있습니다. 예수님의 마지막을 함께한 스타는
이름 없는 사람들이었습니다. 구원의 확신이 있으면 주님을 사랑하기 때
문에 이름나는 것에 연연하지 않습니다.

성안의 아무개는 식구들이 다 안 믿어서 이름을 안 냈을지도 모릅니
다. 하지만 구원의 확신이 있는 사람은 아까울 게 없습니다. 집을 내고 먹
을 것을 내고 구원을 기념한 이 집으로 말미암아 수천 년 동안 가정 공동
체, 교회 공동체가 이어졌습니다.

우리들교회는 가정 교회를 지향하는데, 여기서 가정이란 집(house)
이 아니라 가정(household)입니다. 가족 구원이 가장 중요합니다. 가족 구
원에서 모든 것이 출발되어야 합니다. 구원 때문에 묶인 가정 공동체야말
로 하나님이 원하시는 교회의 모습입니다. 날마다 구원이 선포되는 집은
하나님께서 복 주실 수밖에 없습니다. 그 특권을 포기하면 안 됩니다.

◆ 나는 예수님을 전적으로 나의 구주요, 하나님으로 믿고 있습니까? 나의 구원
  간증을 날마다 전하고 기념합니까? 성안의 아무개처럼 이름도 없이, 빛도 없
  이 구원을 위해 헌신합니까?

구원을 방해하는 사람이 있음을 알아야 합니다

20 저물 때에 예수께서 열두 제자와 함께 앉으셨더니 21 그들이 먹을
때에 이르시되 내가 진실로 너희에게 이르노니 너희 중의 한 사람이 나
를 팔리라 하시니 _마 26:20~21

구원을 방해하는 사람, 예수님을 받아먹지 않고 파는 사람이 있습니다. 그것도 한솥밥을 먹는 제자 중 한 사람입니다. 누가 나를 배반하는가 하면 나와 한솥밥을 먹는 사람입니다. 결혼식 때 비가 오나 눈이 오나 죽음이 갈라놓을 때까지 살겠다고 서약하고는 바람을 피웁니다. 가장 가까운 배우자가 배반합니다. 사장이 배반하고, 자녀가 배반하고 자기 유익에 따라 배반합니다. 그러므로 우리 중에 유다를 정죄할 사람이 아무도 없습니다.

그들이 몹시 근심하여 각각 여짜오되 주여 나는 아니지요_마 26:22

제자들은 "주여, 나는 아니지요?" 하는데 유다는 "랍비여, 나는 아니지요?"(마 26:25) 합니다. 자기는 정말 안 팔 것처럼 말합니다. 다른 제자들도 자기네들은 무시받는 갈릴리 출신인데, 유다 혼자만 가룟 출신인데다 공부도 잘하고 똑똑하고 교양이 있으니까 "유다는 아니야" 했을 것입니다. 베드로는 무식하게 나서고 야고보는 한자리 달라고 하는데 유다는 한 번도 그런 적이 없습니다. 그렇게 안 팔 것 같은 유다가 배신을 할 것이기에 너희 중에 파는 자가 있어도 놀라지 말라고 미리 말씀하십니다. 나를 너무 사랑하고 절대 배반 안 할 것 같은 사람이 배반을 해도 놀라지 말라는 겁니다. 미리 성경을 읽어 둔 사람은 누가 나를 팔고 배반해도 놀라지 않습니다. 이것이 성경의 위력입니다.

대답하여 이르시되 나와 함께 그릇에 손을 넣는 그가 나를 팔리라
_마 26:23

함께 그릇에 손을 넣는 것은 절대 배반하지 않겠다는 표현입니다. 다른 제자들은 감히 손을 넣지 못하는데 유다만 손을 넣습니다. 감정의 위장과 인내는 다릅니다. 팔려고 계획했으면서 이렇게 표현을 잘 참는 겁니다. 유다처럼 돈 좋아하고 세상 좋아하는 사람은 감정 표현도 잘 안 하고 절대 배신 안 한다고 합니다. 이런 사람에게 속으면 안 됩니다. 기쁘고 슬프고를 잘 표현하지 않는 사람을 조심해야 합니다.

인자는 자기에 대하여 기록된 대로 가거니와 인자를 파는 그 사람에게는 화가 있으리로다 그 사람은 차라리 태어나지 아니하였더라면 제게 좋을 뻔하였느니라_마 26:24

차라리 태어나지 않았으면 좋을 뻔한 사람들이 우리 가운데 있습니다. 모든 걸 갖췄으나 이단에 빠진 사람이 있습니다. 아무리 말해도 듣지 않습니다. 이런 사람이 태어나지 않았으면 좋을 인생입니다.

예수를 파는 유다가 대답하여 이르되 랍비여 나는 아니지요 대답하시되 네가 말하였도다 하시니라_마 26:25

주님이 자신을 팔 사람이 유다라고 가르쳐 주시는데도 다들 못 알아듣습니다. 제자들은 심각하지 않아서, 못 알아듣고 유다는 교활해서 모른 척합니다. 오늘 여러분이 겪고 있는 모든 사건도 그렇습니다. 그 사건들을 통해 주님이 가르쳐 주시는데 하나도 심각하지 않으니까 못 알아듣습니다. 언제나 가르쳐 주시는데 내가 안 듣는 겁니다.

예수님을 파는 유다가 내 옆에 있습니다. 평생 사랑하겠다고 장담해

놓고 배반하는 사람이 한둘이 아닙니다. 나의 가까운 배우자, 자녀가 배신을 해도 '주님이 아시는구나' 하면 됩니다.

사람은 믿음의 대상이 아니라 사랑의 대상입니다. 나도 나를 못 믿습니다. 내게 충성하던 내장 기관들이 어느 날 멈추면 내가 죽습니다. 그때 내 몸에게 해 줄 수 있는 일은 아무것도 없습니다. 왜 멈췄냐고 따질 수도 없습니다. 나도 내 몸에게 뭐라고 못 하는데 남의 마음과 감정을 어떻게 따질 수 있습니까? 배우자든 자녀든 막역한 친구든 배반당했으면 그저 기다려야 합니다. 나의 구속사를 위해 배반하는 역할을 하는 그를 불쌍히 여기고 용서하며 기다려야 합니다. 그리고 주님께 넘겨 드리고, 나는 기쁘게 사는 겁니다. 주님이 아시는 이 사건을 내가 부여잡고 고통당할 이유가 무엇입니까? 모든 것을 아시는 주님께 맡기고 기뻐하면 됩니다.

부모는 자녀가 돈 많이 벌고 이름을 얻어서가 아니라 기쁘게 사는 모습을 볼 때 가장 기쁩니다. 하나님도 내가 기쁘게 사는 것을 기뻐하십니다. 하나님을 영화롭게 하고 그분만을 영원토록 즐거워하는 것이 사람의 제일 된 본분이라고 했습니다. 그런데 하나님께서 가장 기뻐하실 때가 언제입니까? 내 옆의 유다 같은 사람을 용서할 때 가장 기뻐하십니다. 저 역시 유다 같은 사람을 용서할 때 가장 기쁩니다.

◆ 나를 힘들게 하는 유다 같은 사람이 있습니까? 용서할 수 없는 사람을 용서할 때 주시는 기쁨을 누리고 있습니까?

구원은 대신 받을 수 없음을 알아야 합니다

26 그들이 먹을 때에 예수께서 떡을 가지사 축복하시고 떼어 제자들에게 주시며 이르시되 받아서 먹으라 이것은 내 몸이니라 하시고 27 또 잔을 가지사 감사 기도 하시고 그들에게 주시며 이르시되 너희가 다 이것을 마시라 28 이것은 죄 사함을 얻게 하려고 많은 사람을 위하여 흘리는 바 나의 피 곧 언약의 피니라 _마 26:26~28

구원은 대신 받을 수 없습니다. 주님의 몸과 피는 누가 나를 대신해서 먹어 줄 수 없습니다. 내가 먹어야 합니다. 그 십자가를 내가 먹어야 합니다. 예수님을 받아먹는 걸 보여 주는 것이 최고의 본보기입니다.

돈과 지위와 권력을 가지고 나에게도 잘해 주는 남편이 구원의 확신이 없다면 그런 남편 때문에 애통할 수 있습니까? 남편이 예수 안 믿어서 죽을 것 같은 애통을 할 수 있습니까? 하지만 애통해야 합니다. 내 식구가 예수 안 믿어서 죽을 것 같은 것이 성숙의 절정입니다.

예수님은 십자가 지러 가시기 전에 제자들에게 먹이고 싶으셨습니다. 내가 회개하고 말씀을 날마다 먹으면 다른 사람을 구원시키는 새로운 몸이 됩니다.

야곱 족속이 애굽으로 갔을 때 기근은 면했지만 곧이어 애굽의 종노릇을 했습니다. 우리도 예외가 아닙니다. "돈, 돈" 해서 하나님이 돈을 주시면 우리는 금세 돈의 노예가 됩니다. "건강, 건강" 해서 건강을 주시면 곧 건강의 종이 됩니다.

이스라엘은 이런 종노릇을 430년이나 했습니다. 애굽에서 나오려 했지만, 애굽의 힘이 너무 세서 그냥 나올 수가 없었습니다. 바로의 세상,

능력의 세상을 향해 열 번까지 항거했습니다. 결국 유월절 사건을 통해 하나님이 애굽의 힘을 꺾어 주심으로 탈출할 수 있었습니다.

사람은 영화를 누릴수록 하나님을 아는 것이 아니라 자기의 신전을 크게 만듭니다. 회사를 크게 하고 집을 크게 합니다. 다 가지려니 인생이 힘듭니다. 그러므로 이 땅에서 행복한 사람은 선택할 것이 없는 사람, 길이 하나뿐인 삶입니다. 지연·학연 등 길이 많으면 헷갈리고 힘만 듭니다.

애굽에서 나올 때 이스라엘 백성은 200만 명으로 늘어났습니다. 그런데 이들을 요셉의 유골이 인도합니다(출 13:19). 나의 혈과 육은 애굽에서 장사되어 죽었으나 산 사람을 인도합니다. 완전히 죽어지면 200만 명을 인도합니다. 완전히 죽었기 때문에 수많은 사람을 인도합니다. 혼자 들어갔는데 내가 죽어지니까 군대의 세력으로 나옵니다. 나 혼자 죽어져도 수많은 사람이 나로 인해 구원됩니다.

어떤 환경에서도 유다 같은 사람이 내 옆에 있고, 예수님이 내 주이심을 고백하는 것이 식사의 시작입니다. 주요리(main dish)입니다. 예수님을 내 인생의 주인으로 고백하는 것, 다른 사람에게 말씀이 육신이 됨을 보이는 것이 주요리를 먹기 시작하는 것입니다.

> 그러나 너희에게 이르노니 내가 포도나무에서 난 것을 이제부터 내 아버지의 나라에서 새것으로 너희와 함께 마시는 날까지 마시지 아니하리라 하시니라_마 26:29

주님은 죽음의 길이야말로 완전한 새로움의 시작이란 걸 몸소 보여 주셨습니다. 이제 주님은 죽음의 소식을 알리면서 천국에서 만날 것을 말씀하십니다. 청도교회 김성환 목사님은 암 진단을 받고 온 교인을 병실로 불러서 천국에서 만나자고 인사하셨답니다. 마지막까지 한 성도라도 천국에서 더 만나려고 먹고 마시도록 축복한 것입니다. 내가 죽음에 대해 어떤 태도를 보이는가에 따라서 다른 사람들이 구원을 받기도 하고 못 받기도 합니다. 예수님의 찢기신 살과 피처럼 내가 먹혀야 합니다.

이에 그들이 찬미하고 감람 산으로 나아가니라_마 26:30

예수님은 요한복음 14~17장에서 찬미하고 감람산으로 가시는 길에 설교를 길게 하십니다. 제자들이 의기소침하고 힘들어하자 보혜사 성령을 보내 주겠다고 위로하셨습니다. 최선을 다해 설득하시고 위로하시고 예수님을 먹게 하려고 애쓰십니다.

출애굽의 마지막 재앙에서 하나님은 '문 인방과 문설주에 양의 피를 바르면 죽음의 사자가 지나갈 것이다' 하셨습니다. 그러면 우리는 피를 바르고 잠을 자면 됩니다. 말씀대로 믿으면 됩니다. 믿고 잠을 자는 사람은 깨어서 자식이 살아 있는 것을 보고 기뻐합니다. 찬미하면서 감람산으로 갑니다. 그런데 양의 피를 발랐어도 믿을 수가 없어서 잠 못 자고 깨어 있는 사람이 있습니다. 애굽의 장자들이 옆에서 죽어 가니까 내 자식을 쳐다봅니다. 애굽의 장자들이 죽을 때마다 놀라고 힘들어합니다.

주의 약속이 있는 그 집에는 하나님의 진노가 지나갔습니다. 이미 사지가 결박된 사탄이 으르렁거린다고 겁낼 필요가 없는 것입니다. 약속을 믿고 새로운 조직으로 나아가려면 숱하게 말씀을 먹고 양육되어서 구원을 이루어 가야 합니다. 날마다 성찬에 참여하면서 예수님의 임재를 누려야 합니다. 그런데 '쥐가 떡을 파먹으면 어쩌나?' 하고 모여서 회의나 해서야 되겠습니까? 죽음이 보이고 죄에 대해 죽은 자요, 하나님에 대해 산 자임을 선포하는 것이 성찬이고 기념하는 것입니다.

구속사에서 가룟 유다는 반드시 필요한 인물입니다. 차라리 태어나지 않았으면 좋을 인생이지만 구원을 위해 필요한 사람입니다. 이런 사람이 내 가족으로 내 옆에 있습니다. 남이라면 모른 체하겠지만 내 식구라면 어떻게 합니까.

용서할 수 없는 사람을 용서하는 모습을 보여 주는 것이 최고의 신앙 교육입니다. 남편이 바람을 피워도 죽어라 살려라 하지 않고 구원 때문에 살면서 기쁜 모습을 보이는 것이 전도입니다. 남편과 사별한 후 자녀들이 대학 입시에 실패했을 때에도 저는 기쁜 모습으로 다녔습니다. 그러자 사람들이 무슨 좋은 일이 있냐고 물어보았습니다. 저는 그때를 놓치지 않고 전도했습니다.

우리에게는 각자 유다가 있습니다. '왜 이런 일이 왔는가'가 아닙니다. '예수 믿는 나한테 모두 잘해 줘야 해'도 아닙니다. 주님이 내게 전도하라고 유다 같은 사람을 허락하셨습니다. 내 힘으로 용서할 수 없으니 주님의 찢기심을 날마다 먹고 기념해야 합니다. 그런 다음 공동체에서 나눠야 합니다. 그러면 주님이 어떻게 적용해야 할지 알려 주십니다.

◆ 날마다 회개하고 말씀을 먹으며 하나님 나라를 선포하십니까? 나와 가족의 구원을 방해하는 유다 같은 식구를 어떻게 대하고 있습니까? 유다 같은 사람이라도 사랑하고 용서하는 모습을 보여 줍니까?

말씀으로 기도하기

예수님의 몸과 피를 잘 받아먹으려면 유월절을 예비하되 구원을 기념해야 합니다. 그러기 위해 집도 내놓고 드실 것도 내놓고 대대손손 기념되는 가족 구원 공동체가 되기를 기도해야 합니다. 그런데 예배가 밥 먹여 주냐면서 구원을 방해하는 자가 있습니다. 예수님을 파는 자가 있습니다. 그런 유다 같은 사람도 용서하고 사랑하는 모습을 보여 주는 것이 가족 구원의 통로입니다. 힘든 사람은 우리 가족의 축복입니다. 내 죄를 위해 죽어 주신 주님의 몸과 피를 먹고 마시며 새로운 생명으로 나가기를 기도합니다.

유월절을 준비해야 합니다(마 26:17~19).

예수님을 잘 받아먹기 위해서 구원의 확신을 점검하고 구원을 기념하며 유월절을 준비하게 하옵소서. 성안의 아무개는 이름을 내놓지 못하는 사람이었지만, 그 집에서 인류 최대의 최후의 만찬이 행해졌습니다. 우리 집도 구원을 기념하는 장소가 되기를 원합니다. 구원을 기념하는 곳이 되기를 기도합니다.

구원을 방해하는 사람이 있음을 알아야 합니다(마 26:20~25).

구원을 방해하는 사람, 예수님을 받아먹지 않고 파는 유다 같은 사람이 있습니다. 같이 먹고 사는 사람 중에 있습니다. 그렇게 믿었던 사람이 배반을 해도 놀라지 말라고 미리 가르쳐 주시니 감사합니다. 미리 알려 주시는 예수님의 말씀을 잘 듣게 하옵소서. 미리 가르쳐 주신 배반의 사건이 왔으니 '내 사건을 주님이 아시는구나' 하고 주님께 맡깁니다. 내 사건을 아시는 주님 때문에 기뻐하며 유다 같은 사람도 용서하고 사랑하며 살게 하옵소서.

구원은 대신 받을 수 없음을 알아야 합니다(마 26:26~30).

구원은 개인 구원이기에 주님의 몸과 피는 대신 먹어 줄 수 없습니다. 죄 사함의 피, 말씀의 떡을 잘 받아먹고 새로운 조직이 되어 다른 이들을 인도하기를 원합니다. 죽음을 앞에 두고 마지막까지 한 사람이라도 더 믿으라고 설득하고 위로하시는 주님의 사랑을 봅니다. 배반과 고통의 사건에서도 주님의 말씀을 믿고 찬미하며, 내가 죽어짐으로 날마다 구원을 기념하고 전파하는 삶을 살게 하옵소서.

우리들 묵상과 적용

평소 엉뚱한 질문도 하지 않고 분별력 있어 보이고 제법 양육이 잘된 것 같던 유다가 예수님을 팔리라고는 누구도 예상하지 못했을 것입니다. 그런데 예수님은 그가 바로 배신할 자라고 말씀하십니다.

저 역시 가장 믿었던 남편이 10억여 원의 돈을 사기당하는 일이 생겼습니다. 저를 속이고 돈거래를 한 기간이 4년이라는 것에 놀랐고, 상대방이 여사장이라는 것에 더 놀랐습니다. 그 긴 시간 동안 감쪽같이 표정 하나 변하지 않고 나를 속인 남편이 제게는 배신의 아이콘, 유다와 같은 존재라고 생각했습니다. 그러나 저를 배신한 그 남편 때문에 공동체에 들어와 말씀이 들렸습니다. 그러면서도 매일매일 부딪히는 현실에서는 용서할 수도, 인정할 수도 없는 완악함이 제게 있습니다.

얼마 전, 방학 동안 아무 데도 놀러 가지 못하고 집에 있는 아들을 위해 남편에게 가까운 물놀이장이라도 데려가서 신나게 놀다 오라고 했습니다. 그런데 당일 아침, 남편은 조그마한 소리로 제게 "만 원 있어?"라고 물었습니다. 순간 '너 때문에 써 보지도 못하고 이자에 카드빚으로 나가는 돈이면 매달 우리 가족 유럽 여행을 하고도 남겠다. 뭐, 만 원 있냐고? 벼룩의 간을 빼먹어라!' 하며 속에서 분이 났습니다. 또 이런 현실을 살게 하시는 하나님이 원망되어 참을 수 없었습니다.

주일예배를 비롯해 각종 예배를 드리고 교사로 봉사하며 겉으로는 예수님을 잘 따라다니는 것처럼 보이지만, 이런 작은 일 하나에도 넘어지며 마음으로는 내 유익을 위해 가족과 하나님을 배반합니다(마 26:23). 저는 아직도 편한 것이 좋고 세상에서 누리는 것이 좋아 보일 때가 많습니다. 구원의 사건으로 남편을 애통하게 바라보지 못하고 미워하며 무시했습니다. 남편이 아니라 저 자신이 구원을 훼방하며 예수님을 배반하는 유다입니다. 주님께서 때마다 말씀으로 해석해 주셨지만 끝내 예수님을 믿지 않고 모른 척하며 "나는 아니지요?" 묻는 유다가 저임을 고백합니다 (마 26:25). 죽을 것 같은 환경에서 살려 주신 하나님을 배신하지 않고 진정한 기쁨을 얻기 위해 날마다 기도하며 회개할 수 있도록 은혜 내려 주시길 간구합니다.

영혼의 기도

하나님 아버지, 주님을 잘 받아먹고 마시기 위해서는 구원의 확신이 있어야 하고 구원을 날마다 기념하라고 하십니다. 하지만 3년 동안 주님을 따르던 제자들은 구원을 기념할 만한 장소도, 대접할 힘도, 드릴 만한 믿음도 없습니다. 그럼에도 그들은 주님께 묻고 시키신 대로 행해서 끝까지 붙어 있습니다.

성안의 아무개가 장소를 내놓고 잡수실 것을 대접할 때 가족 구원의 공동체가 거기에서 출발했습니다. 예루살렘도 아니고 대제사장의 집도 아닌 이름 없는 아무개의 집을 기억하신 주님, 우리의 구원의 나눔을 기억하셔서 예수 믿는 가족이 되게 하여 주옵소서. 우리의 수고를 반드시 구원으로 갚으실 것을 믿습니다.

유다처럼 구원을 방해하는 사람이 있습니다. 나를 발바닥의 때만큼도 여기지 않는 부모, 배우자, 상사가 있습니다. 그럼에도 그들을 사랑할 때 내가 구원으로 가는 통로가 되는 것을 알았습니다. 나는 사랑할 수 없으나 주님께서 용서하게 하시고 사랑하게 하시는 것을 믿습니다. 나를 배반한 유다를 사랑하고 용서하는 모습을 보일 때 우리 집의 구원이 이뤄질 줄 믿습니다.

구원은 개인 구원이고 예수님을 각자 받아먹어야 하는데 그러지 못하는 우리 식구들 때문에 애통합니다. 나를 위해 죽어 주신 주님을 묵상하고 먹고 마시며 어떤 사람도 용서함으로 우리 집의 구원이 속히 이루어지게 하옵소서.

용서하고 사랑하며 주님을 온전히 받아먹기 원합니다. 온몸을 주신 주님을 자랑하고 찬양하기 원합니다. 예수님 이름으로 기도합니다. 아멘.

Part 2

티끌도 남김없이
뜨겁게 회개하라

6

아버지의 원대로

마태복음 26:31~46

하나님 아버지, 우리는 아버지의 원대로가 아니라
우리의 원대로 살고 있음을 고백합니다.
아버지의 원대로 살기 원하오니
말씀하여 주옵소서. 듣겠습니다.

가족이나 좋은 친구들을 만나서 즐겁게 지낼 때 느끼는 행복감을 돈으로 환산하면 얼마나 될까요? 런던대학교 교육공학 연구소가 연구 논문을 발표했는데, 친구나 가족을 매일 만날 때 느끼는 행복감은 연봉 1억이 늘어나는 행복감과 비슷하다고 합니다.

그런데 이런 잠깐의 행복이 아닌 영원한 행복을 누리기 위해서 우리는 어떻게 해야 할까요? 바로 나의 소원이 아닌 아버지의 원대로 살아야 합니다. 아버지는 내가 행복해지길 원하시지만 그보다 영원한 행복을 위해 원하시는 것이 있습니다. 하나님이 원하시는 걸 알아야 우리가 진정한 행복을 누릴 수 있습니다.

아버지의 원은 자기 확신을 버리는 것입니다

31 그 때에 예수께서 제자들에게 이르시되 오늘 밤에 너희가 다 나를

버리리라 기록된 바 내가 목자를 치리니 양의 떼가 흩어지리라 하였느니라 32 그러나 내가 살아난 후에 너희보다 먼저 갈릴리로 가리라 33 베드로가 대답하여 이르되 모두 주를 버릴지라도 나는 결코 버리지 않겠나이다 34 예수께서 이르시되 내가 진실로 네게 이르노니 오늘 밤 닭 울기 전에 네가 세 번 나를 부인하리라 35 베드로가 이르되 내가 주와 함께 죽을지언정 주를 부인하지 않겠나이다 하고 모든 제자도 그와 같이 말하니라 _마 26:31~35

십자가를 지시기 전 마지막 만찬에서 예수님의 살과 피를 먹은 제자들은 힘을 얻고 주님을 찬미하며 감람산으로 갔습니다. 그런 '때에' 예수님이 "너희가 다 흩어지리라" 하셨습니다. 그러자 베드로를 비롯한 제자들은 그런 일은 절대 없다고, 결코 주님을 버리지 않겠다고 장담합니다. 장담할 인생이 없는데, 겪어 보지도 않고 장담을 합니다.

모두 "아플 때나 건강할 때나 당신만을 사랑하겠다"고 장담하고 결혼하지만 아무도 지키지 못합니다. 시집살이를 안 해 본 사람은 이 세상 모든 시어머니를 사랑할 수 있고, 아이를 안 낳아 본 사람은 세상 모든 아이를 사랑할 수 있다고 말합니다. 그런데 막상 아이를 낳아 보고 시집살이를 해 보면 내가 얼마나 사랑할 수 없는 사람인지를 알게 됩니다.

베드로는 결코 버리지 않겠다고 장담하지만 주님은 "네가 나를 버리리라" 하시며 미리 알려 주십니다. 이것이 주님의 사랑입니다. 어려서부터 말씀을 듣고 자란 모태신앙인은 뜨거움이 없어도 어려운 일을 겪으면 잘 돌아옵니다. 듣든지 안 듣든지 어려서부터 교회 다니게 하고, 성경을 읽게 해야 합니다.

내가 장담을 한 아내, 남편이 있습니까? 남편이 찬물에 손 안 담그게 한다고, 내 눈에 눈물 안 나게 한다고 장담을 했습니까? 그런데 실제론 어떻습니까? 인생의 시기마다 겪어 보지 않고는 알 수 없는 십자가가 있습니다. 그런 일을 겪으면서 우리는 사람이 믿음의 대상이 아니라 사랑의 대상이라는 것을 배우게 됩니다. 시집살이하면서 내가 사랑할 수 없는 게 있다는 걸 알게 됩니다. 자녀를 키우면서 내가 참담한 존재라는 걸 알게 됩니다. 이런 십자가를 통과하며 인격적으로, 신앙적으로 성숙해지는 것입니다.

그러므로 우리는 내가 아무것도 할 수 없음을 깨닫고 장담하지 말아야 합니다. 자기 확신을 버려야 합니다. 자기 확신에서 주님에 대한 확신으로 옮겨져야 합니다.

◆ 무엇을 장담합니까? 나는 절대 그런 죄를 저지르지 않을 거라는 자기 확신에 빠져 있습니까? 다른 사람은 배신해도 나는 절대 그러지 않을 거라고 확신합니까?

그래서 우리는 기도해야 합니다

36 이에 예수께서 제자들과 함께 겟세마네라 하는 곳에 이르러 제자들에게 이르시되 내가 저기 가서 기도할 동안에 너희는 여기 앉아 있으라 하시고 37 베드로와 세베대의 두 아들을 데리고 가실새 고민하고 슬퍼하사 38 이에 말씀하시되 내 마음이 매우 고민하여 죽게 되었으니 너희는 여기 머물러 나와 함께 깨어 있으라 하시고 39 조금 나아가사 얼굴을 땅에 대시고 엎드려 기도하여 이르시되 내 아버지여 만일 할 만하시거

든 이 잔을 내게서 지나가게 하옵소서 그러나 나의 원대로 마시옵고 아
버지의 원대로 하옵소서 하시고_마 26:36~39

겟세마네는 '기름을 짜는 기계'라는 뜻입니다. 주님은 모든 인류에
게 구원을 주시려고 겟세마네로 기도하러 가셨습니다. 우리에게 기름을
주기 위해서 피땀을 짜내십니다. 우리도 가족에게 구원을 주기 위해 내
피땀을 짜내야 합니다.

주님은 제자들이 기도하지 못하리라는 것을 아시고 입구에 앉아 있
으라 하신 뒤 수제자 베드로와 야고보, 요한은 좀 더 가까운 곳으로 데려
가십니다. 베드로는 너무 불같고 야고보와 요한은 우레의 아들들입니다.
성격만 보면 열둘 중 가장 문제가 많은 제자들입니다. 주님의 도움이 없
이는 안 될 것 같으니까 수제자가 됐습니다. 유다는 학벌도 좋고 너무 똑
똑해서 도움이 필요 없습니다. 저는 주님이 약할수록 귀히 여기시고 그래
서 수제자가 된다고 생각합니다.

함께 가서 기도하지만 또 홀로 기도해야 합니다. 인류 구원을 위해
십자가 지러 가시는 길에 제자들을 데려가지만, 그럼에도 나를 위해 기도
해 줄 사람이 아무도 없습니다. 이렇듯 인생은 외롭습니다.

주님은 갑자기 슬퍼하고 고민하셨습니다. 소외감을 느끼신 겁니다.
대제사장과 서기관들은 죽이려 들고, 제자는 스승을 팔아넘겨 그 모함에
적극적으로 가담했습니다. 세상에 내 편이 아무도 없습니다. 이것을 알고
가야 합니다.

주님은 "육체에 계실 때에 자기를 죽음에서 능히 구원하실 이에게
심한 통곡과 눈물로 간구와 소원을 올렸고 그의 경건하심으로 말미암아
들으심을 얻었"(히 5:7)습니다. 주님이 나와 같이 인성을 가지시고 외로움

을 느끼셨기에 우리에게 위로가 됩니다. 기도는 이렇게 솔직해야 하는 겁니다.

주님이 땅에 얼굴을 대시고 낮아질 만큼 낮아지셨습니다. 그러나 "나의 원대로 마시옵고 아버지의 원대로 하옵소서" 하셨습니다. 주님이 고통당하는 게 싫으신 것이 아닙니다. 주님은 왕국으로 가십니다. 좋은 나라로 가는 겁니다. 그런데 내 자녀와 배우자가 예수를 안 믿는데 암에 걸려 죽음이 임박했다고 그냥 죽을 수가 없는 겁니다. 나는 천국에 갈 수 있지만 그들을 그냥 두고 갈 수 없어서 더 살고 싶어지는 것입니다. 그러나 그것조차 아버지의 원대로, 내려놓아야 합니다.

그러면 '아버지의 원'이 무엇입니까? 하나님 아버지의 원은 인류를 위해 죽는 것, 내 가족을 위해 죽는 것입니다. 아버지의 원과 내 소원이 일치해야 내 기도를 들어주십니다.

> 40 제자들에게 오사 그 자는 것을 보시고 베드로에게 말씀하시되 너희가 나와 함께 한 시간도 이렇게 깨어 있을 수 없더냐 41 시험에 들지 않게 깨어 기도하라 마음에는 원이로되 육신이 약하도다 하시고_마 26:40~41

예수님께 훈련을 받았음에도 제자들의 육신이 약한 것을 주님이 아십니다. 우리는 헌금도 전도도 안 하면서 모두 천국에 가기를 원합니다. 자존심, 쾌락, 마약의 잠을 자느라고 한 시간도 깨어 있지를 못합니다. 교회에 다녀도 술 중독, 여자 중독으로 한 시간도 깨어 있지를 못합니다. 깨어 있지 못하니까 시험에 듭니다. 기도해야 하는데 육신이 약하다고 하십니다.

다시 두 번째 나아가 기도하여 이르시되 내 아버지여 만일 내가 마시지 않고는 이 잔이 내게서 지나갈 수 없거든 아버지의 원대로 되기를 원하나이다 하시고_마 26:42

제자들이 말로는 사랑한다면서 아무도 죽으러 가는 예수님을 위해 기도하지 않습니다. 잠만 잡니다. 자기의 기쁨을 위해 여자를 만나고 술에 빠져서 깊은 잠이 들었습니다. 그러니 죽을 사람은 나밖에 없습니다. 중독에 빠진 식구를 대표해서 죽을 사람은 나밖에 없습니다.

다시 오사 보신즉 그들이 자니 이는 그들의 눈이 피곤함일러라_마 26:43

기도는 주님이 하는데 제자들이 더 피곤합니다. 내가 딴 데 한눈을 팔고 있으면 예수 믿는 사람이 옆에 있는 것도 피곤합니다. 교회 가자고 하면 "한 번만 더 하면 백 번이다. 피곤하게 할래?" 합니다. 깨어 있지 못하니까 인생이 피곤합니다.

제가 친구들과 여행을 가서 아침에 큐티하자고 하면 친구들이 사람 좀 피곤하게 하지 말라고 합니다. 준비한 건 저인데 말입니다. 친구들은 실컷 자고는 여기까지 와서 큐티해야겠냐고 피곤하게 한다고 합니다.

또 그들을 두시고 나아가 세 번째 같은 말씀으로 기도하신 후_마 26:44

주님은 제자들이 잠들어 있어도 여전히 같은 말씀, 여전한 방식으로 기도하십니다. 날마다 깨어 있지 못해서 시험에 들어도 교회 오고, 기도하고, 큐티해야 합니다. 날마다 같은 말씀으로 기도하는 것 외에는 다른 길이 없습니다.

◆ 구원을 위해 사는 외로운 인생길을 걸어가십니까? 오늘 깨어 있지 못해 시험에 들어도 매일 큐티하고 예배드리고 말씀과 기도 생활을 잘 하고 있습니까?

일어나 함께 가야 합니다

> 45 이에 제자들에게 오사 이르시되 이제는 자고 쉬라 보라 때가 가까이 왔으니 인자가 죄인의 손에 팔리느니라 46 일어나라 함께 가자 보라 나를 파는 자가 가까이 왔느니라 _마 26:45~46

예수님은 죽기 전까지 제자들이 깨닫지 못할 것을 아시고 이제는 자고 쉬라고 하십니다. 왜 그러셨을까요? 기대할 것이 하나도 없기 때문입니다. 사랑하는 제자들이 죽기 전까지 못 돌아올 것을 아시고 자고 쉬라고 하신 뒤 계속 기도하며 뜬눈으로 제자들을 지켜보셨을 것입니다.

그럼에도 "함께 가자"고 하십니다. "나와 너는 한 몸이므로, 내가 가는 길을 보아야 너희도 갈 수 있다"는 것입니다.

우리도 날마다 내 식구들에게 "일어나라 함께 가자" 해야 합니다. 위하여 기도해야 합니다. 식구들이 안 돌아와도 땀방울이 피가 되도록 기도하는 것을 보여 주고 가면 죽은 뒤에라도 식구들이 돌아옵니다.

데이빗 씨맨즈는 『어린아이의 일을 버리라』에서 이런 말을 했습니다.

하나님은 우리가 그분의 자녀가 되는 데 필요하기만 하다면 고통받게 하는 일에도 주저하지 않으신다. 그분은 우리를 아프게 하실 것이지만 절대 우리를 상하게 하지 않으신다. 우리가 우리 감정에 매달리지 않고 하나님 만을 의지하는 데 필요하다면 하나님은 우리를 고통받게 하실 것이다. 우리를 각자의 자기만족에서 건지시고, 하나님에 대한 전적인 헌신을 하게 하시려고 우리를 아프게 하실 것이다. 하나님은 우리가 고통당하는 것을 두려워하지 않으신다. 그 고통은 항상 치유되고 우리에게 유익이 되며 절대 우리를 상하게 하지 않기 때문이다.

내 아들 스티브는 우리 부부가 인도에서 선교사로 있을 때 태어났다. 그런데 스티브가 태어나자마자 아내 헬렌과 나는 그가 기형의 발을 가졌음을 알았다. 이 장애를 교정하려면 산후 48시간 이내에 수술을 해야 했지만 정형외과 의사가 있는 병원은 이틀이 걸리는 500마일 밖에 있었다. 그의 작은 발을 깁스할 수 있는 장로교 병원까지 데려가는 데는 거의 한 달이 걸렸다. 한 달을 늦은 이유로 똑바로 발을 고치기까지는 몇 년이 걸렸고 세 번의 아픈 수술을 거쳐야 했다.

켄터키 렉싱턴의 훌륭한 정형외과 의사가 수술 후 헬렌과 나를 들어오게 했다. 나는 그날을 결코 잊지 못한다. 그는 내 손에 병 하나를 쥐어 주었다. 병은 솜으로 싸여 있어 부드러웠지만 속은 단단했다. 그는 말했다. "아버지가 힘든 일을 하셔야겠습니다. 스티브의 발이 수술 후 예전처럼 뒤틀어지지 않게 하려면 반대쪽으로 다리를 굽혀 줘야 합니다."

매일 저녁 우리 가정은 뼈아픈 시간을 가져야 했다. 아장거리는 어린아이 스티브를 헬렌이 붙잡고 나는 그 병 위에 스티브의 다리를 올려놓고 다른 쪽으로 굽히려는 다리를 반대쪽으로 최대한 굽혀야 했다. 스티브는 아파서 자지러졌다. 때로는 그가 나에게 그만두라고 애원했지만 그럴 수는 없는 일이었다. 스티브는 소리 질렀다.

"아빠, 미워!"

속이 다 메슥거렸다. 그 모든 상황에 구역질이 날 것 같았다. 그러나 몇 년 후 나는 스티브가 어린이 야구 리그에서 경기하는 것을 보게 되었고, 대학 테니스 코트에 앉아 스티브가 3년 연속 복식에서 우승하는 것을 보며 속으로 이렇게 얘기했다.

'그럴 가치가 있었어.'

그리고 절뚝거리는 다리지만 건강하게 걷는 것을 보며 나는 또다시 '그럴 가치가 있었어'라고 얘기했다.

주님이 십자가에 달리신 것이 바로 이것입니다. 내가 아픔을 겪는 것은 다른 사람에게, 자식에게 좋은 것을 주기 위함입니다. 예수님도 인류의 구원을 위해 아픔을 겪으셨습니다. 아픈 역할은 예수 믿는 내가 아니면 할 사람이 없습니다. 부도나고 암에 걸리고 바람피우고 속을 썩여도 내가 고요히 잔을 마셔야 합니다. 피땀을 쏟아내며 같은 말씀으로 기도하는 것, 보여 줄 것이 그것밖에 없습니다.

"일어나라 함께 가자" 하는 것은 내가 어떻게 인내하고 기도하는지를 가족에게 보여 주기 위함입니다. 내 힘으로 질 수 없는 인생의 십자가가 있지만 같은 말씀으로 기도하고 갈 때 아버지의 원대로 살아가는 인생이 될 줄 믿습니다. 주님을 사랑함으로 인생의 소원이 바뀔 것을 믿습니다.

❖ 내가 죽을 때까지 식구들의 구원을 못 본다 해도 주님이 가시는 길을 함께 가겠습니까? 이제는 자고 쉬라고 하면서 십자가 사랑으로 죽어지는 모습을 보여 주겠습니까?

말씀으로 기도하기

잠시의 행복이 아닌 영원한 행복을 누리기 위해, 우리는 나의 소원이 아닌 아버지의 원대로 살아야 합니다. 하나님 아버지의 원은 인류를 위해 죽는 것, 내 가족을 위해 죽는 것입니다. 부도나고 암에 걸리고 바람피우고 속을 썩여도 내가 고요히 잔을 마셔야 합니다.

아버지의 원은 자기 확신을 버리는 것입니다(마 26:31~35).

아버지의 원은 자기 확신을 버리는 것입니다. 나는 한 치 앞을 장담할 수 없는 인생입니다. 내 힘으로 십자가를 질 수 없기에 미리 알려 주시는 주님의 사랑을 알고, 나의 자기 확신이 주님의 확신으로 옮겨 가기를 기도합니다.

그래서 우리는 기도해야 합니다(마 26:36~44).

모든 인류에게 구원을 주시려고 겟세마네로 기도하러 가시는 주님처럼 기도의 삶을 살게 하옵소서. 십자가 지러 가는 길은 배반당하는 외로운 길입니다. 그럼에도 구원을 위해 죽어지는 것이 아버지의 원이라고 하시니 내 뜻이 아닌 아버지의 원대로 하기를 원합니다. 세 번이나 동일한 말씀으로 기도하신 예수님처럼 날마다 동일한 방식으로 큐티하고 예배드리며 겸손하게 엎드리기를 원합니다.

일어나 함께 가야 합니다(마 26:45~46).

예수님은 죽기 전까지 제자들이 깨닫지 못할 것을 아시고 이제는 자고 쉬라고 하십니다. 연약해서 깨어 있지 못하는 나에게 "일어나라 함께 가자"고 하십니다. 내가 죽을 때까지 내 가족이 안 변한다 할지라도 피땀을 쏟으신 주님처럼 나도 기도하는 것을 보여 주고 가기 원합니다. 사람은 믿음의 대상이 아니라 사랑의 대상임을 알고 가족에 대한 기대를 내려놓고 이제는 자고 쉬라고 하면서 십자가 사랑으로 죽어지는 것만 보여 주기를 원합니다.

우리들 묵상과 적용

저는 남편과 별거한 지 7년이 되었습니다. 내 열심과 세상에서 성공하고 싶은 욕심으로 엄마의 자리, 아내의 자리, 며느리의 자리를 지키지 못했습니다. 결혼생활 7년 동안 말과 행동으로 남편을 많이 힘들게 했습니다. 직장, 가사, 아이 양육으로 힘이 부치는데 남편이 도와주지 않는다고 울고, 신경질 내고, 화나면 며칠씩 말도 안 하고, 시어머니 생신도 안 챙기면서 회사 일에 몰두했습니다.

남편에게 미안하다고 사과하기까지 4년이 걸렸습니다. 나의 꺾이지 않는 자존심을 내려놓는 적용으로 지방 근무를 하는 남편에게 두 번 찾아갔지만 만나 주지 않아서 그냥 돌아왔습니다.

현재 남편은 제가 전화를 걸어도 받지 않고, 문자를 보내도 무반응이고, 만나 주지도 않습니다. 예전 같으면 생색이 나고 자존심이 상해서 한두 번 연락하다가 포기했을 터인데, 예수님을 만나고 말씀을 듣다 보니 내가 당할 만하다는 것이 인정되어 할 말 없는 인생을 살고 있습니다. 오죽하면 남편이 저한테 질려서 재혼할 생각도 없다고 했다니, 제가 어지간히 퍼부었나 봅니다.

그런데 이제는 제게 겪어 보지 않으면 알 수 없었을 남편의 외로움과 고통을 알게 하시니 공평하시고 옳으신 하나님입니다(마 26:38). 남편을 통해 제 모습을 돌아보게 하시고, 낮아지고 낮아지는 겸손을 배우게 하십니다. 제가 겸손해진 만큼 가정의 소중함을 뼈저리게 알게 하셨습니다. 구원 때문에 가족으로 묶어 주신 하나님의 섭리를 깨닫습니다. 내 원대로

가 아니라 아버지의 원대로 엎드려서 가족과 함께 일어나 가기 위해 낮아
지고 죽어지기를 기도합니다. 날마다 내 죄를 회개하며 하나님의 때가 될
때까지 잘 기다리며 인내하기를 소원합니다(마 26:45).

영혼의 기도

하나님 아버지, 아버지의 원대로 살고 싶습니다. 그러나 내 힘으로는 십자가를 질 수 없고, 사랑할 수 없다는 것을 아시고 미리 말씀해 주시니 감사합니다.

바람피우는 남편, 아픈 아내를 용서할 수 없었고, 삿대질하고 대드는 자녀도 용서할 수 없었습니다. 그럼에도 아버지의 원대로 살기 위하여 가족을 지키고 공동체를 지키고 싶습니다.

옆에 세 제자가 있어도 홀로 십자가의 길을 가신 주님처럼 구원을 위한 길이 외롭고 힘들어도 날마다 기도하며 섬기는 모습을 보여 주게 하옵소서.

제자들처럼 한 시간도 깨어 있지 못하는 저의 모습을 불쌍히 여겨 주옵소서. 마약으로, 술로, 음란과 중독으로 깨어 있지 못하는 식구들이 있습니다. 그들을 위해 눈물의 기도밖에 할 수 없다는 것과 자고 쉬라고 하면서 이제는 내가 죽어지는 모습을 보여야 함을 알았습니다. 피땀으로 기도하는 것을 보여 주며 "일어나라 함께 가자"고 말할 수 있기를 바랍니다.

힘들고 외로워도 아버지의 원이 저의 소원이 되어 오늘도 십자가를 잘 지게 하옵소서. 가장 귀한 것, 가장 가치 있는 일인 영혼 구원을 위해 피땀을 쏟으며 기도하고 섬기는 하루를 살게 하옵소서. 예수님 이름으로 기도합니다. 아멘.

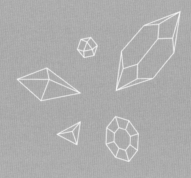

7

성경을 이루시는 하나님

마태복음 26:47~56

하나님 아버지,
역사의 주인은 주님이라고 하십니다.
성경을 이루기 위해, 구원을 위한 길이 무엇인지
말씀하여 주옵소서. 듣겠습니다.

인정을 하건 안 하건 인류 역사는 성경을 이루는 역사입니다. 모든 역사가 예수님에 대한 이야기이기 때문에 역사를 'His-story', 즉 'History'라고 합니다. 구약은 오실 예수님, 신약은 오신 예수님에 대한 이야기로, 성경은 죄에서 구원하시는 예수님을 말하고 있습니다. 그래서 성경을 이루는 것은 곧 구원을 이루는 것입니다.

날마다 오는 사건을 나를 영육 간에 구원하기 위한 것으로 믿으면 되는데 그것을 못 믿어서 힘이 듭니다. 주님은 수많은 엑스트라를 동원하여 수많은 믿음의 인물이 어떻게 구원되는지를 보여 주셨습니다. 거기에는 악역도 있고 선한 역도 있습니다.

내 인생의 역사도 성경을 이루는 것, 구원을 이루기 위한 것입니다. 내 인생에 성경이 어떻게 이루어질까요?

성경을 이루기 위해 나를 파는 자가 있습니다

> 말씀하실 때에 열둘 중의 하나인 유다가 왔는데 대제사장들과 백성의
> 장로들에게서 파송된 큰 무리가 칼과 몽치를 가지고 그와 함께 하였더
> 라_마 26:47

성경을 이루기 위해, 나의 구원을 위해 나를 파는 자가 있습니다. 유다는 예수님의 제자로 3년 동안 모든 가르침을 받았음에도 대제사장, 백성의 장로들과 함께 예수님을 잡으러 왔습니다. 최후의 만찬도 함께하고, 세족식도 하고, 가르침도 받으며 서로 사랑했는데 그런 예수님을 팔아넘기는 유다를 보노라면 인생이 슬픕니다. 무슨 말을 해도 안 되는 사람이 우리 가운데 있습니다.

유다는 예수님이 죽으신다고 하니까 망했다고 생각했습니다. 그동안에도 예수님께 전념하지 않고 대제사장 무리에서 양다리를 걸치고 있다가, 이제 예수님한테 배운 것으로 대제사장 무리 가운데 지도자 노릇을 하려고 그 무리를 끌고 와서 예수님을 죽이려 합니다.

지금까지 배우고도 예수님을 죽이는 것이 칼과 몽치인 줄 알고 있습니다. 대제사장도 그 많은 율법을 공부하고도 예수님을 칼과 몽치로 죽일 수 있다고 착각합니다. 유다도 우리 식으로 하면 큐티하고 예배드렸을 겁니다. 우리가 하는 큐티와 예배와 배운 모든 것이 남을 잡아 죽이는 칼과 몽치가 될 수 있습니다.

제가 과부가 되었어도 감사하고, 자녀가 입시에서 떨어졌어도 감사하다고 간증했더니 어떤 분이 제가 기도를 안 해서 과부가 되었고 자녀가 떨어졌다고 공격했습니다. 그분은 매일 철야기도를 하는 분입니다. 그

러더니 이튿날 전화해서 남편도 없이 혼자 사는 여자한테 그런 말을 해서 미안하다고 더 무시하는 말을 했습니다. 그러고는 제가 성경을 이상하게 본다면서 목사님들을 동원해서 비판했습니다. 그분의 열심이 칼과 몽치가 되어 저를 공격했습니다. 대제사장과 장로들이 성경에 박식한데 그것이 예수님을 잡아 죽이는 칼과 몽치가 되었습니다.

> 예수를 파는 자가 그들에게 군호를 짜 이르되 내가 입맞추는 자가 그이니 그를 잡으라 한지라_마 26:48

유다가 얼마나 교활한지 암호까지 정했습니다. 이런 사람이 예수님의 제자였습니다. 이런 사람이 내 남편, 내 부인으로 있을 수 있습니다. 3년을 한솥밥 먹고 능력 있는 제자로 인정받았던 유다가 이렇게 교활하게 예수님을 죽이려 하는 것입니다.

> 곧 예수께 나아와 랍비여 안녕하시옵니까 하고 입을 맞추니_마 26:49

인사도 얼마나 교양 있게 하는지 모릅니다.

> 예수께서 이르시되 친구여 네가 무엇을 하려고 왔는지 행하라 하신대 이에 그들이 나아와 예수께 손을 대어 잡는지라_마 26:50

예수님은 유다를 보고 '친구'라고 말씀해 주십니다. 예수님은 자기를 팔아먹은 유다에게는 친구라 하시고 수제자 베드로에게는 사탄이라고 하셨습니다. 예수님의 제자훈련 방법을 보면 베드로나 야고보, 요한에게는 우레의 아들, 사탄이라면서 늘 야단을 치십니다. 예수께서 잡히실 때 베드로가 대제사장의 종의 귀를 베어 버리자 예수님이 꾸중을 하셨습니다. 베드로는 마지막 가시는 순간까지 속을 썩입니다. 예수님은 사랑하는 제자들에게는 사탄이라며 욕을 하시지만 유다에게는 한 번도 욕하지 않고 '친구여' 하십니다.

여러분은 옆 사람을 어떻게 대하십니까? 언제나 교양 있게 대한다면 벽이 있다는 증거입니다. 편한 소리를 쉽게 못하는 겁니다. 언제나 교양 있고 친절하게 대하는 게 좋은 것이 아닙니다. 아무도 나에게 싫은 소리를 안 한다면 스스로를 살펴보기 바랍니다.

여기서 '친구'는 원어로 보면 예수님의 공동체와는 거리가 있는, 친밀한 관계가 아님을 알 수 있습니다. 예수님도 말이 안 통하는 사람에게는 "네가 그럴 수 있어?" 하지 않고 속을 숨기십니다.

예수님은 죽기로 작정하셨기에 그것을 분별하시고 '네가 행하는 일을 하라'고 하십니다. 누군가 나의 자존심을 구기고 명예를 실추시킬 때 부들부들 떨면 그건 칼과 몽치로 망하는 인생입니다. 내가 암에 걸려도 천국에 가면 되는데 그것 때문에 부들부들 떨면 망하는 겁니다. "네가 하려는 일을 하라"고 해야 합니다. 나를 죽이려고 할 때 "나를 죽여서 마음이 편하다면 죽이라"고 하는 것이 '행하라' 하는 것입니다.

겟세마네에서 기도하신 주님의 목적은 골고다였습니다. 기도하는 것으로 끝나선 안 되고 그다음에는 죽어야 합니다. 죽기로 작정한 사람은 두려운 게 없습니다.

✦ 교양과 친절로 대하면서 나를 팔려고 하는 유다 같은 가족, 동료가 있습니까?
예수님이 죽기로 작정하셨기에 유다를 분별하시고 용납하신 것처럼, 내가 십자가 질 각오를 하고 그들을 용납합니까? 유다 같은 그 사람을 두려워하며 복수할 생각만 하고 있습니까?

성경을 이루기 위해 내 옆에 혈기 부리는 자가 있습니다

예수와 함께 있던 자 중의 하나가 손을 펴 칼을 빼어 대제사장의 종을 쳐 그 귀를 떨어뜨리니_마 26:51

"저 인간이!" 하면서 베드로가 참지 못하고 일을 냅니다. 베드로는 대제사장도 유다도 다 죽이고 싶었을 겁니다. 당시 열혈 운동가들은 늘 칼을 지니고 다녔다고 합니다. 그들은 식민지 이스라엘을 해방하기 위해 끊임없이 폭동을 일으켰고, 그때마다 수많은 유대인이 죽었습니다.

주님이 "죽임을 당한 후 사흘 만에 살아나리라" 몇 번을 말씀하셨는데, 베드로는 때마다 나서서 일을 망칩니다. 예수님이 죽으신다니까 "믿는 사람이 왜 죽어? 왜 암에 걸려?" 하는 겁니다. 한 사람은 주님을 팔아먹고, 한 사람은 주님 앞에서 혈기 부리고, 예수님이 얼마나 복장 터지셨을까요. 이렇게 말을 못 알아들으니까 피와 물을 쏟으실 수밖에 없습니다.

이런 혈기는 없애야 합니다. 우리의 싸움은 혈과 육을 상대하는 것이 아니라 영적 싸움이기 때문입니다(엡 6:12). 아무리 악한 지도자라도 나에게 그를 허락하신 것은 내가 순종해서 십자가 지기를 원하시기 때문입니다. 이것이 적용입니다. 나에게 손을 댄 것이 아니라 예수님께 손을 대었기 때문에 예수님이 처리해 주십니다. 그것을 내가 막으려고 애를 쓰니까 칼과 몽치에 망할 수밖에 없는 것입니다.

그런데 베드로가 이 자리에서 이렇게 혈기 부린 이유가 무엇일까요? 중요한 순간마다 졸았기 때문입니다. 변화산에서도, 겟세마네에서도 졸았습니다. 졸아서 구속사의 문맥을 놓쳤습니다.

우리들교회 어떤 집사님이 홈페이지에 기도제목을 올렸습니다. 자기가 무조건 참고 순종하고 용서를 구하며 점점 변해 가니까 남편도 교회에 오게 되었다고 합니다.

그런데 남편이 교회에 와서 늘 조는 겁니다. 안타까운 마음으로 남편이 주님을 만나게 해 달라고 기도했는데, 최근에 남편이 외도한 사실을 알게 되었습니다. 참고 순종하자 했는데 어느 날 한순간에 분노가 폭발했습니다. 그동안 남편이 자기에게 퍼붓던 욕을 남편에게 해 주며 집 밖으로 쫓아냈습니다. 평소 속으로 남편을 저주하고 아이들 앞에서도 남편을 미워했던 자신의 죄가 생각나고 정죄감을 느꼈지만 분노를 멈추지 못했습니다. 자기 죄를 보고 눈물 흘렸던 시간이 어디로 갔는지, 형편없는 자신을 만져 달라고 기도제목을 올렸습니다.

저도 그런 일이 있었습니다. 늘 저를 무시하던 남편이 어느 날에도 남들 앞에서 저를 너무 무시하기에 집에 돌아와 화분을 집어 던졌습니다. 화가 나서 견딜 수가 없었습니다. 그런데 주님을 만나고 나니까 그것이 창피해서 남편과 상관없이 저 자신이 싫었습니다.

억지로 순종하다 보면 병이 납니다. 가끔 폭발도 해야죠. 가끔은 폭발해야 정신 건강에 좋습니다. 병원에 가기 전에 폭발을 해 줘야 합니다. 제가 그날 화분을 깨뜨린 뒤 산발을 하고 남편이 진료하는 병원에 쳐들어갔다가 남편이 너무 무서워서 그대로 돌아 나왔습니다. 칼을 들었다가 그대로 칼집에 꽂았습니다.

우리는 십자가를 이해하지 못합니다. 베드로가 예수님의 십자가를 이해하지 못하고 구원의 일을 막으려고 하니까 사탄이라고 하십니다. 혈기는 혈기로 망하고, 돈은 돈으로 망하고, 자식으로 사는 자는 자식으로 망할 수밖에 없습니다. 세상 방법대로 살려고 하면 결국은 그것 때문에 망합니다. 그러므로 길이 없는 것이 축복입니다. 나를 배반한 유다에게 복수하고 싶어도 어디에도 방법이 없고 부탁할 사람이 없는 것이 축복일 수 있습니다.

◆ 어떤 상황에서 가장 분이 나고 혈기가 납니까? 상대방이 문제가 아니라 평소 내가 깨어 있지 못하고 졸았기 때문에 혈기가 나는 것을 인정합니까? 내 혈기 때문에 가족 전도가 안 되고 구원의 길이 막히는 것을 알고 있습니까?

성경을 이루려면 칼을 쓰지 않아야 합니다

52 이에 예수께서 이르시되 네 칼을 도로 칼집에 꽂으라 칼을 가지는 자는 다 칼로 망하느니라 53 너는 내가 내 아버지께 구하여 지금 열두 군단 더 되는 천사를 보내시게 할 수 없는 줄로 아느냐 54 내가 만일 그렇게 하면 이런 일이 있으리라 한 성경이 어떻게 이루어지겠느냐 하시더라 _마 26:52~54

나에게 칼이 있어도 칼을 도로 꽂는 것, 능력이 없어서가 아니라 능력이 있어도 쓰지 않는 것이 성경을 이루는 것입니다. 돈과 지위가 있어도 안 쓰는 것이 성경을 이루고 구원을 이루는 일입니다. 우리의 종착역은 겟세마네가 아니고 골고다입니다. 내 능력을 쓰면 성경이 이뤄질 수 없고 구원이 이뤄질 수 없습니다.

> 그 때에 예수께서 무리에게 말씀하시되 너희가 강도를 잡는 것 같이 칼
> 과 몽치를 가지고 나를 잡으러 나왔느냐 내가 날마다 성전에 앉아 가르
> 쳤으되 너희가 나를 잡지 아니하였도다_마 26:55

이사야 53장 7절에 "그가 곤욕을 당하여 괴로울 때에도 그의 입을
열지 아니하였음이여 마치 도수장으로 끌려 가는 어린 양과 털 깎는 자
앞에서 잠잠한 양 같이 그의 입을 열지 아니하였도다"는 말씀을 지금 이
루신 것입니다.

성경을 이루는 하나님이십니다. 주님을 파는 자와 함께 무리가 주님
을 잡으러 온 것도 "우리의 콧김 곧 여호와께서 기름 부으신 자가 그들의
함정에 빠졌음이여"(애 4:20)라는 말씀과 "여호와여 나의 대적이 어찌 그
리 많은지요 일어나 나를 치는 자가 많으니이다"(시 3:1)라는 말씀을 이루
신 것입니다. 이렇듯 말씀이 이뤄지는 사건임을 생각하며 성경을 읽어야
합니다.

그러나 그렇게 가르치고 적용했는데도 무리는 마치 강도를 잡으러
온 것처럼 칼과 몽치를 가지고 왔습니다. 예수님을 함부로 대하고 무시합
니다.

이렇게 기가 막히게 예수님을 무시하고 배반하는데 내 남편, 내 아
내가 배반을 안 하겠습니까? 그렇다고 우리가 안 살아서야 되겠습니까?
모든 식구에게 내가 어떻게 죽어 가는지를 보이라고 그런 배우자와 자녀
를 허락하셨습니다. 죽어서 십자가 지는 모습을 보이라고 하는데 힘들어
서 이혼한다고요? 이 세상에서 진짜 못 참을 이유는 없습니다. 진짜 못 산

다고 할 이유도 없습니다. 예수님이 본을 보여 주셨습니다.

> 그러나 이렇게 된 것은 다 선지자들의 글을 이루려 함이니라 하시더라
> 이에 제자들이 다 예수를 버리고 도망하니라_마 26:56

제자들이 다 도망을 갔습니다. 우리도 사건이 닥치면 다 버리고 도
망갑니다. 팔고 혈기 부리고 도망가는 제자들 앞에서 예수님이 기가 막히
셨겠지요. 그래도 십자가의 길이 이토록 배신과 거절과 외로움의 길이라
는 걸 보여 주셔야 했습니다. 성경대로 이루어지기 위해선 반드시 십자
가를 통과해야 하는데, 제자들은 십자가가 무서워서 도망갑니다. 마가는
"걸음아, 날 살려라" 하고 겉옷을 벗고 도망갔다고까지 묘사했습니다(막
14:52). 나중에 제자들이 이때 예수님의 마음이 어떠셨을지를 생각하고 억
장이 무너졌을 것입니다.

제자 중 하나는 팔고, 하나는 혈기를 부리고, 나머지는 도망가도 예
수님이 다 처리하고 가십니다. 이때 베드로가 말고의 귀를 베자 예수님이
그것도 붙여 주셨습니다(눅 22:51). 베드로가 마지막 순간까지 그렇게 일을
저질러도 예수님이 그 뒤처리를 해 주십니다. 내 가족이 암에 걸리고 부
도가 나고 바람을 피워도 그렇습니다. '내 근심이 기막히다'며 생색내지
말고 끝까지 뒤처리해 주는 인생이 되어야 합니다. 내가 암에 걸려도 다
른 사람의 근심을 처리해 주고 해결해 주고 가는 것이 성경을 이루고 구
원을 이루는 인생입니다.

십자가 고난 앞에서 제자들까지 도망을 가고 있는데, 요한복음에는
예수께서 그들을 가도록 용납하라고 하시는 말씀이 나옵니다(요 18:8). 누
구라도 어려우면 다 도망갈 수 있습니다. 이것을 용납해야 합니다. 주님

은 어떤 사람의 도움도 필요치 않고, 받지도 않으셨습니다. 백성은 가만히 큰 구원을 바라보기만 했습니다.

고난의 사건 앞에서 내가 어떻게 행하는지 식구들이 다 보고 있습니다. 내가 택한 배우자, 내 자녀, 내 가족이 분 내고 도망가는 것은 내 삶의 결론입니다. 그것을 인정하고 그들을 용납하고 그들의 근심까지 처리하고 가는 그 모습을 보여 줘야 합니다.

1948년 프랑스의 귀족 가문에서 태어난 잔느 귀용(Jeanne Guyon)은 16세에 22살 연상의 부자 남편과 결혼했습니다. 그러나 결혼과 동시에 남편의 병 수발과 괴팍한 시어머니의 학대로 온갖 고통을 당했습니다.

그러다 어느 해 천연두가 창궐해서 큰아들과 딸이 전염되었습니다. 시어머니는 잔느 귀용을 친정으로 돌려보내 격리시키지 않고 시댁에 남을 것을 명령했습니다. 그녀가 죽을 수도 있는 위험한 상황이었습니다. 그래도 잔느 귀용은 하나님을 바라보며 이 결정에 따랐습니다.

그러다 둘째 아들까지 병에 걸려 마침내 목숨을 잃고 말았습니다. 그래도 잔느는 시어머니를 원망하지 않았습니다. 결국 잔느 자신까지 병에 걸려 죽게 되었지만 아무도 그녀를 돌보지 않았습니다. 우연히 지나가던 의사가 보고는 "어떻게 사람을 이렇게 죽게 놔두느냐? 돈도 있는 집에서 왜 치료를 하지 않느냐"고 하면서 자신의 피를 수혈해서 잔느를 살렸습니다. 한 번 더 수혈이 필요한데도 시어머니가 포악을 떨며 반대해서 의사가 하는 수 없이 떠나갔습니다. 덕분에 잔느 귀용은 목숨을 건졌지만 절세미인이던 얼굴이 얽어졌습니다.

우리가 이런 상황이라면 "어떻게 이럴 수 있냐" 하며 악에 받쳐 소리를 질렀을 것입니다. 그러나 잔느 귀용은 예쁜 미모를 잃어버림으로써 오히려 자유로울 수 있으니 이것이 희망이라고 했습니다. 시어머니의 박해가 커질수록 그녀의 믿음이 한 단계씩 성장했습니다. 하나님의 임재를 당시 가족과 지금 우리에게도 보여 준 것입니다.

큰아들과 딸이 병으로 죽고 남편이 죽은 후에도 남은 가족은 그녀를 힘들게 했습니다. 예배당에도 못 가게 하고 기도도 못 하게 하고 믿음을 핍박했습니다. 그럼에도 오직 믿음으로 의롭게 된다는 것을 믿은 잔느 귀용은 고해성사 없이 하나님께 직접 나아가 예수 그리스도의 이름을 부르짖었고 이것을 사람들에게 가르쳤습니다. 그 일로 마녀사냥을 당해 교황청의 고발로 8년 동안이나 바스티유 감옥에 갇혔습니다.

이처럼 수많은 박해와 비난과 수치를 당했으나, 그녀는 감옥에서 자서전을 썼습니다. 그리고 아가서를 예수 그리스도의 구속사로 풀어서 썼습니다. 이후 70세까지 살면서 수많은 사람을 복음으로 돌아오게 했으며, 허드슨 테일러, 존 웨슬리 등에게 영향을 끼쳤습니다.

나를 죽이려는 사람에게 어떤 태도를 보이는지가 내 옆의 사람과 후손에게까지 영향을 줍니다. 내 자식, 내 배우자하고 잘사는 것이 인생의 목적이 아닙니다. 인생의 목적은 거룩입니다. 잔느 귀용은 자식, 남편과 행복하게 사는 것과는 비교가 안 되는 기쁨을 하나님과 누렸기에 지금도 뛰어난 영성가로 존경받고 있습니다.

잔느 귀용은 당시 여자의 몸으로 홀로 왕과 궁정의 모든 책략을 좌절시킨 장엄한 사건의 주인공입니다. 어떻게요? 내가 십자가에 잘 죽음으로써, 천연두가 걸려도 죽기로 작정하는 것이 하나님을 사랑하고 하나님께 모든 것을 맡기는 사람의 모습입니다.

현재 프린스턴대학 신학대학에 잔느 귀용의 원고가 보관되어 있습니다. 그런데 이 원고 맨 뒤에는 누군가가 연필로 쓴 글이 남아 있습니다.

"이 책을 읽는 사람은 특별한 은혜를 받은 사람이다."

잔느 귀용이 그러했듯이 우리도 성경을 이루는 삶, 십자가를 지고 죽는 삶의 모습을 보여 주길 소원합니다.

◆ 구원을 이루기 위해 내가 도로 꽂아야 할 칼, 쓰지 말아야 할 능력은 무엇입니까? 나를 팔고, 혈기 부리고, 도망가는 자들을 용납하고 구원을 위해 죽어지기로 작정합니까? 내 고난을 앞에 두고도 다른 사람의 근심까지 처리하며 돕는 삶을 보여 주고 있습니까?

말씀으로 기도하기

성경을 이루는 삶이란 구원을 이루는 삶입니다. 인류의 역사, 내 인생의 모든 역사가 성경을 이루는 것이고 구원을 이루기 위한 것입니다. 그러기 위해 나를 파는 자가 있고, 내 옆에 혈기 부리는 자가 있고, 도망가는 자들이 있습니다. 예수님의 제자들도 그러했는데 내 가족, 내 동료도 얼마든지 그럴 수 있습니다. 그럼에도 내가 가진 칼과 능력을 쓰지 않고 용납하며 가는 것, 십자가를 지고 죽는 삶을 보여 주는 것이 성경을 이루는 인생입니다.

성경을 이루기 위해 나를 파는 자가 있습니다(마 26:47~50).
유다와 대제사장들은 그들이 배운 것과 성경 지식을 칼과 몽치로 휘두르며 예수님을 죽이려 합니다. 예수님은 성경을 이루기 위해 죽기로 작정하셨기에 유다가 하려는 일을 행하라고 하십니다. 믿었던 가족, 동료가 나를 팔고 배반하는 사건이 성경을 이루고 구원을 이루는 사건임을 알게 하옵소서.

성경을 이루기 위해 내 옆에 혈기 부리는 자가 있습니다(마 26:51).
베드로가 주님을 위한다고 칼을 쓰려 하지만 그것이 구원의 일을 막는 것이기에 사탄이라고 하십니다. 가족의 구원을 원한다고 하면서 나의 혈기와 분노로 구원의 일을 막고 있다는 것을 인정하고 회개합니다.

성경을 이루려면 칼을 쓰지 않아야 합니다(마 26:52~56).

나에게 칼이 있어도 칼집에 도로 꽂는 것, 능력이 있어도 쓰지 않는 것이 성경을 이루는 일이라고 하십니다. 내 생색과 혈기와 자존심의 칼을 꽂고 십자가 지고 죽어지는 모습만 보여 주기 원합니다. 도망가는 제자들을 용납하시고, 베드로의 혈기까지 처리하고 가시는 예수님처럼 내 고난 앞에서도 다른 사람의 근심까지 처리해 주고 가는 삶을 살게 하옵소서.

우리들 묵상과 적용

저에게는 유리처럼 투명한 벽이 있습니다. 말씀을 듣기 전에는 제게 벽이 있는 줄 몰랐는데 말씀에 부딪히니 제게 벽이 있는 줄 알았습니다. 누구에게도 책잡히기 싫어서 겉모습을 포장했고, 남이 다가오는 것을 막기 위해 투명한 벽을 쌓았습니다. 남들은 저의 겉만 보기 때문에 저를 좋게 볼 수 있지만, 피를 나눈 부모 형제, 한 이불을 덮고 사는 남편과 제 속으로 낳은 자식들은 저의 투명 담에 부딪혀 아파할 때가 많습니다.

말씀을 듣고 지체들과 나누며, 듣기 싫은 쓴소리도 듣고, 드러내고 싶지 않은 부분을 공개하며 저의 벽을 부수는 적용을 하지만, 아직도 식구들의 쓴소리는 참아 내지 못합니다. 동생은 저에게 하나님은 영원히 계시니 영원하지 않은 연로하신 부모님을 하나님 섬기듯 섬기라고 합니다. 또 믿지 않는 남편은 등골 빠지게 일해서 번 돈으로 십일조 한다고 날마다 잔소리를 합니다. 언니는 "너만 교회 다니냐"며 왜 유별나게 교회에 다니느냐고 합니다. 이런 소리를 들으면 저의 부족함을 먼저 돌아봐야 한다는 것을 머리로는 이해하지만, 마음은 이미 화가 나 있습니다. 내가 옳고 상대가 틀렸다는 것을 증명하려고 칼을 뽑으니, 내가 가족에게 비난의 대상이 되고, 말씀을 전하지 못하게 된 것을 알았습니다.

예수께서 능력이 없어 잡히신 게 아니라, 이 세상에 오신 목적과 아버지의 뜻이 무엇인지를 알고 계셨기에 능력을 발휘하지 않으셨습니다. 오직 성경을 이루기 위해 상황에 순종하신 것입니다(마 26:56). 성경을 이루는 삶이란 옳고 그름을 따지기보다 내게 주신 말씀을 보며 하나님의 명령과 약속을 붙잡고 가는 것임을 되새겨 봅니다. 때마다 내가 옳다고 내어 뽑는 혈기의 칼을 도로 꽂고 가장 가까운 식구들에게 죽어지고 인내하는 모습만 보여 주기를, 그래서 저의 삶도 성경대로 이루어지길 기도합니다(마 26:52).

영혼의 기도

하나님 아버지, 우리 가정에 성경이 이루어지고 구원이 이루어지기 위해서 나를 파는 유다가 있다고 하십니다. 주님이 발을 씻겨 주시고 사랑하셨어도 유다는 세상과 주님 사이에서 양다리를 걸치고 예수님에게서 배운 것으로 대제사장 무리에게 가서 왕 노릇 하려고 예수님을 죽이러 왔습니다. 내가 사랑하고 모든 정성을 다했어도 여전히 없어지지 않는 유다의 상처를 봅니다. 그는 교활하게 암호를 정하고 교양 있게 인사를 하면서 예수님을 죽이러 왔습니다.

성경이 이뤄지기 위해서 주님은 이런 유다를 '친구'라고 하십니다. 내가 죽게 생겼는데 나를 파는 유다가 있고, 혈기 부리는 베드로가 있고, 도망가는 제자들이 있습니다. 내가 죽게 되었지만 이 사건 가운데서 이들을 처리하고 갈 때, 구원이 이루어집니다. 내가 암에 걸리고 부도가 났어도 모든 식구에게 하나님을 증거하고 갈 때, 우리 집안에 성경이 이루어집니다. 구원이 이루어집니다.

주님, 나를 강도처럼 대하며 무시하는 자를 용납하게 하시고 아무리 무시받아도 예수님의 능력과 영광을 보여 주기 원합니다. 잔느 귀용이 외모의 노예에서 해방된 것이 어떤 왕좌보다 행복하다고 한 것처럼 내가 죽어지는 것이 우리 집안의 구원을 위해 가는 것임을 알고 성경을 이루는 우리 모두가 되도록 복을 내려 주옵소서. 예수님 이름으로 기도합니다. 아멘.

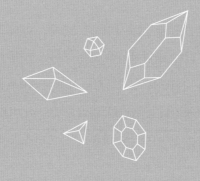

8

예수님은 나에게 누구신가?

마태복음 26:57~68

하나님 아버지, 예수님은 나에게 누구시며,
어떤 분인지 알기 원합니다.
예수님이 나의 그리스도이심을 고백하기 원합니다.
말씀하여 주옵소서. 듣겠습니다.

지구상에서 가장 무서운 맹수는 사자나 호랑이가 아니고 왕따당한 아프리카 영양이라고 합니다. 집단생활을 하는 동물을 일부러 격리시켜서 실험한 결과 4~6주가 지나면 신경질적으로 변하고, 10주 후에는 난폭해지며 피부에 염증까지 생긴다고 합니다. 왕따의 고통이 이토록 큽니다. 그런데 예수님만큼 왕따를 당한 사람도 없습니다. 그리스도 예수 안에서 살아도 어려운 일이 닥칩니다. 왕따를 당할 수도 있고 야곱처럼 험악한 인생을 살 수도 있습니다. 하지만 예수님이 나에게 어떤 분이신지를 알면 그 어떤 인생의 문제도 해석됩니다. 해결할 수 있습니다. 그렇다면 여러분에게 예수님은 어떤 분이십니까? 나는 예수님에 대해 어떤 사람입니까?

예수님을 멀찍이 따라가는 사람이 있습니다

57 예수를 잡은 자들이 그를 끌고 대제사장 가야바에게로 가니 거기 서

기관과 장로들이 모여 있더라 58 베드로가 멀찍이 예수를 따라 대제사장의 집 뜰에까지 가서 그 결말을 보려고 안에 들어가 하인들과 함께 앉아 있더라_마 26:57~58

예수님을 멀찍이 따라가는 사람이 있습니다. 그러나 예수님을 멀찍이 따라갈 분으로 알고 있으면 안 됩니다. 베드로는 한두 시간 전만 해도 모두 주를 버릴지라도 나는 안 버리겠다고, 주와 함께 죽을지언정 부인하지 않겠다고 했습니다. 그러던 베드로가 주님이 대제사장에게 끌려가니까 멀찍이 따라갑니다. '멀찍이'는 도망갈 거리를 확보한 것이고 끊어지지 않을 정도의 거리를 유지하는 부정적인 의미입니다. 아예 끊지는 않아도 도망갈 생각을 하고 있는 겁니다. 그래도 모든 제자가 도망갔는데 수제자 베드로는 멀찍이라도 따라갑니다. 주님을 사랑해서 따라갔다는 긍정의 의미도 있습니다. 부정과 긍정 사이에서 갈등하는 베드로입니다.

결심도 사랑도 충성도 누가 옆에서 끌어 주는가가 중요한데, 주님과의 사랑은 거리와 비례합니다. 멀찍이 따라갈수록 주님과 멀어질 수밖에 없습니다. 예수님이 병자를 고치시고 오병이어의 기적을 보여 주시고 풍랑을 잠잠하게 하셨는데 그런 예수님을 부인할 사람이 어디 있으며 장담안 할 인생이 어디 있겠습니까? 주님이 기적을 베풀 때는 주님과 동행하며 장담했지만 죄인처럼 대제사장에게 끌려갈 때는 예수님을 멀찍이 따라가고 있습니다. 베드로의 심정이 참 참담했을 것입니다. 여러분은 예수님과 동행합니까, 아니면 이 눈치 저 눈치 보며 멀찍이 떨어져서 예수님을 따라가고 있습니까?

베드로는 주님이 그동안 말씀하신 죽음을 실천하러 가시는 줄 알고 따라가는 것이 아닙니다. '일이 어떻게 돌아가나, 결론이 어떻게 내려지나' 하는 마음으로 따라가고 있습니다. 눈앞에서 대제사장에게 잡혀가는 현실을 보니까 "모두 주를 버릴지라도 나는 결코 버리지 않겠나이다"(마 26:33) 하며 장담하던 마음이 어느새 싹 사라진 것입니다. 눈앞의 이해타산에 이렇게 달라집니다. 순식간에 '멀찍이'가 되는 베드로처럼 우리가 다 그렇게 될 수 있습니다.

◆ 나는 주님에게서 도망갈 거리를 확보하고 멀찍이 따라갑니까? 신앙생활도 적당히, 가정생활도 적당히 하며 도망갈 길을 확보하고 있습니까? 눈앞의 현실과 이해타산 때문에 도망갈 생각을 하면서 멀찍이서 따르고 있지는 않습니까?

예수님에 대해 거짓 증거하는 무리가 있습니다

당시 대제사장은 로마의 통치 아래서 돈을 주고 산 자리입니다. 대제사장 안나스가 실세이고 그의 사위 가야바는 이름뿐인 대제사장입니다. 안나스는 돈 주고 산 자리니만큼 돈을 벌 욕심에 혈안이 되었는데 예수님이 거추장스러운 존재가 됐습니다. 어떻게 해서든 명분을 찾아 예수님을 죽이려고 혈안이 되었습니다. 예수님을 잡아 죽일 명분을 찾으면서 자기네들은 법을 어깁니다. 산헤드린 공회는 해 뜰 때만 열어야 하는데 밤중에 소집하고 대제사장의 졸개들이라고 할 수 있는 서기관과 장로들이 모였습니다. 예수님을 잡아 죽이는 모임입니다.

지위와 권세 가진 자들의 수많은 회의가 예수님을 잡아 죽이는 모임인데도 우리는 그 높은 자리에 끼지 못해 안달입니다. 예수님을 잡아 죽이려는 목적은 보이지 않고 높은 자리만 탐욕스럽게 따르니 그 모임에 끼지 못해 속을 태웁니다.

> 대제사장들과 온 공회가 예수를 죽이려고 그를 칠 거짓 증거를 찾으매
> _마 26:59

'찾으매'는 미완료형으로 '계속 혈안이 돼서 찾는다'는 것입니다. 어떻게 해서든지 거짓 증거라도 찾아서 주님을 올무에 가두려는 것입니다. 우리도 날마다 누구를 죽이려고 거짓 증거를 찾습니다. 메일도 훔쳐보고 은밀하게 뒷조사도 합니다. 그러면서도 이 행위가 사람을 죽이는 일인 줄 모릅니다. 동창회, 친척 모임에서 누구를 흉보며 쑥덕대는 것 역시나 사람을 죽이려고 거짓 증거를 찾는 행위나 다름없습니다. 그런 걸 보고도 입 다무는 게 예수님을 죽이는 모임입니다. 남자들이 모여서 바람피운 얘기나 하며 쾌락을 향해 가는 것을 가만히 지켜보는 것, 이것이 예수님을 죽이는 모임입니다. 누군가를 왕따시키고 수군대는 게 예수님을 죽이는 모임입니다. 나 살고 너 죽이는 모임입니다.

여러분은 모이면 무슨 이야기를 합니까? 누가 이혼한다고 하면 "안 돼. 말씀을 들어 봐" 합니까? 그가 높은 자리의 사람이라서 감히 그렇게 말할 수 없습니까? 주변의 높으신 양반들이 이구동성으로 이혼하라는데 감히 어떻게 내가 입을 여냐고 합니까? 세상에는 입을 다물고 있는 거짓 증인들이 얼마나 많은지 모릅니다.

> 60 거짓 증인이 많이 왔으나 얻지 못하더니 후에 두 사람이 와서 61 이르되 이 사람의 말이 내가 하나님의 성전을 헐고 사흘 동안에 지을 수 있다 하더라 하니 _마 26:60~61

예수님이 기적과 신유를 베풀고 말씀을 전하실 때 "예수님이 최고"라고 했던 사람들 중에서 거짓 증인들이 많이 나왔습니다. 우리 교회에도 거짓 증인이 있을 수 있습니다. 목숨을 걸고 가정을 살리려는 저의 사명을 이해하지 못하는 사람들이 있습니다. 가정의 위기를 만난 수많은 사람이 저에게 메일을 보내는데 말씀으로 인도함을 받아서 이혼의 결심을 철회하는 사람은 거의 없습니다. 신학을 공부했다는 사람 중에도 없습니다. '한 번만 와서 말씀을 들으면 이혼을 안 할 텐데' 하는 마음에 예배에 초청하면 '자기가 하나님인가? 사람을 살리게' 하며 거절하는 사람도 있습니다.

예수님은 "너희가 이 성전을 헐라 내가 사흘 동안에 일으키리라"(요 2:19) 하셨지 "내가 헐고 지으리라" 하지 않으셨습니다. 성전은 예수님의 육체를 가리키는 것으로 너희가 나를 죽여도 살아날 것이라는 뜻입니다. 하지만 사람들이 영적인 이야기를 못 알아듣습니다.

이미 죽이기로 작정한 시나리오에서 살아날 사람은 없습니다. 인간이 100% 죄인이기 때문에 허점을 하나 파고들면 당할 사람이 없습니다. 인간은 다 걸려 넘어집니다. 하지만 무흠한 예수님은 도덕과 윤리를 뛰어넘으시기 때문에 잡힐 거짓 증거가 없습니다.

그러므로 사람들이 거짓 증거로 약점이 많은 나를 죽이려 한다면 완전무결하고 허점이 없는 예수님께 이 모든 사건을 의탁하면 됩니다. 예수님이 감당해 주십니다. 나에게 허점이 많은 걸 인정하면 됩니다. 그런 뒤 내 안에 살아 계신 예수님, 흠 없으신 예수님께 넘기면 됩니다.

잔느 귀용은 '사람이 믿음으로 의롭게 되며 예수의 이름으로 하나님께 기도할 수 있다'는 걸 깨달은 뒤 이를 사람들에게 이야기하고 다니다가 감옥에 갔습니다. 루이 14세와 보쉬에 주교가 이 힘없는 여인을 8년이나 감옥에 가두고 죽이려 했으나 잔느 귀용은 예수님께 맡겼기 때문에 아무리 모함을 당해도 넘어지지 않았습니다. 내가 예수 믿는 것 때문에 핍박을 당할 때는 예수님께 넘기면 됩니다. 거짓 증인이 있을 수 있어도 염려하지 않고 넘기면 됩니다.

> 대제사장이 일어서서 예수께 묻되 아무 대답도 없느냐 이 사람들이 너를 치는 증거가 어떠하냐 하되_마 26:62

자기들이 매수해 놓고는 굉장한 것을 발견한 것처럼 꾸밉니다.

> 예수께서 침묵하시거늘……_마 26:63a

예수님은 대답하지 않으십니다. 영적으로 통하지 않을 때는 잠잠해야 합니다. 예수님은 이 땅에 선지자로, 왕으로, 대제사장으로 오셨습니다. 예수님은 권세자들보다 더 높은 분이기에 모든 걸 대답하실 수 있지만 말이 안 통하니까 잠잠하십니다. 못 알아들을 때는 잠잠해야 합니다. 이야기해야 할 때와 잠잠할 때를 분별해야 합니다.

◆ 나는 사람을 살리는 모임을 합니까, 예수님을 죽이는 모임에 동참합니까? 거짓 증인이 있어도 애매하게 당하지 않고 나의 약점과 허물을 예수님께 맡깁니까? 영적으로 통하지 않을 때 잠잠하며 기도합니까?

예수님만이 구세주입니다

> 63 예수께서 침묵하시거늘 대제사장이 이르되 내가 너로 살아 계신 하나님께 맹세하게 하노니 네가 하나님의 아들 그리스도인지 우리에게 말하라 64 예수께서 이르시되 네가 말하였느니라 그러나 내가 너희에게 이르노니 이 후에 인자가 권능의 우편에 앉아 있는 것과 하늘 구름을 타고 오는 것을 너희가 보리라 하시니_마 26:63~64

대제사장이 큰 증거를 잡았다고 생각하고 하나님의 아들 그리스도인지 말하라고 합니다. 그러자 잠잠히 침묵하시던 예수님이 "네가 말했다"고 하십니다. 주님은 63절에선 침묵하시고 64절에선 입을 여셨습니다. 어디에서 침묵하고 어디에서 답을 해야 하는지 주님은 아셨습니다.

침묵할 때와 입을 열 때를 어떻게 알까요? 날마다 큐티를 하면 알 수 있습니다. 그날 말씀을 묵상하면서 '오늘은 입을 다물어야지', '오늘은 좀 큰소리를 쳐야지' 이렇게 때를 아는 지혜가 생깁니다. 그런데 제가 상담을 해 봐도 말씀으로 인도받는 사람이 거의 없습니다. 시어머니, 남편, 아내의 잘못만 이야기하느라 말씀을 보았다고 이야기하는 사람이 없습니다. 그러니 지혜가 없죠. 침묵해야 할 때는 혈기로 큰소리치고 복음 때문에 입을 열어야 할 때는 가만히 있으니까 인생이 힘든 겁니다.

> ……그러나 내가 너희에게 이르노니 이 후에 인자가 권능의 우편에 앉아 있는 것과 하늘 구름을 타고 오는 것을 너희가 보리라 하시니_마 26:64b

너희가 죽인 내가 잠시 후에 심판하러 올 것이라고 하십니다. 실제로 유대 땅은 주후 70년경에 초토화되었습니다. 문자적으로도 예수님을 죽인 사람은 망할 수밖에 없습니다.

예수님은 죽기 위해 오셨기 때문에 안 죽기 위한 변명이 아니라 죽기 위한 증거를 보이십니다. 하나님의 아들 그리스도라는 것 때문에 죽을 수밖에 없다는 것을 이때 밝히십니다. 지금까지는 침묵하다가 이제 밝히십니다. 예를 들어, 힘든 사람이 많아서 내가 도와줘야 할 때는 나의 높은 신분과 지위를 밝힐 필요가 있습니다. 내가 도와줄 능력이 된다는 걸 밝히는 겁니다. 그런데 열등감 때문에 무시받지 않으려고 자기의 높은 신분을 밝히면 안 됩니다.

예수님이 죽기 위해서 자기 신분을 밝히신 것처럼 내가 죽고자 해야 예수께서 그리스도이심을 밝힐 수 있습니다. 안 믿는 사람들에게 "돈과 명예가 그리스도가 아니다, 예수님이 그리스도이시다"라고 밝히는 것은 쉬운 일이 아닙니다. 내가 손해 보기로 작정하고, 죽어질 각오를 해야 합니다. 그럴 때 "돈이 다가 아니에요. 예수가 그리스도예요", "학벌, 경력이 다가 아니에요. 예수가 그리스도예요"라는 말을 할 수 있습니다. 그런데 내 삶에서 예수가 그리스도가 되지 않기 때문에 각종 분쟁이 일어납니다. 돈, 학벌, 용모가 그리스도가 되니 분쟁이 그치지 않습니다.

3년 동안 제자훈련을 하셨어도 아무도 예수님을 변호하거나 그리스도라고 밝혀 주지 않았습니다. 내가 주님을 사랑해서 죽기로 하고 가는데 아무도 나를 위해 변호해 줄 사람이 없는 것입니다. 그러니 예수께서 직접 그리스도이심을 밝히셨습니다.

이에 대제사장이 자기 옷을 찢으며 이르되 그가 신성모독 하는 말을 하였으니 어찌 더 증인을 요구하리요 보라 너희가 지금 이 신성모독 하는

말을 들었도다_마 26:65

예수가 그리스도라니까 모두 '신성모독'이라고 합니다. "우리는 예수님의 신부야. 만물의 주인이신 예수님이 내 신랑이야" 하면 다들 '신성모독한다'고 합니다. "뭐 예수가 신랑이라고? 남편을 두고 그런 말을 할 수 있어? 신성모독하네" 합니다. 다 인간적으로 듣습니다. 예수가 그리스도라는 이야기를 아무도 못 알아듣습니다. 하나님이 계시하지 않으시면 알 자가 없습니다.

대제사장이 '하나님의 아들 그리스도인지 말하라'고 해서 주님이 "네 말대로 내가 하나님의 아들 그리스도다" 대답하셨습니다. 그러면 믿어야 하는데 믿지 않습니다. 우리가 큐티를 해도 그렇습니다. 말씀과는 상관없이 스스로 모든 일을 결정합니다. 자기 이익을 따라 다 결정하고는 '좁은 길로 가라'는 말씀이 나오면 "신성모독이다" 합니다. 자기가 결혼하기로 이미 결정하고는 '불신결혼은 안 된다'고 하면 신성모독이라고 합니다.

당시 법에 의하면 대제사장은 어떤 경우에도 혈기를 부리면 안 됩니다. 옷을 찢으면 안 됩니다(레 21:10). 그런데도 마음대로 산헤드린 공회를 소집하고 불법을 행하고는 이제 옷까지 찢으며 남더러 '신성모독이다'라고 합니다. 그러면서 군중심리를 이용합니다.

너희 생각은 어떠하냐 대답하여 이르되 그는 사형에 해당하니라 하고 _마 26:66

일주일 전에는 "호산나 다윗의 자손이여" 하고 예수님을 찬양했던 그들입니다. 군중심리가 이렇게 부화뇌동을 합니다. 군중심리는 쏟아지는 폭우 같아서 피할 길이 없습니다. 정신을 쏙 빼놓아서 마음이 쏠리게 마련입니다.

가치투자 이론의 창시자인 벤자민 그레이엄이 이런 이야기를 했습니다.

석유 탐사 일을 하던 사람이 죽어서 천국에 갔다. 베드로가 천국 문 앞에서 그를 가로막으며 말했다.

"당신은 천국에 들어올 자격이 있지만, 석유 사업자들이 거주할 공간이 이미 다 찼습니다. 그래서 당신이 끼어들 자리가 없군요."

그는 한참 생각한 뒤 베드로에게 부탁했다.

"그러면 천국 안에 있는 석유 사업자들에게 한마디만 하게 해 주십시오."

베드로는 별로 어려운 부탁이 아니라고 생각하여 그의 청을 들어주었다. 그는 천국으로 뛰어 들어가 큰 소리로 외쳤다.

"지옥에서 유전이 발견됐답니다!"

그의 말이 떨어지기가 무섭게 천국 문이 열리더니 사람들이 미친 듯이 달려 나와 지옥으로 뛰어 들어갔다. 베드로가 놀라며 말했다.

"저들이 지옥으로 건너갔으니 이제 당신은 천국 안으로 들어올 수 있겠군요."

그러나 그는 말했다.

"아닙니다. 저 사람들과 함께 지옥에 가서 루머가 맞는지 확인해 봐야겠습니다."

군중심리가 이렇게 무섭습니다.

67 이에 예수의 얼굴에 침 뱉으며 주먹으로 치고 어떤 사람은 손바닥으로 때리며 68 이르되 그리스도야 우리에게 선지자 노릇을 하라 너를 친 자가 누구냐 하더라 _마 26:67~68

예수님을 주먹으로 때리고 조롱합니다. 침을 뱉고 눈을 가리고 네가 그리스도면 누가 때렸는지 알아맞혀 보라고 조롱합니다. 예수님이 이렇게 당하셨습니다.

누군가 내 자존심을 상하게 했습니까? 매 좀 맞으면 어떻고 회사에서 조롱당하면 어떻습니까? 예수가 그리스도이시기 때문에 어떤 조롱을 당해도 참아내고 승리할 수 있습니다.

2007년 4월 18일 튀르키예에서 최초의 순교자가 나왔습니다. 다섯 명의 이슬람교도 젊은이들에 의해 독일에서 온 선교사 1명과 현지인 목사 2명이 손과 발이 묶인 채 잔인하게 살해당한 것입니다. 이들은 네자티 목사가 초청한 부활절 예배에 참여해서 성경공부를 시작하자마자 들고 일어나 세 명의 목사를 묶고 창자를 드러내고 뼈를 잘라 내는 등 말로 할 수 없는 고문을 했습니다. 그리고 이것을 휴대폰 동영상으로 찍었습니다.

그들은 자기 민족을 기독교화한다는 이유로 분노하며 3시간여 칼로 고문을 했습니다. 그러고는 차례로 참수했습니다. 당시 매스컴은 이 사건을 특종으로 다루었고 살해된 사건 현장을 생생하게 보도했습니다. 시신은 너무나 처참했습니다.

독일인 선교사 틸만의 부인 수잔나가 기자회견을 했습니다. "남편은 이 땅을 사랑했고 자신도 사랑하기에 이곳에 묻히길 원한다"고, 자신도 이 땅에 머물기를 원한다고 했습니다. 남편을 죽인 범인들을 용서한다고도 했습니다. 이유는 그들이 자기가 하는 일을 알지 못하기 때문이라고 했습니다. 현지 사역자 네자티 목사는 튀르키예인으로는 최초의 순교자입니다. 네자티 목사의 부인도 "남편은 그리스도를 위해 죽었고 그리스도를 위해 살았다"면서 이 사건을 영광의 면류관을 쓴 것으로 느낀다고 했습니다. 그리고 자신도 그 영광에 합당하게 살기 원한다고 했습니다.

저는 이 일을 통해 튀르키예에 복음화가 시작되었다고 생각합니다. 스데반을 죽인 사도 바울이 변화되어 인류 최대의 선교사가 되었듯이, 이 다섯 청년이 돌아와서 튀르키예의 복음화를 위해 쓰임받기를 원합니다.

남편이 처참하게 죽임을 당했는데도 부인들이 범인들을 용서하겠다고 합니다. 그런데 왜 남도 아닌 자녀를, 남편과 아내를, 부모 형제를 용서하지 못합니까? 주님이 나를 보내신 그 자리, 내게 허락된 그 자리에서 죽어야 합니다. 어떤 수치와 조롱과 죽임을 당할지라도 예수님이 죽으신 그 자리에서 나도 죽어지는 것이 가정을 구원하는 길이고, 가장 영광스러운 자리입니다.

* 예수님은 구원을 위해 죽으시려고 그리스도라고 자기 신분을 밝히십니다. 내가 십자가 지고 남을 돕기 위해 내 신분과 능력을 밝힙니까, 무시 안 받으려고 내 지위를 강조합니까? 안 믿는 사람들 앞에서 손해와 희생을 각오하고 예수가 그리스도이심을 밝힙니까?

말씀으로 기도하기

예수님을 믿는 우리에게도 고통과 고난의 사건들이 찾아옵니다. 그 모든 문제를 해결하려면 예수님이 어떤 분이신지를 알아야 합니다. 나에게 찾아오는 모든 사건은 예수님이 어떤 분이신지를 알기 위해서, 예수가 그리스도이심을 알리기 위해서 찾아오는 것입니다.

예수님을 멀찍이 따라가는 사람이 있습니다(마 26:57~58).
주님을 버리지 않겠다고 장담하던 베드로가 죽으러 가시는 예수님과 동행하지 못하고 멀찍이 미행합니다. 눈앞의 현실과 이해타산 때문에 도망갈 생각을 하면서 예수님과 멀찍이 있는 내 모습을 회개합니다.

예수님에 대해 거짓 증거하는 무리가 있습니다(마 26:59~62).
대제사장들은 자기 지위와 이익을 지키려고 예수님을 죽일 명분을 찾습니다. 예수님의 말씀을 왜곡해서 거짓 증거를 삼습니다. 내 유익을 위해 끊지 못하는 세상 모임과 습관들이 예수님 죽이는 회의인 것을 알고 끊기 원합니다. 체면 때문에 말씀을 전하지 않고 왜곡하면서 예수님을 거짓 증거하고 있음을 회개합니다.

예수님만이 구세주입니다(마 26:63~68).

거짓 증거에 대해 침묵하시던 예수님이 그리스도임을 밝히십니다. 침묵할 때와 입을 열 때를 분별하기 위해 날마다 말씀으로 인도받기를 원합니다. 죽지 않기 위한 변명이 아니라 죽기 위한 증거로 그리스도임을 밝히신 예수님처럼, 내가 십자가 지고 희생할 것을 작정하고 예수가 그리스도이심을 밝히게 하옵소서. 돈, 학벌, 외모를 구세주로 삼는 세상 사람들에게 왕따와 조롱을 당할지라도 예수님만이 그리스도라고 당당히 밝힐 수 있도록 기도합니다.

우리들 묵상과 적용

공동체에서 제자훈련으로, 말씀으로 양육 받으면서 오래전 빚보증을 잘 못 서서 부도로 연결된 사건이 해석되기 시작했습니다. 이때부터 구원의 기쁨을 누리면서 신앙생활을 잘 하고 있다고 자부하며 살았습니다. 그렇지만 시간이 흐르자 구원의 기쁨도 잠시 시들해지는 듯했습니다. 그런 저를 하나님은 그냥 보고만 계시지 않았습니다. 저를 흔들어 깨우는 사건으로 주님이 다시 찾아오셨습니다. 아내가 '자궁내막암'이라는 청천벽력 같은 암 선고를 받은 것입니다.

처음에는 앞이 캄캄하고 막막하기만 했습니다. 아내가 30년간 모신 홀아버지도 저렇게 정정하신데, '아내가 수고한 대가가 겨우 이 정도냐'며 하나님이 원망되었습니다. 아내를 떠나보내면 혼자가 된다는 생각에 외로움이 몰려왔습니다. '무슨 길이 없을까?' 아무리 고민해도 답답할 뿐이었습니다. 그런 저에게 목사님은 주님을 배반하고 파는 가룟 유다 같은 사람이 되지 말라고, 또 아버지를 미워하지 말라고 말씀해 주셨습니다. 말씀을 듣고 저는 아내를 우상처럼 붙잡고 있던 죄를 회개했습니다 (마 26:61).

입원해서 검사 전까지 아내의 암이 초기이기를, 또 다른 부위로 전이 되지 않았기를 기도했습니다. 수술 직전의 상황에서 MRI 검사 결과는 초기 상태라고 진단받았습니다. 또 자궁과 난소 제거 수술 후 모든 항목이 'negative'로 판명받아 더 이상 항암 치료나 방사선 치료를 받을 필요가 없었습니다. 저는 수준이 낮아서 이 정도로 감해 주시는 은혜를 받았습니다. 저는 이 사건을 통해 인생이 바람만 불어도 훅 날아가 버릴 허깨비 같음을 이해하게 되었고, 아내와 건강이 아니라 예수님만이 그리스도이심을 깨달았습니다(마 26:64). 예수님만이 그리스도이심을 알게 해 주신 나의 하나님께 진정으로 감사드립니다!

영혼의 기도

하나님 아버지, 예수님은 멀찍이 따라갈 분이 아님에도 도망갈 거리를 확보하고 관계가 끊어지지 않을 만큼만 떨어져서 따라가는 저를 봅니다. 어제까지 베풀어 주신 것이 많음에도 오늘 나에게 줄 것이 없고 고난의 십자가 지고 가는 예수님이 싫어서 멀찍이 있습니다. 그러나 멀리멀리 갈 때 처량하고 슬프고 외로울 일밖에 없다고 말씀하십니다.

주님, 우리도 거짓 증거를 합니다. 수많은 모임에서 영혼이 죽어 가는데도, 이혼을 하는데도, 불법을 행하는데도 예수 믿는 걸 나타내지 않고 가만히 있으면서 도리어 불법을 행하는 그 모임에 끼지 못해 안타까워합니다. 신성모독한다는 말이 듣기 싫어서 안일하게 가만히 있습니다.

내가 잠잠할 때가 있고 나의 권리보다 구원을 위해서 입을 열 때가 있다는 것을 알기 원합니다. 누구 편이 아니라 예수가 그리스도이심을 나타내기 위해, 우리 집이 구원되기 위해 태도를 정하기 원합니다.

튀르키예의 순교자들이 창자와 눈, 코, 입을 잘려 가며 순교를 했습니다. 이 일로 튀르키예에 복음의 봇물이 터졌을 줄 믿습니다. 그런데 우리는 이처럼 죽어짐을 통해 복음이 전파되는 걸 보면서도 나와 한 몸인 남편과 아내조차 용서하지 못합니다. 내가 낳은 자녀조차 용서하지 못합니다. 창자가, 귀가 잘렸습니까? 내가 당하는 것은 우리 집안의 수천 대에 축복이 되기 위해 베풀어 주신 것인 줄 알기 원합니다.

천국 가는 그날까지 예수가 그리스도이심을 나타내며 걸어가기 원합니다. 나 한 사람이 순교의 각오로 십자가를 질 때 우리 집안에 대대손

손 예수 믿는 축복이 임할 것을 믿습니다. 예수님 이름으로 기도합니다.
아멘.

9

심히 통곡하니라

마태복음 26:69~75

하나님 아버지, 베드로가 심히 통곡합니다.
억울하고 슬퍼서 흘리는 눈물이 아니라
내 죄와 연약함으로 흘리는 눈물이 되기 원합니다.
말씀하여 주옵소서. 듣겠습니다.

성경에는 예수님이 웃었다는 말씀은 없고 우셨다는 말씀이 여러 번 나옵니다.

"심한 통곡과 눈물로 간구와 소원을 올렸고"(히 5:7).

"가까이 오사 성을 보시고 우시며"(눅 19:41).

"예수께서 눈물을 흘리시더라"(요 11:35).

눈물은 성경적인 것입니다. 영성 있는 눈물을 흘리기 위해 베드로처럼 심히 통곡을 해야 합니다. 처음에는 인생이 슬프고 억울해서 울지만 그럼에도 자신의 부족함을 보고 눈물을 흘리는 사람은 가능성이 많은 사람입니다. 그런 사람은 남의 눈물을 이해하고 공감합니다. 같이 울어 주는 것 자체가 치유와 회복이 되고 그래서 사람들을 주께로 돌이킵니다. 베드로의 심한 통곡을 마태가 어떻게 이야기하고 있는지 보겠습니다.

베드로는 예수님을 부인했기에 심히 통곡했습니다

69 베드로가 바깥 뜰에 앉았더니 한 여종이 나아와 이르되 너도 갈릴리 사람 예수와 함께 있었도다 하거늘 70 베드로가 모든 사람 앞에서 부인하여 이르되 나는 네가 무슨 말을 하는지 알지 못하겠노라 하며

_마 26:69~70

베드로가 바깥 뜰에 앉아 있습니다. 그때 여종이 "너도 갈릴리 사람과 함께 있었다" 하자 베드로가 놀라서 전자동으로 모른다고 부인합니다. '갈릴리 사람 예수'라고 한 것은 당시 갈릴리가 무시받는 동네였기에 예수님을 무시해서 표현한 말입니다. 베드로가 멀찍이 따르지 않고 가까이 갔으면 그래도 지위를 가진 대제사장에게 수치를 당했을 텐데, 멀찍이 따르는 바람에 여종에게 수치를 당하게 됐습니다.

그런데 우리는 예수님을 따른다는 대단한 명분이 있음에도 여종을 우습게 여깁니다. 예수님을 따르는 것과 여종을 귀히 여기는 일은 다른 것이 아닙니다. 베드로가 주님의 십자가 능력을 보고 따라갔다면 여종을 무시하는 마음은 없었을 것입니다. 베드로의 복음이 십자가의 복음이 아니라 세상 성공의 복음이기 때문에 여종을 무시했습니다. 성공 복음 때문에 통곡할 수밖에 없는 것이 우리의 모습입니다.

예수님이 그리스도이심을 밝혔지만, 기도도 안 하고 졸던 베드로는 여종 앞에서 초라하게 부인합니다. 조금 전까지만 해도 "죽을지언정 주를 부인하지 않겠다, 다 주를 버려도 버리지 않겠다"고 장담하던 베드로입니다.

제 시어머님은 용모가 좋고 인자해 보여서 언제까지라도 모실 수 있겠다 제가 장담했습니다. 또 집에는 일하는 사람이 여럿 있어서 종일 피아노만 칠 수 있겠다 싶어서 더 장담했습니다. 주님을 따르겠다는 베드로처럼 그랬습니다. 그런데 종일 피아노만 칠 수 있는 좋은 환경이었다면 제가 목사가 됐겠습니까? 하나님께서 저를 베드로처럼 다루어 주셨습니다. 베드로가 여종에게 수치를 당한 것처럼, 일류 학벌을 가졌다는 제가 무학이신 시어머니, 아주머니, 청소하는 아이에게까지 무시를 당했습니다. 5년 넘게 그분들과 같이 살면서 왕따를 당했습니다. 제 방에 전화도 없어 누구와 연락도 못 하고 텔레비전도 못 보고, 피아노도 못 치고, 책도 못 읽었습니다. 살림이 우상이신 시어머니에게 순종하기가 힘들었습니다. 걸레질부터 순종하기가 어려웠습니다.

한번은 이런 일도 있었습니다. 어머니 눈치를 보느라 전화를 할 수가 없어서 아주머니에게 밖에 나가 공중전화로 5분만 전화하고 오겠다고 문을 열어 놓아 달라고 부탁했습니다. 그런데 아주머니가 문을 닫아 버렸습니다. 늦은 시간이라 초인종을 누를 수도 없어서 기다리다가 할 수 없이 벨을 누르고 들어갔더니 아주머니가 빨리 시어머니에게 가 보라고 했습니다. 어머니는 저에게 "왜 밖에 나가서 공중전화로 전화를 하느냐, 집안 망신시킬 일 있냐?" 하며 무섭게 야단을 치셨습니다. 그런데 더 치욕스러운 건 아주머니가 야단맞는 저를 쳐다보고 있는 겁니다. 그래도 제가 무서운 교양으로 '왜 대문을 닫으셨냐'고 한마디도 안 했습니다. 제가 그 아주머니보다 낫다고 생각했기 때문입니다.

아주머니가 요리 실력이 굉장히 좋았는데, 아주머니에게 요리를 가르쳐 달라고도 하지 않았습니다. 저는 아주머니 없으면 밥도 못 해 먹는 주제에 요리를 배울 생각도 안 하고 무시하면서 마나님 행세나 하려 한 것입니다. 그런데 날이 갈수록 아주머니가 무서운 겁니다. 그래서 남편에게 돈 받아서 아주머니를 돈으로 매수했습니다. 얼마나 어리석습니까. 더 약점이 잡힌 겁니다. "나한테 돈 준 거 어머니에게 이른다"는 아주머니 말이 저의 목을 졸랐습니다.

　교양으로 무시하고, 돈으로 아주머니를 매수한 제 삶의 결론입니다. 예수님을 부인한 삶의 결론입니다. 그래서 더 무시받고 힘든 훈련을 받았습니다. 시어머니가 안 계실 때도 아주머니가 이른다고 하니까 제가 꼼짝을 못 했습니다. 세면기에 물기가 있어도 제가 한 것이고 아직 안 본 신문을 갖다 버려도 제가 한 일이라고 터무니없는 고발을 해도 그저 당하면서 살았습니다. 정말 지혜가 없었습니다.

　제가 대학을 나오고 피아노를 치면 뭐 합니까? 내가 못 하는 것을 인정하고 잘하는 그분들을 인정해야 하는데 그게 안 됐습니다. 내 자신을 인정하지 못하는 것, 이것이 예수님을 부인하는 겁니다. 내 죄와 부족함을 시인하지 않는 것이 예수님을 부인하는 겁니다. 제가 모태신앙인으로 교회 반주자로 섬기고 선교단체 활동을 했어도 베드로처럼 성공 복음을 가졌기 때문에 무시당하는 게 제 인생의 결론이었습니다.

◆ 높아지고 교만하여 다른 사람을 무시하고 있진 않습니까? 나의 무능과 부족함을 인정하지 못하고 예수님을 부인합니까?

베드로는 맹세까지 하며 부인했습니다

71 앞문까지 나아가니 다른 여종이 그를 보고 거기 있는 사람들에게 말하되 이 사람은 나사렛 예수와 함께 있었도다 하매 72 베드로가 맹세하고

또 부인하여 이르되 나는 그 사람을 알지 못하노라 하더라_마 26:71~72

베드로를 알아본 여종이 갈릴리 사람 예수와 함께 있었다고 하면 "맞다, 나도 갈릴리 사람이다, 내가 예수의 제자다" 하고 인정하면 됩니다. 그런데 베드로는 다 피하고 싶어서 앞문까지 신속히 자리를 옮겼습니다. 하나님께 피하지 않고 세상길로 피할 생각만 했습니다. 주님께 피하지 않고 세상으로 피하니까 더 무시당합니다.

"이 사람"은 '이 녀석'이라는 뜻으로 무시하는 말입니다. 그러면서 예수님을 갈릴리 사람보다 더 비천하게 나사렛 예수라고 불렀습니다. 그러니까 베드로는 "그 사람을 알지 못한다" 하며 예수님을 랍비도 아니고 주님도 아니고 '그 사람'이라고 하면서 무시했습니다. 어제까지 저더러 '목사님' 하다가 오늘 다른 사람 앞에서 '그 여자' 하는 것과 똑같습니다.

이제 베드로는 그 자리를 떠나지도 못하고 예수님께 가지도, 제자들에게 돌아가지도 못한 채 엉거주춤 배회하고 있습니다.

나사렛 출신을 무시하는 것처럼 제 남편도 친정을 무시했습니다. 저희 집이 부자였다가 망해서 가난해졌습니다. 딸만 넷인 친정에는 남자가 아버지 한 분뿐이었습니다. 아버지는 연탄도 갈아 주시고 무거운 것이 있으면 들어 주시고 버스를 타면 양보도 잘하시는 신사였습니다. 남편이 우리 집에 첫인사를 오던 날도 아버지는 연탄을 갈았습니다. 시댁에서는 일하는 사람들이 하는 일을 아버지가 한 것입니다. 그러자 남편은 어떻게 남자가 연탄을 갈 수 있냐면서 아버지가 능력이 없어서 그렇다고 비하했습니다. 그러면 제가 가만히 있어야 하는데 "우리 집이 얼마나 부자였는 줄 아냐, 돈이면 다냐" 하고 따졌습니다. 이것이 예수님을 부인한 것입니다.

그런데 놀랍게도 제가 시댁에 있다가 몇 달 만에 친정을 갔더니 아버지가 연탄을 가시는데 순간 창피했습니다. 이게 예수님을 부인한 것입니다. 남편이 무시해도 시아버지도 훌륭하지만 우리 아버지도 훌륭하다고 하면 되는데 지혜가 없어서 따지기만 했습니다. 저는 이렇게 대인관계도 제대로 못 하고 사람을 다룰 줄도, 사건을 해석할 줄도 몰랐습니다.

집에서도, 남편이 개업한 병원에서도 아주머니나 간호사에게 배워야 하는데 나이도 어린 주제에 내가 주인이다, 목에 힘주느라 힘들었습니다. 나중에서야 상대방 때문이 아니라 제가 예수님을 부인해서 힘들었다는 걸 알았습니다. "예수가 밥 먹여 줘? 나하고 무슨 상관이야?" 하고 맹세하면서 부인한 것입니다.

나사렛이란 이름에는 '나실인'의 뜻이 있습니다. 나실인은 '새싹'이라는 뜻도 있고 '구별되었다'는 뜻도 있습니다. 남들이 무시해도 예수 믿는 나는 생명을 가진 새싹이고, 하나님께 거룩한 예물로 드려지는 구별된 인생입니다. 남들에게 천하게 보여도 나실인이 되어서 하나님께 구별되어 드려지는 것이 감사한 일입니다.

제가 대학생 때 어떤 분이 목사 사모가 되라고 중매를 하셨는데 그게 얼마나 감사한 일입니까? 지금은 목사님의 지위가 높아졌지만 당시에는 끝에서 두 번째 수준의 천대받는 직업이었습니다. 그때 저는 그게 너무 싫어서 그렇게는 안 산다고 했다가 용광로에 들어간 것입니다. 예수 믿는 내가 복된 자인데 전혀 당당하지 못했습니다. 비위 맞추고 종처럼 생색내고 있으니까 매력이 하나도 없고 무시를 당할 수밖에 없습니다. 세상 욕심으로 가득 찼는데 그걸 가리고 있으니까 혼자 착하고 혼자 잘나서 밟혀야 했습니다. 제가 못한다고 인정하고 아주머니에게 가르쳐 달라고 했으면 그분을 전도하고 내 편으로 만들었을 텐데 그러지 못했습니다.

예수를 안 믿고 성령이 임하지 않으면 이 땅의 사건이 해석되지도,

해결되지도 않습니다. 그렇게 일하는 아주머니도 다루지 못하던 제가 지금은 매주 수많은 성도를 말씀으로 먹이고 있습니다. 우리들교회는 성도 대부분이 목장에 참여하고 있어 다른 교회의 연구 대상입니다. 여기에 큰 역할을 하고 있는 새가족 여전도사님은 야간 여상 출신에 돈도 없고 과부입니다. 제가 옛날 같으면 얼마나 무시했겠습니까? 그러나 전적으로 하나님의 계시에 의해 이분이 가장 중요한 영적 직분을 맡은 줄 믿습니다. 전도사님을 돕는 새가족 교사들은 대졸 출신에 대기업 직원, 병원 원장입니다. 전도사님이 공부를 못했어도 기도만 강조하는 게 아니라 말씀을 줄줄이 꿰고 가르치십니다. 세상의 원리와 달리 성경적입니다.

나사렛을 천하게 여기지만 새싹이고 나실인입니다. 남들이 비천하게 여기는 것이 하나님께 영광을 돌리기에 좋은 것임을 알아야 합니다.

◆ 하나님께 피하지 않고 세상길로 피해 더욱 힘든 일에 빠져 있진 않습니까? 남들이 비천하게 여길 때 베드로처럼 펄펄 뛰며 부인합니까, 자신의 약함을 인정합니까? 나는 세 번이 아니라 수천 번도 주님을 부인할 수 있는 죄인임을 고백합니까?

저주하고 맹세하면서 부인했습니다

73 조금 후에 곁에 섰던 사람들이 나아와 베드로에게 이르되 너도 진실로 그 도당이라 네 말소리가 너를 표명한다 하거늘 74 그가 저주하며 맹세하여 이르되 나는 그 사람을 알지 못하노라 하니 곧 닭이 울더라
_마 26:73~74

베드로는 "내가 그 사람을 안다면 내가 나를 저주한다"면서 저주의 맹세를 했습니다. "그 사람을 알면 성을 간다" 하면서 자신도 저주하고 예수님도 저주한 것입니다. 그런데 베드로가 말고의 귀를 벤 것을 본 자가 여기에 있었습니다(요 18:26). 칼을 쓴 자는 칼로 망한다고 했습니다. 베드로는 칼을 썼기 때문에 계속 불안하고 예수님은 기도했기 때문에 계속 침착하십니다. 내가 침착한 건 실력이 있기 때문입니다. 영적인 실력이 있든 세상적인 실력이 있든 실력 있는 사람은 눈치 보거나 불안에 떨지 않습니다.

사투리 때문에 갈릴리 출신인지 아닌지 금방 들통이 나는데도 베드로는 저주까지 하며 부인합니다. 내가 두 주인을 섬기면 세상에서도 예수님에게도 무시당합니다. 제가 똑똑해서, 교양 있어서 시집살이를 잘 하지 못했습니다. 눈만 뜨면 똑같은 소리를 들어야 했고 무시와 모함을 당했습니다. 인간은 교만해서 내가 망했다는 걸, 내가 갈릴리 출신이라는 걸 인정하기 싫어합니다. 빨리 인정하면 중간은 갈 텐데 말입니다.

한 일간지에 '8천 원 절도'라는 기사가 났습니다.

할인마트에서 돼지고기 8,000원어치를 훔친 40대 여성 연구원이 주변에 거짓 증언을 시키며 죄를 숨기려다 법원으로부터 징역 2년 6개월을 선고받았습니다. 그녀는 물건을 훔친 뒤 범행을 은폐하기 위해 친척에게 허위 증언을 시키고 할인점 직원을 무고했습니다. 판사는 그녀에게 이례적으로 징역 2년 6개월을 선고했습니다. 판사는 "피고인은 절도를 은폐하기 위해 자신이 짜 놓은 각본대로 진술할 증인을 내세워 허위 증언을 하게 하고 범행을 직접 목격하고 신고한 매장 직원을 무고하는 등 죄질이 나쁘다"고 밝혔습니다. 이어 "범행이 발각됐을 때 피고인이 사과하고 값을 치렀다면 집에서 돼지고기 요리를 곁들여 조용한 저녁 시간을 보낼 수 있었을 것"이라며 "그러나 피고인은 오히려 법원의 무능으로 자신의 무죄가 밝혀지지 못했다고 항변하는 등 악의적으로 행동했다"고 덧붙였습니다.

처음부터 시인했으면 좋았을 텐데 이게 뭡니까. 물건 파는 직원을 너무 무시한 거죠. 물건 파는 직원이 여종이나 마찬가지잖아요. 인간이 이렇습니다. 잘못이 있으면 빨리 시인하십시오. 바깥 뜰에 있다가 앞문으로 가서 더 무시당하지 말고 당장 시인하십시오.

> 이에 베드로가 예수의 말씀에 닭 울기 전에 네가 세 번 나를 부인하리라 하심이 생각나서 밖에 나가서 심히 통곡하니라 _마 26:75

누가복음에 보면 "주께서 돌이켜 베드로를 보시니 베드로가 주의 말씀 곧 오늘 닭 울기 전에 네가 세 번 나를 부인하리라 하심이 생각나서"(눅 22:61) 심히 통곡했다고 기록되어 있습니다. 주님이 보셨습니다. 바깥 뜰에 있다가, 앞문에 있다가 이제야 밖으로 나간 것입니다. 이제야 완전히 떠났습니다. 밖에 나가서 주님과 일대일로 회개하는 시간을 갖고 심히 통곡합니다.

베드로는 예수님의 사랑 때문에 통곡했습니다. 여러분이 죽으면 자녀들이 심히 통곡할 것 같습니까? 내 말은 생각나는데 내 사랑이 생각나지 않으면 부모라도 통곡하지 않습니다. 내가 죽었을 때 나의 말과 사랑이 생각나서 자녀들이 통곡하는 인생을 살기 바랍니다. 이 장면의 주제는 예수님의 끌려가심이 아니라 베드로의 기막힌 실수에도 쳐다보시는 예수님이십니다. 전승에 의하면 베드로는 닭이 울 때마다 통곡했다고 합니다.

베드로가 교활하게 속이려는 마음을 가지고 갔으면 안 들켰을 겁니다. 또 다른 제자들처럼 도망갔다면 이런 수치를 당하지 않았을 것입니다. 그런데 베드로는 왜 주님을 멀찍이 따라와서 이렇게 당하는 겁니까? 주님을 모른 척할 수 없기 때문입니다.

비참하게 일그러진 상황에서 주의 말씀이 생각나는 인생이 최고 복된 인생입니다. 여종에게 당해 낮아지고 평생 울고 또 울었을 베드로는 자신의 설교를 듣고 3,000명이 돌아왔을 때도 울었을 것입니다. 교만할 수 없었을 것입니다. 그래서 주님의 제자 양육은 실패가 없습니다.

베드로는 자기보다도 주님이 슬픈 눈으로 쳐다보시는 것 때문에 힘들었을 것입니다. 내가 당하는 고통보다 나의 악으로 주님을 슬프게 해드리는 것이 너무나 고통인 것을 알았습니다. 그것이 겸손을 유지하게 하는 최고의 방법이었습니다.

주기철 목사님의 아드님인 주광조 장로님의 간증을 들어 보면, 주기철 목사님이 7년 동안 고난을 받으실 때 우리가 생각하는 것처럼 아무런 갈등 없이 용감하고 당당하게 받으신 것이 아니라고 합니다. 목사님은 자신이 강철 투사가 아니라 연약한 약졸임을 솔직하게 인정했습니다. 갖은 고문이 한두 번에 끝난다면 이길 수 있지만 몇 년 동안 계속된다면 고난을 견디기 어렵다고 고백했습니다. 다만 주님을 위해 오는 고난을 지금 피한다면 이다음 무슨 낯으로 주님을 대할까 싶어 힘써 주만 의지하는 것뿐이라 했습니다.

이것이 저에게 위로가 됩니다. 하나님이 지켜 주시고 힘을 주셔서 주기철 목사님이 이겨 내신 것이지 목사님의 믿음이 너무 좋아서 이겨 내신 것이 아닙니다. 그래서 우리는 남들에게 "왜 십자가를 못 지느냐"고 말할 수 없습니다. 우리나라를 대표하는 훌륭한 목사님조차 십자가를 지는 것이 쉽지 않음을 보여 주었습니다. 우리 힘으로는 할 수 없지만 하나님이 하셨음을 보여 주었습니다.

그러므로 예수님을 부인하고 멀찍이서 주님을 따라간 베드로를 욕할 것이 아니라 베드로처럼 멀찍이 따라갈 수밖에 없는 우리 자신을 돌아보기 바랍니다.

베드로가 실수했다는 것이 위로가 됩니다. 나는 할 수 없는데 하나님이 하셨기 때문입니다. 고난당하고 욕먹는 것을 예수님처럼 잘 견디려는 것이 교만입니다. 예수님 때문에 무시받기로 작정한다고 해도 누가 욕먹고 무시당하고 싶겠습니까. 당할 때마다 힘든 것을 인정해야 합니다. 날마다 주님의 능력을 의지하지 않으면 넘어진다는 것을 인정해야 합니다.

그래서 무엇보다 우리는 말씀에 깨어 있어야 합니다. 예수님의 사랑만 생각나도 안 되고 나에게 하셨던 말씀이 생각나야 합니다.

나의 연약함을 아시고 돌아보시는 주님의 시선을 느끼기 바랍니다. 그래서 내 죄로 인해 심히 통곡하고, 또 다른 사람의 눈물에 공감하고 함께 울어 주는 눈물의 영성을 소유하기 바랍니다.

◆ 지은 죄를 인정하기 싫어서 세상 속으로 더 들어가진 않습니까? 지극히 사랑하시기에 나를 돌아보며 쳐다보시는 주님의 시선에 어떻게 응답하겠습니까? 내 죄로 심히 통곡하고 다른 사람의 눈물에 공감하며 함께 울어 줍니까?

♦♦♦

비참하게 일그러진 상황에서
주의 말씀이 생각나는 인생이
최고 복된 인생입니다.

♦♦♦

말씀으로 기도하기

어떤 일로 눈물 흘리며 통곡합니까? 영성이 있는 눈물은 억울하고 슬퍼서 흘리는 눈물이 아닙니다. 내 죄와 연약함으로 인해 흘리는 눈물이 나와 남을 살리는 영성의 눈물입니다.

베드로는 예수님을 부인했기에 심히 통곡했습니다(마 26:69~70).
예수님을 멀찍이 따르던 베드로가 여종에게 수치를 당합니다. 주님과 멀어져 바깥 뜰, 세상으로 나가면 무시와 유혹이 기다리고 있음을 알기 원합니다. 여종을 무시하며 예수님을 부인하는 베드로처럼, 성공 복음에 사로잡혀서 다른 사람을 무시하고 내가 잘났다고 하며 예수님을 부인하는 것을 회개합니다.

베드로는 맹세까지 하며 부인했습니다(마 26:71~72).
베드로가 주님께 피하지 않고 세상 앞문으로 가서 더 무시를 당합니다. 무시받기 싫어서 예수님을 더 낮추면서 맹세하며 부인합니다. 내 욕심과 자존심 때문에 예수 믿는 것을 부끄럽게 여기고 부인한 죄를 회개합니다. 당시 나사렛이 비천하게 여겨지는 곳이었어도 구별된 나실인이고 새싹이라고 하십니다. 무시당하는 환경이 하나님의 은혜를 누리는 구별된 자리이고 생명을 내는 새싹인 것을 알고 누리게 하옵소서.

저주하고 맹세하면서 부인했습니다(마 26:73~75).

　엉거주춤 떠나지 못하는 베드로를 곁에 섰던 사람들이 고발합니다. 그러자 베드로는 이제 저주까지 하면서 예수님을 부인합니다. 한 주인 하나님을 섬기지 않고 두 주인을 섬길 때 여기저기에서 무시당할 수밖에 없음을 인정하고 회개합니다. 베드로가 세 번을 부인하고 나서야 주님의 말씀을 생각하고 밖에 나가서 통곡했다고 합니다. 무시와 조롱을 당하는 나의 비참한 상황에서 주님의 사랑과 주님의 말씀이 생각나게 하옵소서. 기막힌 죄와 실수에도 나를 돌이켜보시는 주님의 사랑 때문에 심히 통곡할 수밖에 없습니다. 나를 아시고 돌아보시는 주님의 시선을 느끼며 내 죄로 인해 통곡하고 다른 사람의 눈물에도 공감하는 인생을 살게 하옵소서.

우리들 묵상과 적용

저는 혼자여서 외로웠던 탓인지 어린 시절부터 누군가가 제게 조금만 관심을 보여도 그에게 마음이 끌렸습니다. 청소년 시절에는 방황하다가 가출을 했고, 일찍부터 미용 기술을 배우게 되었습니다. 그리고 하나님의 보호하심으로 예수 믿는 원장님의 미용실에 들어가게 되었고, 이를 계기로 가출 전에 다니던 교회에 다시 나가게 되었습니다. 곤고했던 저는 첫 예배부터 회개의 통곡을 터뜨렸습니다. 그렇게 예수님을 인격적으로 만난 이후 검정고시 공부를 하며 새로운 삶을 살았습니다. 그리고 청년부에서 저를 2년 동안 짝사랑했다는 청년과 교제 8개월 만에 결혼을 했습니다. 그러나 남편과 다툼이 심했고, 저는 섬기던 교회의 목사님과 남편을 비교하며 무시했습니다. 힘들어하던 남편은 제가 교회 가는 것을 막았고, 제가 남편 몰래 가자 큰 다툼이 일어나 결국 이혼하게 되었습니다. 이혼 후 통곡의 회개를 하고 자녀들에게 돌아가고 싶어 남편에게 재결합하자고 했지만 남편에게는 이미 여자가 생긴 후였습니다.

그러던 어느 날 교회 집사님의 동생을 소개받아 또다시 8개월 만에 재혼을 했습니다. 그러나 행복할 것만 같던 재혼도 잠시, 남편이 성가대에서 불륜에 빠져 또다시 이혼 위기에 몰렸습니다. 친구의 권유로 우리들 교회에 1년간 다니며 부부목장에도 참석했지만, 오직 저의 관심은 남편이 그 여인과 정리하는 것이었기에 내 죄를 보라는 말씀은 못 들은 척했습니다. 하지만 남편은 끝내 저에게 이혼을 통보한 뒤 자기 아들을 데리고 그 여인에게 갔습니다.

이렇게 두 번의 이혼으로 상처를 받았음에도 저는 세상 앞문에서 서성이며 새로운 사람을 찾았습니다(마 26:71). 얼마 후 기독교 사이트를 통해 미국 유학을 다녀온 찬양 사역자를 만났습니다. "10억이 있다"는 그의 말에 결국 속은 자가 되어 개인회생까지 가는 상황이 되었습니다. 이 사건으로 갈릴리, 나사렛이 싫어서 떠났던 공동체에 다시 돌아왔습니다. 공동체에서 위로와 회복을 경험하면서도 아직도 외로움이 엄습할 때마다 본능적으로 반응하며 사람을 찾는 연약한 저입니다. 그러나 이제는 자기 연민과 후회의 통곡이 아닌 주님의 말씀과 사랑을 기억하는 통곡이기를, 나를 위한 통곡이 남을 위한 통곡으로 바뀌기를 소망합니다(마 26:75).

영혼의 기도

하나님 아버지, 예수님을 믿는다고 따라가면서도 세상 성공에 목말라 눈에 보이는 여종을 무시하고 외모로 사람을 차별하는 악이 있습니다. 아직도 주님께 피하지 못하고 더욱 세상으로 가서 더 이상 당할 수 없는 비참한 무시를 당합니다. 주님께로 가지 못하고 세상에 머문 것을 불쌍히 여겨 주옵소서.

"그 당이다, 말소리가 똑같다" 할 때 그것이 영광인 줄 모르고 저주하면서 맹세하며 부인하는 모습이 저에게 있습니다. 너무 힘들어서 예수가 밥 먹여 주냐고 부인합니다. 나를 과신하고 세상 불신자들과 어울릴 때 조롱과 실패가 있는 것은 당연하다는 사실을 알았습니다. 내가 주님을 부인할 수밖에 없는 존재라는 걸 알게 하시고 어떤 죄악을 가졌더라도 통곡할 수 있는 눈물의 영성을 허락하여 주옵소서.

내가 저주하고 맹세하고 부인하는데 주님이 나를 돌이켜 보십니다. 주님의 시선을 느끼기 원합니다. 주님이 걱정 말고 오라고 하십니다. 힘을 낼 수 있도록 도와주옵소서. 더 무시당하는 곳으로 가지 않도록 지켜 주옵소서. 예수님을 부인하는 것은 내가 무시당하지 않겠다고 하는 것인데 무시를 잘 당하게 하시고 당할 때마다 힘든 것을 가지고 주님께 나아가게 하옵소서. 예수님 이름으로 기도합니다. 아멘.

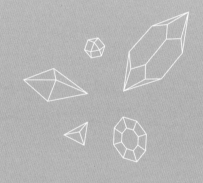

10. 자살에서 돌이켜 회개하라

마태복음 27:1~10

하나님 아버지, 죽고 싶은 일이
너무 많은 것을 주께서 아십니다.
자살을 돌이키고 회개에 이르기를 원합니다.
말씀하여 주옵소서. 듣겠습니다.

우리나라의 자살률은 OECD 국가 중 1위입니다. 자살로 인한 사망자가 한 해에 1만 3,000명이고, 자살 시도자는 15만~30만 명이라고 합니다. 자살하거나 시도하는 사람이 20~50명 중 한 명꼴로 많은 것입니다. 더 이상 희망이 없고, 미래가 암흑이라고 생각하기에 수많은 사람이 이런 선택을 합니다. 왜 그럴까요?

자살로 이끄는 지도자들이 있습니다

1 새벽에 모든 대제사장과 백성의 장로들이 예수를 죽이려고 함께 의논하고 2 결박하여 끌고 가서 총독 빌라도에게 넘겨 주니라_마 27:1~2

산헤드린 공회는 예수님을 사형으로 정죄한 뒤 사형집행권이 있는 로마 총독 빌라도에게 이송합니다. 산헤드린 공회는 해 뜬 후에만 모일

168

수 있는데 밤새 불법 회의를 하고 동트기 직전에 모여서 예수님 죽이는 회의를 한 것입니다. 계속 법을 어기고 있습니다. 그들은 은혜로 시작해야 할 하루의 첫 시간인 새벽에 예수님을 죽이는 회의를 했습니다.

예수님은 무조건 좋은 분, 대제사장은 무조건 나쁜 사람, 이렇게 이분법적으로 생각하면 이 말씀에서 바른 적용을 하기 어렵습니다. 내가 현재의 삶에서 속고 배신당한 일이 무엇입니까? 당한 사람뿐 아니라 가해자도 예수님 입장에서 적용해 봐야 합니다.

예를 들어, 술 먹고 바람피우고 빚진 사람이 무조건 나쁜 사람이라고 생각해선 안 됩니다. 그가 행위로 볼 때 너무 나쁜 사람이니까 집안 어른들이 새벽부터 모여서 회의를 한 뒤 이혼하라고 한다면 그것은 곧 예수님 죽이는 회의입니다. 당시 최고 지도자들이 죽이려는 예수가 누구입니까? 인류의 구속 역사를 이루는 분이 아닙니까? 그러므로 문제 많고 행위가 바르지 못해서 내가 내쫓고 죽이고 싶은 사람이 내 집의 구속사를 이루는 인물이 될 수 있음을 알아야 합니다. 그 사람 때문에 내 집안이 구원될 것인데, 그런 마음을 먹고, 집안 어른들과 그런 회의를 하는 것은 곧 구원의 통로를 없애자고 회의하는 것과 다름이 없습니다.

그러니 지금 대제사장과 백성의 장로들이 의논한 결과가 무엇입니까? 결국 예수님을 결박하여 끌고 가서(마 27:2) 빌라도에게 고소했습니다. "끌고 갔다"는 것은 "고소했다"는 뜻입니다. 목사인 제가 믿는 사람들 간의 문제를 동장에게 가서 해결해 달라고 하는 꼴입니다. 믿는 시댁 문제를 안 믿는 친정에 가서 고소하는 꼴입니다. 이런 것 역시나 예수님 죽이는 일입니다.

어떤 악한 일을 해도 주님은 그 집안에서 누가 먼저 회개하는가를 보십니다. 구원을 위해 그 사람이 악역을 맡았다면 그것 때문에 구원을 이루어야 하는데 그 통로를 잘라 버리면 안 됩니다. 주님은 죄가 있어서 당하신 게 아닙니다. 죄 없이 인류의 죄를 위해 껴안으셨습니다. 내 가족의 죄를 내가 껴안지 않으면 누가 합니까? 한 몸인 배우자를 내가 용서하지 않으면 어쩝니까?

"어떻게 그런 놈하고 살아?" 하면서 이혼을 모의하고, 더 나아가 대제사장처럼 돈 있고 기득권 있으면 변호사 고용하고 없는 죄라도 만들어 죽이는 의논을 합니다. 이런 목사, 부모, 형제, 배우자가 바로 사망으로 이끄는 지도자입니다. 힘든 문제가 생기면 그것을 헤치고 나가는 모습을 보여 주어야 하는데 자꾸 죽이는 의논을 하니, 이걸 보고 자란 자녀들이 힘든 일이 닥치면 극단으로 치닫는 것입니다. 구원의 통로를 잘라 버리는 부모, 형제, 목사가 되어서야 되겠습니까?

◆ 구원을 위해 악역을 맡은 사람 때문에 내가 예수님을 믿었는데 나는 오히려 그 사람을 내쫓고 끊으려 하지 않습니까? 내 가족의 죄를 껴안지 못하고 구원의 통로를 잘라 버려 자녀를 사망의 길로 이끌고 있지는 않습니까?

스스로 뉘우쳐도 자살하는 사람이 있습니다

좋은 지도자 밑에서도 자살하는 사람들이 있습니다. 유다는 인류 최고의 스승인 예수님의 가르침을 받았으나 뉘우치기만 하고 자살을 했습니다. 유다가 어떻게 뉘우쳤습니까?

그 때에 예수를 판 유다가 그의 정죄됨을 보고 스스로 뉘우쳐 그 은 삼

삯을 대제사장들과 장로들에게 도로 갖다 주며_마 27:3

유다는 예수님이 사형을 선고받자 스스로 뉘우쳤습니다. 이것은 유다에게 '예수님은 절대 사형받지 않을 것이다'라는 믿음이 있었다는 뜻입니다. 유다는 자신이 예수님을 팔아넘겨도 예수님이 기적을 일으켜 이스라엘의 영웅이 될 줄 믿었을 것입니다. 결국 수치를 당하는 쪽은 유대인이니 자기 행위는 절대 해악한 일이 아니라 생각했을 것입니다. '나는 은 삼십만 벌면 된다'고 했을 것입니다. 예수님이 곧 십자가에 달려 죽을 것이라 해도 아무도 예수님의 장례를 준비하지 않았잖아요. 베드로도 유다도 예수님이 죽지 않으리라는 믿음이 있었습니다.

그런데 눈앞에서 예수님이 끌려가니까 양심의 가책을 느낀 겁니다. 의도하지는 않았지만 자신 때문에 예수님이 죽게 되었다고 생각하니 죄책감이 밀려와서 견디지를 못합니다. 죄를 깨달았으면 회개하면 되는데 뉘우치기만 해서 스스로 목을 맵니다. 유다는 끝까지 자기 힘으로 하려 합니다. 스스로 뉘우치는 것은 회개가 아닙니다. 거듭나는 데 도움이 안 됩니다.

유다는 스스로 뉘우친 뒤 돈을 돌려주었습니다. 그러면 원래대로 돌아갈 것이라 생각한 것입니다. 돈을 좋아하는 유다는 역시 돈으로 해결하려 합니다. 무슨 사건이 왔을 때 돈으로 해결하려는 생각을 버리는 것이 자녀를 위한 길입니다. 우리들교회 목장 보고서에 이런 글이 올라왔습니다.

아들이 6월 8일 군대에 입대한다. 그런데 빡센(군기 잡힌) 군대에 가기를 원했는데 공익근무요원으로 떨어졌다. 연약한 아들이기에 주일예배, 수요예배 참석하라고 그러신 모양이다.

얼마 전 아들이 차 사고를 냈다. 우리 차는 아들한테 보험 적용이 안 되어 아들이 동승한 것으로 하고 사고 처리를 하려는데, 수요예배 말씀을 듣고 그것이 옳지 않음을 깨달았다. 야곱과 유다는 자녀들에게 보여 준 믿음이 없어서 아들들이 죄짓지 않았는가? 돈을 내려놔야겠다고 했다. 그리고 구원 때문에 보험 안 든 것을 오픈하려는데 억지로 하자니 하나님께 생색 내는 것 같았다.

그때 상대방 차 보험회사와 우리 차 보험회사가 서로 싸우며 경찰서에 가자고 했다. 나는 보험이 아닌 자비로 일을 처리하고 싶다고 했다. 그러자 상대 차 운전사도 "보험으로 하면 회사에 시말서를 써야 하므로 내 돈으로 수리하겠다"고 했다. 일이 순조롭게 진행됐다.

아들의 구원 때문에 세상 사고방식으로 큰소리 내지 않고 사고 차에게 겸손히 죄를 고백했더니 오히려 잘 해결되었다. 아들 역시 엄마가 말할 때마다 부정적으로 말대꾸하더니 "이젠 부정적인 말 안 할 거예요" 한다. 큐티도 억지로 하더니 이제 자발적으로 하는 모습을 보여 준다. 베드로처럼 세상 방식으로 갈 뻔했으나 잘 적용하여 감사한 일이 더 많아졌다.

세상은 가능한 한 돈 안 드는 방법을 따르지만 하나님은 돈이 들어도 어떻게 회개할 것인가를 더 중요하게 보십니다.

이르되 내가 무죄한 피를 팔고 죄를 범하였도다 하니 그들이 이르되 그것이 우리에게 무슨 상관이냐 네가 당하라 하거늘_마 27:4

유다가 죄를 고백했습니다. 누가 시킨 것도 아닌데, "예수님은 무죄하다, 내가 죄를 범했다" 하며 멋지게 고백하고 있습니다. '범죄하였도다'

는 부정과거형으로 계속적인 애통이 아닙니다. "그래, 내가 옛날에 죄 한 번 지었지" 하는 것입니다. 회개에 거의 근접했지만 회개가 아닙니다. 뉘우침으로 그쳤습니다.

뉘우침과 회개는 아주 다릅니다. 뉘우침은 원어로 '메타멜로마이'입니다. 진정한 회개에는 사용되지 않는 단어입니다. 단순한 후회나 생각이 바뀐 정도입니다. 죄의 결과에 대한 감정적 후회 정도의 반응입니다. 돌아온 탕자처럼 죄를 지었으니 품꾼의 하나로 써 달라는 구체적인 적용 없이 "내가 죄를 지었다, 예수님은 죄 없다" 하는 것입니다.

죄는 구체적으로 회개해야 합니다. "내가 돈을 사랑해서 은 삼십 때문에 예수님을 팔았다." 이렇게 구체적인 회개를 해야 합니다.

산부인과 의사였던 저의 남편도 죽기 전에 하루 동안 "하나님, 용서해 주세요. 회개합니다"만 하더니 마지막에 이르러서는 낙태 수술한 것을 고백했습니다. 구체적인 회개를 한 것입니다. 그러나 유다는 얼마나 돈을 사랑했는지, 구체적인 죄를 회개하지 못하고 후회로 끝났습니다.

유다가 은을 성소에 던져 넣고 물러가서 스스로 목매어 죽은지라_마 27:5

유다가 뉘우치더니 스스로 자신의 죄를 집행하고 목을 맸습니다. "네가 당하라" 하니까 마치 대제사장이 안 받아 줘서 죽는 것처럼 합니다. 돈을 떼여서, 실연을 당해서 복수하려고 죽는 것입니다.

청소년의 자살 동기는 가정환경과 학업 성적 비관, 경제적 빈곤, 또래 집단으로부터의 소외 등 다양합니다. 그런데 이 모든 원인의 공통점은 '나는 사랑받지 못한다', '나는 왜 사는지 모르겠다'에서 출발하는 것이라고 합니다. 특히 청소년들은 부모로부터 사랑받지 못한다고 느낄 때, 부모의 기대를 만족시키지 못할 때, 가장 큰 좌절감과 자살 충동을 느낀다고 합니다.

중고등부 학생들의 이야기를 들어 보면 아버지에 대한 반감으로 아버지가 죽었으면 좋겠다는 애들이 많습니다. 이런 감정은 우울증과 공포 등의 심리 불안을 가져옵니다. 심하면 정신과 치료가 필요할 수 있습니다. 부모가 자녀의 자살 동기가 되는 것입니다.

정신분석학자 프로이트는 '사람마다 자신과 가까운 사람이 죽었으면 하는 욕구가 있다'고 했습니다. 가까운 가족의 잘못을 용서하지 못해 죽었으면 좋겠다고 하는 것입니다. 그런데 그런 대상에게 향하던 살해 의지가 자신에게로 바뀌는 것이 자살입니다. 상대를 향한 적대감이 자기 자신에게로 방향이 바뀌는 것입니다. 윈스턴 처칠의 막내딸 다이애나 처칠은 '자살자를 돕는 사마리아인'이라는 기관에서 봉사했는데 그녀도 자살을 했습니다. 자살은 무서운 것입니다. 공양미 삼백 석에 인당수에 빠지는 심청이가 효녀라고 하지만 그것은 죄입니다. 유교적인 가치관이 바뀔 필요가 있습니다.

안산제일교회의 원로목사이신 고훈 목사님은 스무 살 때 폐결핵 3기여서 자살을 생각했다고 합니다. 당시 그는 예수님을 몰랐습니다. 농약을 먹자니 고통스러울 것 같고, 목을 매려니 숨이 막힐 것 같고, 낭떠러지에서 떨어지려니 두개골이 깨질 것 같고, 동맥을 끊으려니 피 흘리는 고통이 무섭고…… 이러저러한 이유들로 자살할 수 없었습니다. 이후 목회하며 결핵보다 더한 암 투병을 오래 하셨습니다. 하지만 이제는 예수님을 믿기 때문에 자살은 생각하지도 않으셨답니다. 저 역시 두 번이나 자살을 시도한 적이 있습니다. 혼자 교양 있게 집에 있으면서 도무지 길이 안 보이니 죽고 싶지 않았겠습니까? 약을 두 번이나 먹었습니다. 그런데 치사

량을 먹지는 않았습니다. 죽음이 두려웠습니다.

후회를 많이 하는 사람은 정죄감 때문에 정신병원에 갑니다. 정죄감이 나를 죽입니다. 유다처럼 예수님을 믿지도 않으면서 미안해하는 죄책감이 상대를 미워하고 복수하고 싶은 적대감을 갖게 하고 그것은 결국 자신을 죽이는 결과를 가져옵니다.

✦ 나는 진정한 회개를 합니까, 후회와 자책의 수준에 머물러 있습니까? 죄 문제
   까지도 내 힘으로 처리하려는 마음이 있습니까? 욕심에 이끌려 선택을 하고
   선 남 탓을 하며 상대방을 미워하고 복수하려 합니까?

자살을 해도 상관하지 않는 지도자가 있습니다

이르되 내가 무죄한 피를 팔고 죄를 범하였도다 하니 그들이 이르되 그
것이 우리에게 무슨 상관이냐 네가 당하라 하거늘_마 27:4

유다가 대제사장에게 "내가 죄를 범하였다, 무죄한 피를 흘렸다" 하자 대제사장은 "무슨 상관이 있느냐. 네가 당하라"고 합니다. 대제사장은 예수님의 무죄를 받아들이지 않습니다. 아무리 괴롭고 힘들다고 해도 상관없는 사람이 있습니다. 그들은 유다의 죄책감과 후회에 대해 너무 무관심합니다. 죽음을 앞둔 유다에게 관심을 기울여야 하지만 그들에게 급한 것은 예수님 죽이는 일입니다. 그러니 "내게 무슨 상관이냐, 네가 당하라"고 하는 것입니다.

여러분이 너무 바빠서 죽음에 이른 사람을 내버려 두는 것이 예수님

죽이는 일입니다. 내게 와서 살려 달라고 애통하는 유다를 바쁘다고 외면하는 것이 예수님 죽이는 일입니다. 예수 믿으면서 제일 교만한 사람이 '나하고 무슨 상관이지?' 하는 사람입니다.

우리 주위에는 자녀의 결혼도 이혼도 다 자기 집 체면 때문에 '이래라저래라' 하는 부모가 너무 많습니다. 그래 놓고서는 막상 문제가 생기면 "나와 무슨 상관이냐, 네가 당해라"고 합니다. 회개와 상관없는 부모, 형제, 배우자가 너무 많습니다.

누군가를 살리는 일은 가르쳐서 되지 않습니다. 끝도 없이 들어줘야 하고 정답을 줄 수 없어도 같이 울고 기뻐해야 합니다. 그런데 "네 일이 나와 무슨 상관이냐? 네가 당해! 네 인생의 결론이야" 한다면 그것이 곧 '상관없다'고 하는 것입니다. 자살 직전의 사람에게 이렇게 이야기하니까 그 말을 듣자마자 유다가 목을 매 죽은 것입니다. '내가 무슨 상관이냐, 네가 해결해!' 하는 것이 다른 사람을 죽음으로 몰 수 있습니다. 나의 한마디가 얼마나 중요한지 모릅니다.

인간 최고의 감정은 회개라고 합니다. 비슷해 보여도 후회와 회개는 전혀 다릅니다. 회개는 유턴(U-turn)이고 후회는 죄의 감정적 결과입니다. 아무리 힘든 환경이라도 지금 회개하고 돌아오면 구원해 주실 수 있습니다. 회개만 하면 하나님이 도와주실 텐데 유다가 그러지 못했습니다. 그래서 기쁨 만족감 같은 감정보다 회개가 최고의 감정인 것입니다.

믿음의 배신자는 하나님과 사람에게 다 버림받습니다. 장로들은 유다의 고통에 대해 일말의 관심도 없습니다. 유다는 관심도 없는 사람에게 찾아가 자기 고통을 호소합니다. 끝까지 찾아갈 사람을 분별하지 못하니까 택함 받지 못할 수밖에 없습니다. 은 삼십 줄 때는 높은 대제사장과 논다고 얼마나 뻐겼겠습니까.

6 대제사장들이 그 은을 거두며 이르되 이것은 핏값이라 성전고에 넣어 둠이 옳지 않다 하고 7 의논한 후 이것으로 토기장이의 밭을 사서 나그네의 묘지를 삼았으니 8 그러므로 오늘날까지 그 밭을 피밭이라 일컫느니라 9 이에 선지자 예레미야를 통하여 하신 말씀이 이루어졌나니 일렀으되 그들이 그 가격 매겨진 자 곧 이스라엘 자손 중에서 가격 매긴 자의 가격 곧 은 삼십을 가지고 10 토기장이의 밭 값으로 주었으니 이는 주께서 내게 명하신 바와 같으니라 하였더라_마 27:6~10

그들도 이 돈을 성전에 두는 것이 옳지 않음을 알았습니다. 이것은 스가랴 11장 12절 말씀의 성취입니다. 예수님을 팔아먹은 돈조차 이방인의 묘지를 사는 데 사용되었습니다. 여기에 유다의 묘지도 있었습니다. 영적으로 이방인인 사람은 유다처럼 수치를 당합니다. 교회에 와서도 공동체에 들어오지 않고 이방인으로 있으면 유다처럼 수치를 당하고 후회하면서 자살할 수밖에 없습니다.

자살은 해서도 안 되고, 회개할 기회가 없기 때문에 타살보다 나쁜 죄입니다. 주님은 내가 회개하기를 원하십니다. 이제라도 돌이켜서 돌아오기를 원하십니다. 어떤 악한 사람도, 악한 사건도 내가 회개하면 그것이 구원의 통로입니다. 후회함으로 자살에 이르지 않고 회개함으로 천국에 이르는 우리 모두가 되기를 바랍니다.

◆ 예수 잘 믿는다, 신앙생활 열심히 한다지만 실상은 예수를 죽이는 의논을 하고 있진 않습니까? 내 옆의 힘든 부모 형제 자녀를 외면하고 "네가 당하라"면서 귀를 닫고 있지는 않습니까? 완고한 마음으로 회개의 기회를 저버리고 죄를 덮고 있진 않습니까?

말씀으로 기도하기

청소년부터 노년에 이르기까지 수많은 사람들이 각자의 이유로 자살을 선택합니다. 자살로 이끄는 부모와 지도자들이 많고 스스로 뉘우치고 자살하는 사람도 있습니다. 베드로는 주님을 저주하고 부인했지만 말씀이 생각나서 통곡했습니다. 인간적인 후회와 죄책감으로 자살을 선택하지 말고 내 삶을 돌이키는 회개를 선택해야 합니다.

자살로 이끄는 지도자들이 있습니다(마 27:1~2).
백성의 지도자인 대제사장 장로들이 새벽부터 불법을 행하면서 예수님을 죽이려고 의논합니다. 신앙생활 열심히 한다고 하면서 예수님을 죽이는 의논을 하고 있지는 않은지 돌아봅니다. 나를 힘들게 하는 사람이라도 구원을 이루는 역할을 하고 있다면 죽이는 의논을 그치고 구원의 통로로 인정하며 같이 가게 하옵소서.

스스로 뉘우쳐도 자살하는 사람이 있습니다(마 27:3~5).
유다가 스스로 뉘우치고 대제사장에게 죄를 고백했지만 구체적으로 죄를 회개하고 돌이키지 못했습니다. 입으로는 회개한다고 하면서 죄의 결과에 대한 자책과 감정적 후회만 반복하는 것은 아닌지 돌아봅니다. 성령의 도우심으로 내 죄를 깨닫고 구체적인 회개를 하며 돌이키게 하옵소서.

자살을 해도 상관하지 않는 지도자가 있습니다(마 27:4, 6~10).

유다의 죄책감과 후회에 무관심했던 대제사장 장로들처럼 내 배우자, 자녀, 부모 형제의 고통을 모른 척하는 죄를 회개합니다. 회개할 기회가 없는 자살이 얼마나 무서운 죄인지 알기 원합니다. 자살 직전의 고통에 있는 가족, 동료를 보듬고 끝까지 들어주며 같이 웃고 울어 줄 수 있도록 기도합니다. 어떤 악한 사람, 악한 사건도 내가 회개하면 구원의 통로가 됩니다. 자살로 이끄는 정죄감에 속지 말고 이제라도 돌이켜 회개함으로 천국에 이르게 하옵소서.

우리들 묵상과 적용

저의 친정아버지는 제가 중3 때 김포공항이 건설되는 시점에 농지가 수용되자 동네 친구로부터 사업 계획을 듣고 전답을 팔아 자갈 골재 사업을 시작하셨습니다. 은 삼십에 예수님을 팔아넘긴 유다처럼 아버지는 돈에 대한 욕심으로 조상들이 피땀으로 지켜 온 전답을 하루아침에 헌신짝 버리듯 팔았습니다.

욕심으로 시작한 일이었기에 사업에 대한 기초가 없던 아버지는 갑작스럽게 많아진 수입을 주체하지 못했고, 세상 유혹에 눈멀어 일이 아닌 인맥 관리에 더 열중하셨습니다. 그렇게 접대용으로 시작한 '마작'에 아버지가 중독되자 엄마는 잔소리를 퍼부어 댔고 집안은 하루도 바람 잘 날이 없었습니다. 그러다 아버지는 1년 치 수금을 친구에게 맡겼고, 곧 그 친구는 그 돈을 들고 도망쳐 버렸습니다.

순식간에 일어난 일들 앞에서 아버지는 매우 혼란스러웠고 힘들어하셨습니다. 하지만 저와 어머니는 이 사건을 구원의 사건으로 보지 못했습니다. 유다가 은 삼십을 도로 갖다줬을 때 대제사장과 장로들이 "우리에게 무슨 상관이 있느냐, 네가 당하라" 한 것처럼, 끝나지 않을 것 같은 깊은 좌절과 절망 속에 있던 아버지를 이해하고 받아 주지 못했습니다(마 27:3~4). 아버지는 날마다 술로 시간을 보내셨지만 우울한 마음을 털어놓고 치유받을 곳이 없었습니다.

어느 날 이른 새벽, 아버지의 늦은 귀가로 부모님은 치열하게 너의 죄, 나의 죄를 탓하며 크게 싸우셨고 욱하신 아버지는 스스로 목숨을 끊으셨습니다.

이후 거의 40여 년간, 우리 가족은 아버지의 죽음에 대해 언급하지 않는 것을 불문율처럼 지켜 왔습니다. 그리고 엄마는 물론 여섯 형제는 '올바르게 살자'를 삶의 원칙으로 굳게 지켜 왔습니다. 그런데 이즈음에 와서 돌이킬 수 없는 아버지의 영혼 구원을 생각하면 애통하는 마음을 주체할 수 없습니다. 하나님만이 우리를 죽음에서 건지시고, 자살이라는 총체적인 악이 예수를 믿는 우리 대에서 끊어지게 하실 줄 믿습니다. 아버지의 희생을 피 값으로 여기고 우리 형제들의 각 가정이 나그네의 묘지가 되게 하셔서 주 안에서 헌신하는 마음을 주심에 감사드립니다(마 27:7).

영혼의 기도

하나님 아버지, 힘든 남편, 아내, 자식이 싫어서 죽이는 의논을 할 때가 많은 것을 고백합니다. 문제 많은 그 사람이 구원의 통로인데 내가 죽이고 잘라 버리려 한 것을 용서하여 주옵소서. 어떤 사건에서도 주님은 먼저 회개하는 한 사람을 보시고 그 가정을, 직장을, 교회를 살리실 것입니다. 회개하는 내가 자살을 막고 사람을 살리는 지도자가 될 것입니다.

　죄로 인해 생겨나는 후회의 감정에 속아서 유다처럼 스스로 뉘우치고 목을 매면 어쩝니까? 내가 어떤 죄를 지었더라도 회개함으로 베드로처럼 쓰임받고 다른 사람을 살리기 원합니다. 자살 직전의 고통으로 힘들어하는 이들을 외면하지 말고 그들을 끝까지 보듬기 원합니다.

　자살과 우울증으로 힘들어하는 모든 가정을 기억하시옵소서. 그 모든 것이 보혈로 끊어지고 상처에서 해방되기 원합니다.

　자살은 회개할 기회가 없기에 타살보다 더 큰 죄입니다. 지금이라도 회개하고 돌이키게 하옵소서. 자살을 생각하는 많은 이들을 돌이켜 주시고 살려 주옵소서. 예수님 이름으로 기도합니다. 아멘.

Part 3

가슴이 불타는
제자로 살라

11

크게 놀라워하더라

마태복음 27:11~26

하나님 아버지, 모든 사람이 우리를 보면서
크게 놀라워하는 인생이 되기 원합니다.
그렇게 살 수 있도록 역사하여 주옵소서.
말씀하여 주옵소서. 듣겠습니다.

프랑스의 유명한 축구 선수 앙리가 흑인이라는 이유로 경기장에서 조롱을 받았다고 합니다. 경기장에 경찰관도 있고 텔레비전 카메라도 있고 무수한 관중이 지켜보고 있어도 계속해서 특정 선수를 원숭이로 비하하며 바나나를 던지고 침을 뱉는 일이 일어난다고 합니다. 고정관념에 붙들린 사람들은 제가 하는 이야기를 잘 이해하지 못합니다. 만날 시집살이 이야기, 남편 이야기, 시시콜콜한 이야기나 한다고 생각합니다. 그러나 창세기에서 계시록까지, 성경이 이스라엘의 구원 이야기이듯이 저의 이야기도 그렇습니다. 구원받은 이야기이므로 계속해서 저의 이야기를 전할 수밖에 없습니다. 하나님이 저에게 제가 읽은 성경을 소개하는 사명을 주셨기에 저 역시나 성경을 읽어서 승리한 이야기를 소개할 수밖에 없습니다.

구속사적인 가치관은 구원의 확신이 없이는 이해할 수 없습니다. 크게 놀라워할 수밖에 없는 것입니다. 빌라도가 예수님을 크게 놀라워했다고 했습니다. 안 믿는 사람들이 성도의 삶을 보면서 '예수 믿는 건 정말 다르구나! 나도 예수를 믿고 싶다'는 마음이 들게 하는 것이 세상이 크게 놀라워하는 인생입니다. 우리가 어찌해야 그런 인생을 살 수 있을까요?

말할 때와 침묵할 때를 분별해야 합니다

11 예수께서 총독 앞에 섰으매 총독이 물어 이르되 네가 유대인의 왕이
냐 예수께서 대답하시되 네 말이 옳도다 하시고 12 대제사장들과 장로
들에게 고발을 당하되 아무 대답도 아니하시는지라 13 이에 빌라도가
이르되 그들이 너를 쳐서 얼마나 많은 것으로 증언하는지 듣지 못하느
냐 하되 14 한 마디도 대답하지 아니하시니 총독이 크게 놀라워하더라
_마 27:11~14

예수께서 총독 빌라도 앞에 섰습니다. 그러나 실상은 총독이 예수님
앞에 선 것입니다. 총독이 예수님을 재판한 것 같아도 2천 년 동안 빌라
도는 죄인이고 예수님은 창조주입니다. 예수를 믿는다면 어떤 대단한 사
람 앞에서 재판을 받아도 그 사람이 내 앞에 선 것이라고 생각하십시오.
그런데 빌라도는 어떻습니까? 판단의 자리에서 내려와 겸손히 예수님께
은혜를 구하지 않았습니다. 여러분은 주님을 판단의 대상으로 삼고 있습
니까, 은혜의 대상으로 모시고 있습니까?
예수님은 죽기로 작정하셨기 때문에, 겟세마네에서 자기 부인을 다
이루셨기 때문에 두려울 게 없습니다. 죽음이 두렵지 않은 사람은 대답을
잘할 수 있습니다. 언어생활을 잘하기 때문에 누가 어떤 것을 물었을 때
어떻게 대답해야 하는지를 잘 압니다. 언제나 정답이 있는 것은 아니지만
십자가 지기로 작정한 사람에게는 때에 맞는 지혜를 주십니다.

가장 큰 지혜는 언어의 지혜, 말의 지혜입니다. 침묵할 때와 말할 때를 아는 것입니다.

총독이 물었습니다. "네가 유대인의 왕이냐?"

예수께서 대답하십니다. "네 말이 옳도다."

대제사장과 빌라도가 이해한 '유대인의 왕'은 완전히 달랐습니다. 대제사장에게 '유대인의 왕'은 하나님의 아들 그리스도를 뜻합니다. 반면에 빌라도에게 '유대인의 왕'은 로마에서 독립하려는 세력입니다. 그러니 빌라도의 이 질문에는 "네가 로마의 지배권과 통치권을 달라고 지금 유대인의 왕이라고 하느냐? 인간적으로, 육적으로 로마에게 반기를 드는 거냐?" 하는 의미가 담겨 있습니다. 그럼에도 예수님은 왜 빌라도의 질문에 "옳도다" 하셨을까요? 물론 주님은 영적인 의미로 대답하신 것이지만, 그럼에도 이 대답은 반역자로 몰려서 죽을 것을 각오하신 답입니다.

그런데 예수님은 대제사장과 장로들에게 고소당할 때는 아무 대답도 하지 않으셨습니다. 말하지 않을 때임을 아신 것입니다. 이 사람들은 이미 예수님의 무죄를 알고 있습니다. 그러나 무시를 하다가 안 되니까 '예수가 강도다, 예수가 자칭 왕이라고 한다, 세금도 안 낸다'는 식의 애매한 증거들을 모아서 예수님을 죽음으로 몰고 갔습니다. 이런 사람에게는 아무 대답도 할 필요가 없습니다. 예수님처럼 말할 때와 침묵할 때를 분별하면 나를 해치려던 사람도 나를 크게 놀랍게 여길 수밖에 없습니다.

이에 빌라도가 이르되 그들이 너를 쳐서 얼마나 많은 것으로 증언하는지 듣지 못하느냐 하되_마 27:13

사람들은 듣지 못해도 예수님은 다 듣고 계십니다. 그런데 왜 한마디도 대답하지 않으셨습니까? 이날은 예수님에게 인내의 날입니다. 잠시 후면 잠잠하지 않을 때가 오는데 그때를 대비해서 인내의 날이 필요합니다. 인내를 경험하지 못한 사람은 성령이 증거해 주실 수가 없습니다.

아모스 5장 12, 13절에 "너희의 허물이 많고 죄악이 무거움을 내가 아노라 너희는 의인을 학대하며 뇌물을 받고 성문에서 가난한 자를 억울하게 하는 자로다 그러므로 이런 때에 지혜자가 잠잠하나니 이는 악한 때임이니라"고 했습니다.

예수님도 이들이 너무 악하고 말이 안 되는 짓을 하니까 지금은 잠잠하신 것입니다. 하지만 빌라도는 아무 대답도 없는 예수님으로부터 범접할 수 없는 권위를 느꼈습니다. 크게 놀라워했습니다.

그런데 우리는 욕심이 눈을 가리면 재고 재다가 대답해야 할 때와 안 해야 될 때를 거꾸로 적용합니다. 빌라도 같은 사람에게는 무서워서 대답을 못 하고, 대제사장들처럼 믿음 있어 보이는 사람 앞에서는 '믿는 사람이니까 알아듣겠지' 하고 대답합니다. 나를 나쁘게 증거하는데 침묵만 하고 있기가 쉽겠습니까? 어떤 말로든 변명하고자 합니다. 믿음 없는 사람은 이럴 때 죽었다 깨어나도 침묵을 못 합니다.

내 욕심을 내려놓아야 분별이 됩니다. 영안이 열립니다. 내가 살기 위해서가 아니라 죽기로 할 때 지혜가 생기고 때를 분별할 수 있습니다. 말할 때와 침묵할 때를 분별하게 됩니다. 그리하면 다들 나를 놀랍게 여길 줄 믿습니다.

◆ 가정과 교회, 직장에서 판단의 자리에 서서 다른 사람을 분석하며 정죄합니까? 언제 말해야 하는지, 언제 침묵해야 하는지 분별하는 삶을 삽니까? 거짓 증거로 나를 고소할 때 침묵합니까, 화를 내며 변명합니까?

하나님의 소원을 선택해야 합니다

명절이 되면 총독이 무리의 청원대로 죄수 한 사람을 놓아 주는 전례가
있더니_마 27:15

명절 때 죄수 하나를 놓아주는 전례는 성경적인 것이 아닙니다. 자기
마음대로 죄수를 놓아주는 관례는 악한 자에게 악하게 이용될 소지가 있
습니다. 무리의 소원이라는 것이 애초부터 선한 것이 없고 다수의 의견이
항상 옳은 것이 아닙니다. 빌라도와 이들이 계속 묻고 답하고 있지만 결론
은 '예수님 죽이자'입니다. 빤한 결론을 두고 묻고 답하면서 100% 죄인인
인간이 도출하는 결론은 '예수님 죽이자'입니다.

그 때에 바라바라 하는 유명한 죄수가 있는데_마 27:16

주님과 비교된 죄수는 바라바입니다. 민란과 살인과 강도를 저지른
악명 높은 자로서 로마 정권과 대립한 혁명가였습니다. 바라바는 '아버
지의 아들'이라는 뜻이니까 모태신앙인 지도자였을 것이고 민중봉기에
참여해서 로마에 저항했을 것입니다. 살인과 강도는 저항을 위해 저지른
죄목일 것입니다. 백성이 보기에 바라바는 예수님보다 실질적인 민중 활
동을 보여 준 사람입니다. 그러니 눈에 보이는 바라바를 택할 수밖에 없
는 것입니다. 예수님이 압제와 설움을 한 방에 날려 주었으면 좋겠는데,
바라바는 적어도 그런 시도는 한 사람입니다.

17 그들이 모였을 때에 빌라도가 물어 이르되 너희는 내가 누구를 너희

에게 놓아 주기를 원하느냐 바라바냐 그리스도라 하는 예수냐 하니 18 이는 그가 그들의 시기로 예수를 넘겨 준 줄 앎이더라_마 27:17~18

이미 빌라도는 다 알고 있습니다. 시기는 사탄이 주는 죄의 유혹 가운데 교회에 가장 큰 피해를 주는 것으로, 공동체에서 가장 무서운 죄입니다. 시기는 자신이 못났다는 걸 공표하는 것입니다. 그런 줄 알았으면 빌라도가 예수님을 살려 줘야 하는데 알면서도 계속 무리에게 물어봅니다.

대제사장들과 장로들이 무리를 권하여 바라바를 달라 하게 하고 예수를 죽이자 하게 하였더니_마 27:20

일주일 전에 예수님께 열광하던 무리가 대제사장과 장로들이 권하니까 그냥 넘어갑니다. 왜냐하면 대제사장은 백성이 따르는 존경받는 인물이었고, 그의 말은 백성이 우상으로 여길 만큼 권위가 있었습니다. 대제사장은 야비하게도 자신의 지위를 이용해 백성이 그리스도를 대적하게 만든 것입니다.

남편이 급성 간암으로 사망선고를 받았을 때 저는 남편에게 이제 회개하고 천국에 가야 한다고 권면했습니다. 그러자 집안 어른들이 철이 없고 경솔하다면서 왜 살 소망을 끊느냐고 야단쳤습니다. 다수가 옳은 게 아니고 교회 다녔다고 옳은 게 아닙니다. 제가 그때 아무 말도 안 했으면 어떻게 되었겠습니까? 남편이 회개를 안 하고 갔으면 어쩔 뻔했습니까?

빌라도에게는 예수님을 풀어 줘야 할 이유가 또 하나 있습니다.

총독이 재판석에 앉았을 때에 그의 아내가 사람을 보내어 이르되 저 옳은 사람에게 아무 상관도 하지 마옵소서 오늘 꿈에 내가 그 사람으로 인하여 애를 많이 태웠나이다 하더라 _마 27:19

빌라도의 아내가 간곡하게 부탁을 했습니다. 제자들도 물러가고 대제사장, 장로들이 신성모독이라고 하는데 빌라도의 아내가 예수님이 옳다고 했습니다. 모두가 하나님이 택한 사람을 고소하고 버린 것 같아도, 의외의 사람이 그를 증거해 줍니다. 그런데 빌라도가 듣지 않습니다. 이때 듣지 않아도 할 말은 해야 합니다. 빌라도가 아내의 말대로 하고 싶어도 같은 믿음이 아니기 때문에 도울 수가 없습니다. 그래서 예수님의 사형을 최종 선고한 결정적 죄인이 되고 말았습니다. 듣고 안 듣고는 빌라도의 선택이지만, 이때 빌라도의 아내가 예수님이 옳다고 말한 것이 빌라도를 가장 사랑한 것입니다. 최고의 우정은 죄를 안 짓도록 돕는 것이고, 최고의 사랑은 죄로부터 멀어지게 하는 것입니다.

예수님을 죽이려는 절체절명의 순간에 내가 교양을 가지고 가만히 있어야겠습니까? 총독인 빌라도는 아무렇지 않게 여겼지만 아내는 기가 막힌 겁니다. 부부간에 최고의 사랑은 영혼에 대한 사랑이고, 그 사람이 예수 믿게 하는 것입니다. 남편을 예배에 한 번 데려가겠다고 부인이 힘써 기도하고 유리그릇처럼 조심조심 다루는 것이 얼마나 큰 사랑인지 알아야 합니다. 그런데도 빌라도는 듣지 않았습니다. 듣지 않아서 핍박이 있고 싸움이 있어도, 천국 가게 하는 것보다 위대한 사랑은 없습니다.

제가 남편에 대해 이러쿵저러쿵 말할 수 있는 것은 남편이 마지막에는 제 말을 듣고 회개하고 천국에 갔기 때문입니다. 남편을 홍보하는 것이 아니라 구원받고 천국에 간 간증이기 때문에, 최고의 사랑 이야기이며 지치지 않고 전해야 할 복음인 것입니다.

이런 구속사적 가치관을 갖지 못한 사람은 자기 이야기를 오픈하기 싫어합니다. 나도 하기 싫고 남이 하는 것도 싫어합니다. 제가 30여 년 만에 처음으로 친척에게 간증을 했더니 정말 그런 일이 있었냐고 물었습니다. 그동안 입을 꾹 다물고 있던 제가 지금은 자유롭게 오픈하고 있습니다. 한 사람이라도 더 천국 가게 하기 위해서입니다.

우리는 빌라도의 아내처럼 예수님을 죽이면 안 된다고 말해야 합니다. 듣든지 안 듣든지 말해야 합니다. 어떤 아내는 남편을 너무 사랑한 나머지 남편의 노름을 끊게 하려고 직장에 이 사실을 폭로했습니다. 그 일로 남편이 직장에서 쫓겨나면 당장에 먹고살 일이 막막해도 말했습니다. 이를 악물고 사랑으로 한 것입니다.

하나님의 소원을 가져야 남들이 크게 놀라워합니다. 안 믿는 사람은 죽었다 깨어나도 못할 적용을 해야 주위 사람들이 느낌표를 찍어 가면서 예수 믿어야겠다는 생각을 저절로 합니다.

내가 살리기 원하는 바라바는 누구이고, 죽이기 원하는 예수님은 누구입니까? 이혼하려는 사람들의 얘기를 들어 보면 상대 배우자는 모두 행악자입니다. 그런데 그들은 내 아이의 아버지, 어머니가 아닙니까? 길이 보이지 않아도 길이 없는 것에 순종할 때 하나님께서 길을 열어 주십니다.

21 총독이 대답하여 이르되 둘 중의 누구를 너희에게 놓아 주기를 원하느냐 이르되 바라바로소이다 22 빌라도가 이르되 그러면 그리스도라 하는 예수를 내가 어떻게 하랴 그들이 다 이르되 십자가에 못 박혀야 하겠나이다 23 빌라도가 이르되 어찜이냐 무슨 악한 일을 하였느냐 그들이 더욱 소리 질러 이르되 십자가에 못 박혀야 하겠나이다 하는지라

_마 27:21~23

물어보지 말아야 할 것을 빌라도는 자꾸 물어봅니다. 무리하고 의논해 봐야 다수의 소원은 뻔합니다. 예수 죽이자, '나 살고 너 죽자'입니다. 우리 모두는 하나님의 뜻을 죽이고 사람의 뜻을 살리라고 외칩니다. 바라바를 살리고 예수님을 죽이라고 외치는 것과 같습니다. 하나님의 원은 관심도 없고 내 소원을 이루겠다고 악을 씁니다.

◆ 다수의 의견에 휩쓸려 하나님의 소원을 저버린 적이 있습니까? 내가 살리기 원하는 바라바는 누구이고, 죽이기 원하는 예수님은 누구입니까? 나는 남편 자녀 직장 동료가 죄를 짓지 않도록 돕는 사람입니까, 그들이 무슨 일을 하든 내버려 두는 사람입니까?

죄인임을 아는 사람을 크게 놀라워합니다

빌라도가 아무 성과도 없이 도리어 민란이 나려는 것을 보고 물을 가져다가 무리 앞에서 손을 씻으며 이르되 이 사람의 피에 대하여 나는 무죄하니 너희가 당하라_마 27:24

내가 죄인인 것을 아는 사람을 크게 놀라워합니다. 빌라도는 마침내 더 이상 논쟁이 소용없음을 알았습니다. 아무리 안 믿는 사람이 중재하려고 해도 믿는 사람의 싸움은 말릴 수가 없습니다. 빌라도가 예수님과 대제사장의 싸움을 말릴 수가 없습니다. 빌라도가 아내를 도와주고 싶어도, 그에게는 예수가 메시아가 아니기 때문에 도와줄 수가 없습니다. 같은 믿음은 가만히 있어도 도움이 됩니다. 그런데 같은 믿음이 아니면 결정적일 때 돕지 못합니다.

그렇다면 빌라도는 예수를 죽인 죄에서 아무 책임이 없습니까? 그는 최종 결정권자이기 때문에 결정적인 죄인입니다. 우리는 늘 '나는 무죄하니 너희가 당하라'고 합니다. 책임을 회피하는 데 일등입니다. 그러나 심히 기이히 여김을 받는 성도들은 내 의견과 상관없이 잘못된 결과가 나왔을지라도 끝까지 품고 가는 사람들입니다. 내가 말렸다고 모른 체할 수 있습니까? 내 의견을 듣지 않았다고 책임을 면할 수 있습니까?

모두가 나는 무죄하다고 손을 빼도 '내가 죄인이다' 하는 사람이 크게 놀라게 여김을 받는 성도입니다. 어떤 경우에도 '내가 죄인이다', '이것이 내 삶의 결론이다' 할 때 모두가 놀랍게 여기며 나를 통해 예수님을 믿게 될 것입니다. 우리들교회 어느 집사님이 목장에서 나눈 이야기입니다.

친구 중에 신문사 부장이 있는데 그의 여동생의 남자친구를 앞장서서 반대했습니다. 그러자 어느 날 그 청년이 이 집에 쳐들어와 칼로 어머니를 살해하고 나중에 자기도 자살했습니다. 그 사건으로 여동생은 정신이 이상해지고 아버지는 충격으로 몸져누웠다가 끝내 돌아가셨습니다. 그 일 이후 친구는 절대 여동생을 용서할 수 없다고 말하곤 했습니다.

그러던 그가 얼마 전부터 아내와 함께 교회에 나가면서 자기가 여동생의 남자친구를 그토록 반대했던 것은 지극히 이기적인 발로였음을 깨닫기 시작했습니다. 부모님을 모실 수 없는 아내 때문에 여동생에게 그 일을 떠넘기려 했는데, 그 청년과 결혼하면 여동생이 부모님을 못 모실 것 같아서 반대한 것이었습니다. 친구는 자신의 이기심과 죄를 깨닫고는 용서할 수 없던 여동생을 용서하게 되었습니다.

끔찍한 사건과 상처 속에서도 자기 죄를 보면 문제가 해결됩니다. 자기 죄를 보지 않기 때문에 믿는 사람이나 안 믿는 사람이나 똑같이 싸우는 것입니다. 빌라도나 대제사장처럼 성령이 임하지 않은 사람은 '나는 상관없다, 네가 당하라'고 합니다. 책임을 안 집니다. 이러면 남을 구원할 수 없습니다. 내가 반대한 일이라도 책임지고 끌어안아야 합니다. 어떻게 상대방만 정죄할 수 있습니까? 여러분 자신을 돌아보십시오. 우리는 다 치유받아야 할 죄인입니다.

> 25 백성이 다 대답하여 이르되 그 피를 우리와 우리 자손에게 돌릴지어다 하거늘 26 이에 바라바는 그들에게 놓아 주고 예수는 채찍질하고 십자가에 못 박히게 넘겨 주니라 _마 27:25~26

하나님이 택하신 약속의 민족이 예수님을 죽이는 데 앞장섰습니다. 하나님은 우리의 죄에 대해 3, 4대 자손까지 형벌을 제한하셨는데 이 사람들은 예수를 죽이려고 수천 대의 형벌을 자원합니다. 자기 영혼을 저주하는 사람들은, 자식에게 수천 대의 죄악을 잔인하게 가져다줍니다. 눈앞의 이익을 위해 바라바를 택하는 것이 나와 자손까지 형벌에 이르게 하는 것임을 알아야 합니다. 예수님은 초라해 보입니다. 내가 십자가 지고 적용하는 것이 초라해 보입니다. 그 초라한 것이 싫어서, 오늘 내가 분해서 하는 결정이 2천 년 동안 저주를 가져올 수 있음을 기억하기 바랍니다.

✦ 오늘 내가 분해서 한 결정 때문에 나와 가정이 고난을 받고 공동체에 어려움을 준 일이 있습니까? 눈앞의 이익을 버리고 십자가 적용을 하는 것이 초라해 보이지만 그 선택을 하는 것이 나와 자손을 살리는 길임을 믿습니까?

말씀으로 기도하기

우리의 구원 간증, 하나님을 믿고 살아난 이야기는 아무리 반복해도 지나치지 않습니다. 그러나 안 믿는 사람들에게는 놀라운 이야기가 될 수 있습니다. 예수님을 믿는 우리는 세상과는 구별된 존재이기에 세상이 크게 놀라워하는 삶을 살아야 합니다. 안 믿는 사람은 죽었다가 깨어나도 못할 적용을 함으로써 나를 보고 예수님을 믿고자 하는 것이 세상이 크게 놀라워하는 성도의 삶입니다.

말할 때와 침묵할 때를 분별해야 합니다(마 27:11~14).
크게 놀랍게 여김을 받는 자가 되기 위해서 말할 때와 침묵할 때를 분별하기 원합니다. 거짓 증거로 나를 고소하고 오해를 받을 때 침묵하지 못하는 것을 고백합니다. 나를 변명하는 일에는 침묵하게 하시고 십자가 지는 일에는 할 말을 하며 대답을 제대로 하는 성도가 되게 하옵소서. 믿는 사람으로서 세상과는 다른 언어생활을 보여 주게 하옵소서.

하나님의 소원을 선택해야 합니다(마 27:15~23).
세상이 크게 놀라는 인생을 살기 위해서는 무리의 소원이 아니라 하나님의 소원을 선택하게 하옵소서. 눈앞에 보이는 바라바를 선택하는 것은 2천 년의 저주를 선택하는 것과 같습니다. 빌라도의 아내처럼 듣든지 안 듣든지 죄를 막게 하시고, 핍박을 무릅쓰고라도 예수님이 옳다고 증거하는 것이 가족을 위한 최고의 사랑임을 알게 하옵소서.

죄인임을 아는 사람을 크게 놀라워합니다(마 27:24~26).

빌라도는 아내의 말을 듣지 않고 예수님께 사형을 선고한 결정적 죄인이 되었습니다. 부부가 한 믿음이 되고 한 말씀을 듣는 것이 얼마나 큰 축복인지 알기 원합니다. 내가 죄인임을 모르는 사람은 아무도 도울 수 없습니다. 내가 죄인임을 깨달아서 다른 사람을 돕기 원합니다. 빌라 도처럼 말을 안 듣고 죄를 지은 배우자, 자녀가 있어도 내 말을 안 들었다고 책임이 없다고 하지 않고 어떤 경우에도 내 죄를 보며 회개하기 원합니다.

우리들 묵상과 적용

저는 학창 시절부터 늘 제가 주도해서 새로운 성취를 해낼 수 있는 일을 따랐고, 단 한 시간이라도 성공과 연결되지 않은 시간을 보내면 안절부절 못하는 성공 중독자였습니다.

변호사로서 한때는 시민운동에 활발히 참여하면서 소액주주들을 대리해서 대기업을 상대로 소송을 하면서 대중으로부터 전폭적인 지지를 받았습니다. 이로 인해 외국의 한 유명 시사 잡지가 선정한 '아시아의 25명의 스타'로 뽑히기도 했습니다.

그렇지만 저는 제 영향력을 유지하고 싶은 마음에 말할 때와 침묵할 때를 제대로 분별하지 못했습니다. 제가 변호사로서 한창 주가를 높여 갈 때, 한 외국 잡지의 기자와 인터뷰를 한 적이 있습니다. 그때 그 사람이 저의 활동과 이력, 또 저의 성장 배경을 듣고 인터뷰 말미에 제게 혹시 크리스천이냐는 질문을 했습니다. '맞다'고 대답하면서도 속으로는 '내가 이런 일을 하는 것과 크리스천인 것이 무슨 상관있는가?' 했습니다. 이런 이원론적인 가치관으로 예수님을 부인했기에 많은 활동을 해도 어떤 진정한 변화도 일으킬 수 없었고, 모든 일이 뜻대로 되지 않는 좌절을 경험했습니다.

그러던 '과부이신 여자 목사님이 개척교회를 하신다는데 내가 도와드려야겠다'는 의로움이 발동했고 교회에 와서야 비로소 예수님을 인격적으로 만났습니다. 그전까진 제 스스로 의롭고 선한 사람이라 생각했는데, 100% 죄인인 것도 처음으로 깨달았습니다.

"이 사람의 피에 대하여 나는 무죄하니 너희가 당하라"고 한 빌라도처럼, 저도 사람에 대한 진정한 사랑과 관심도 없이 무리에게 인정받고자 하는 악한 모습이 있었습니다(마 27:24). 예수님이 아무 말씀도 없이 묵묵히 고난당하시는 것을 보며 빌라도가 크게 놀라워했던 것처럼, 약자의 편에서 민중의 변호사로 일하는 저를 보고 사람들이 놀라워할 것이라고 착각했습니다(마 27:14). 빌라도처럼 죄인으로 남을 뻔한 제가 예수님을 만나 돌이키고, 날마다 큐티를 통해서 저의 죄를 보고 적용하게 하시니 감사합니다.

영혼의 기도

하나님 아버지, 세상에서 크게 놀랍게 여기는 성도가 되기 원합니다. 말할 때와 침묵할 때를 알아 언어생활을 잘하는 것이 크게 놀랍다 여김을 받는 인생인 줄 믿습니다. 죽음을 두려워하지 않으며 때에 맞는 지혜로 대답을 잘하는 성도가 되기 원합니다. 날마다 예수님을 나타내며 내 원대로 살지 않고 하나님의 소원대로 살게 도와주옵소서.

날마다 당장 눈앞에 보이는 바라바를 택하느라 예수님을 죽입니다. 하나님의 뜻을 죽이느라 날마다 바라바를 살려 달라고 외칩니다. 예수님 을 죽이겠다고 외치는 저를 불쌍히 여겨 주옵소서.

빌라도의 아내가 예수님은 옳은 사람이니 죽이지 말라고 했지만 빌 라도가 예수님을 모르기 때문에 그 간청을 들어주지 못했습니다. 내 배우 자, 자녀가 말을 듣지 않다가 구원 못 받으면 어쩝니까? 당장은 듣지 않을 지라도 빌라도의 아내처럼 죽음을 무릅쓰고 예수 이야기를 하기 원합니 다. 그러기 위해서 내가 죄인인 것을 고백하기 원합니다.

안 믿는 사람이 죽었다 깨어나도 못할 적용을 할 때 내 옆의 사람이 주님을 알게 되는데, 그것이 인생의 목적임을 알게 하옵소서. 언제나 내 죄를 인정하고 책임을 회피하지 않으며 크게 놀랍게 여김을 받는 성도가 되도록 복을 내려 주옵소서. 예수님 이름으로 기도합니다. 아멘.

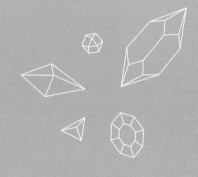

12

십자가를 지시니라

마태복음 27:26~44

하나님 아버지, 주님께서 지신 십자가를
우리도 지기 원합니다.
어떻게 져야 하는지
말씀하여 주옵소서. 듣겠습니다.

그간에는 낮은 자존심이 폭력을 유발한다는 주장이 학계의 정설이었습니다. 그런데 얼마 전 미국의 사회심리학자인 로이 바우마이스터(Roy Baumeister) 교수가 '위협받는 자부심 이론'을 제안하며 이를 반박했습니다. 부모가 "오냐~ 오냐~" 해서 자녀의 자존심을 키워 놓았더니, 원하는 것을 갖지 못했거나 자기보다 잘하는 사람을 만나면 폭력을 휘두르더라는 겁니다. 이라크의 사담 후세인이 전쟁을 일으키고, 히틀러가 고등인종이라는 자부심으로 유대인 600만 명을 살육한 것이 그 예입니다.

'위협받는 자부심 이론'을 뒷받침하는 가장 극단적인 사례는 자신에 대한 폭력적 행동, 즉 자살입니다. 유다는 자존심이 너무 높아서 자살을 선택했습니다. 높은 자부심이 공격당할 때 폭력적으로 변하고, 그러다 자살합니다. 자살하는 사람 중에 학력과 지위가 높은 사람이 의외로 많다고 합니다. 다른 사람이 자기보다 높은 것을 못 견디기 때문입니다.

우리도 그렇지 않습니까? 모욕과 조롱을 받으면 뚜껑이 열려서 "너 죽고 나 죽자" 합니다. 그런데 예수님이 창조주 하나님의 아들로서 마지막에 보이신 모습은 십자가에서 수치와 조롱을 당하신 것입니다. 사랑하고 사랑받는 것도 너무나 중요하지만, 사랑 때문에 수치와 모욕을 잘 감당하는 것도 아주 중요합니다.

'내가 누군데, 우리 아버지가 어떤 분인데' 하면서 눈을 부라린다면 사랑을 잘못 받은 것입니다. 사랑을 잘 받은 사람이 수치와 모욕을 잘 감당할 수 있습니다.

주님은 수치와 조롱과 멸시를 받으셨습니다. 못나서가 아니라 잘나서 받으셨습니다. 왜 그렇습니까? 악하고 음란한 이 세상의 빛과 소금이 되기 위해 수치와 조롱을 받으셔야 했습니다. 십자가를 지셨습니다. 우리도 그렇습니다. 내 가족 내 이웃의 구원을 위해 각자의 자리에서 십자가를 잘 져야 합니다.

십자가를 지려면 수치와 조롱을 잘 감당해야 합니다

26 이에 바라바는 그들에게 놓아 주고 예수는 채찍질하고 십자가에 못 박히게 넘겨 주니라 27 이에 총독의 군병들이 예수를 데리고 관정 안으로 들어가서 온 군대를 그에게로 모으고 28 그의 옷을 벗기고 홍포를 입히며 29 가시관을 엮어 그 머리에 씌우고 갈대를 그 오른손에 들리고 그 앞에서 무릎을 꿇고 희롱하여 이르되 유대인의 왕이여 평안할지어다 하며 30 그에게 침 뱉고 갈대를 빼앗아 그의 머리를 치더라 31 희롱을 다 한 후 홍포를 벗기고 도로 그의 옷을 입혀 십자가에 못 박으려고 끌고 나가니라_마 27:26~31

주님은 바라바가 자신의 눈앞에서 놓이는 모습을 봤습니다. 자존심이 상할 일 아닙니까? 재판에서 예수님이 진 겁니다. 그리고 채찍질을 당하셨습니다. 채찍 끝자락에는 뼈와 납덩이가 달려서 한 번 맞을 때마다 살점이 찢겨 나왔습니다. 그런데 이 채찍질이 십자가에 달리는 고통이 너무 심해서 미리 고통을 주는 배려라고 합니다.

그리고 주님은 '온 군대가 보는 앞에서'(마 27:27) 맞으셨습니다. 한 사람 앞에서 수치를 당해도 죽고 싶은 것이 우리의 마음입니다. 이 땅에서는 한 사람에게만 조롱받아도 살 수가 없습니다. 그런데 온 군대가 보는 앞에서 옷 벗김을 당하셨습니다. 사람이 옷 벗김을 당하는 것만큼 수치스러운 일이 없습니다.

군병들은 "네가 무슨 유대인의 왕이냐?" 하며 조롱합니다. 예수님의 옷을 벗긴 다음에는 홍포를 입히고, 가시관을 엮어 그 머리에 왕관처럼 씌웁니다. 거기에다 갈대를 왕의 홀처럼 예수님의 손에 들립니다. 예수님을 가지고 놉니다. 여러분도 한번 그 모습을 그려 보세요. 발가벗은 몸에 붉은 도포를 걸치고, 머리에는 가시관을 쓰고, 한 손으로는 갈대를 들고 계신 예수님…… 정신적·육적·영적 수치와 조롱과 멸시를 한꺼번에 다 당하십니다. 많은 성화에는 예수님이 속옷을 입은 것으로 묘사되어 있지만 사실 그것도 입지 않으셨습니다. 더구나 침까지 뱉고, 손에 들려 주었던 갈대를 다시 빼앗아 머리를 칩니다. 당시 중동지방의 갈대는 단단해서 머리를 칠 때마다 가시관의 가시가 더 깊이 박혀 들어갔다고 합니다.

이런 수치를 당한다면 여러분은 어느 부분까지 인내할 수 있습니까? 채찍질까지는 당하겠는데 옷까지 벗겨지는 건 못 참겠습니까? 침을 뱉고 머리를 쳐도 잘 참을 수 있습니까? 그런데 주님은 모두 당하셨습니다. 아무 죄도 없는 주님이 이렇게 당하셨다면 우리는 더 당해야 하지 않겠습니까? 남편, 시어머니, 상사가 욕 좀 하면 어떻고 매 좀 때리면 어떻습니까? 이것이 내가 십자가를 당연히 져야 하는 이유입니다.

예수님은 이 엄청난 수치를 성경에 다 적어 놓으셨는데 뺨 한 대 맞은 게 수치스러워서 오픈을 못 하는 사람도 있습니다. 예수님이 이렇게 매 맞은 것을 오픈하셨기 때문에 우리가 은혜를 받는 것입니다. 계속 말씀을 듣다 보면 나의 수치가 주님의 수치로 바뀌어 약재료로 쓰일 줄 믿습니다.

십자가의 처형은 천 번의 극형이라고 합니다. 즉시 죽으면 차라리 덜 고통스러울 텐데 천 번의 죽음을 겪는 것과 같은 고통이라고 합니다. 내가 당하는 것은 주님의 고난과 비교해서 명함을 내밀 수가 없습니다. 그러나 반드시 받아야 할 희롱이 끝나고 나면 하나님의 계획이 나타나기 시작합니다.

✦ 조금만 자존심이 상해도 불쾌하고 분노가 일어납니까? 내가 수치스러워서 오픈하지 못한 것은 무엇입니까? 말씀 안에서 나의 죄와 수치를 드러내어 귀한 약재료로 사용하겠습니까?

십자가는 억지로 지는 것입니다

인도의 푸네 대학교 총장 나렌드라 자다브는 인도의 차기 대통령감으로 거론되는 사람입니다. 그의 신분은 달리트, 불가촉천민입니다. 닿기만 해도 오염된다고 여기는 출신입니다. 인도에는 브라만, 크샤트리아, 바이샤, 수드라 네 단계의 카스트 제도가 있는데 달리트는 마지막 노예

계급에도 끼지 못하는 불가촉천민입니다. 이들은 개가 마시는 물도 못 마시고, 온 마을의 종이 되는 대가로 죽은 가축의 고기만 먹을 수 있습니다. 이러한 불가촉천민이 인도 인구의 15%나 된다고 합니다.

그런데 1950년 천민법이 폐지되면서 누구라도 학교에 들어갈 권리가 주어졌습니다. 3500년 동안 불가촉천민으로 살아온 이들에게 교육받을 권리가 주어진 것입니다. 덕분에 자다브 총장은 미국의 인디애나 주립대학에서 박사학위를 받을 수 있었고, 지금은 차기 대통령을 넘보는 사람이 되었습니다.

침도 못 뱉고 개가 먹는 물도 못 마시며, 내가 지나가면 길이 더럽혀진다고 비로 쓸고 다녀야 하는 달리트에게 이런 십자가가 어디 있겠습니까? 그런데 달리트였던 이 사람이 원해서 십자가를 졌겠습니까? 출신과 제도 때문에 억지로 십자가를 졌지요.

나가다가 시몬이란 구레네 사람을 만나매 그에게 예수의 십자가를 억지로 지워 가게 하였더라 _마 27:32

십자가는 억지로 지는 것입니다. 억지로 지는 것도 축복입니다. 저는 구레네 사람 시몬이 스타라고 생각합니다. 성경에는 이름 없는 사람들이 스타로 등장합니다. 전승에 의하면 예수님이 십자가를 지다가 너무 힘들어 열네 번 멈춰 쉬셨는데, 열다섯 번째 멈추신 곳에서 시몬이 그 십자가를 대신 졌다고 합니다. 그런데 시몬이 믿음이 좋아서 그 십자가를 졌습니까? 그는 디아스포라 유대인으로서 유월절 지키러 예루살렘에 왔다가 팬히 걸려들었습니다. 우연히 그 현장에 있다가 예수님이 너무 힘들어하니까 로마 군병들이 그에게 "십자가 대신 좀 지라"고 떠맡긴 것입니다.

그때 시몬의 마음이 어땠겠습니까? 많고 많은 사람 중에 왜 하필 자기가 지냐고 하지 않았겠습니까?

우리가 하도 자발적으로 헌신 안 하니까 할 수 없이 직분을 주셨습니다. 그래도 성령이 임하시면 구레네 사람 시몬처럼 변화됩니다. 비록 억지로 십자가를 졌지만 주님을 영접하고 주님의 증인이 되었습니다. 그의 아들 알렉산더와 루포는 나중에 바울 사도가 문안한 유명한 그리스도인이 됐습니다. 억지로 십자가를 졌는데 가족이 다 변화되는 복을 받았습니다.

중고등부 한 아이가 이런 간증을 했습니다. "엄마가 우리들교회에 안 나왔다면 이혼했을 것인데 교회에 나오면서 아빠의 안 좋은 성격을 다 이겨 냈고, 덕분에 아빠도 나와서 목자가 됐다"고 했습니다. 그리고 자신에게 교회란 친구들 만나는 곳이었는데 이제는 서로 기도해 주는 공동체가 되었다고 합니다. 이 아이 때문에 그 엄마가 눈물을 많이 흘렸는데 이렇게 변했습니다. 억지로 왔는데 성령이 운행하시는 말씀과 나눔이 있으니까 이렇게 구원이 됐습니다.

너무 수치스럽고 부끄러운데 그것이 구원의 자리가 됩니다. "왜 나야? 왜 하필 그날 그 자리에 그 사람이 있었던 거야?" 하십니까? 부끄러운 자리, 하기 싫은 역할이 억지로 지게 하신 십자가입니다.

야곱이 기근을 피해 애굽에 갔는데 애굽 사람이 히브리 사람을 가증히 여겼기 때문에 히브리 사람끼리 고센 땅에 모여 살 수 있었고 신앙의 순수성을 지켰습니다. 남들이 나를 무시하기 때문에 내가 하나님을 만날 수밖에 없는 신앙의 순수성을 지키게 됩니다. 자다브 총장도 무시를 받았기 때문에 이제는 모든 달리트에게 희망을 주는 구세주 같은 사람이 되었습니다.

내 힘으로 할 수 없기에 억지로 십자가 지는 것이 축복입니다. 내가 억지로 무거운 짐을 지고 조롱을 당해도 거기에 순종함으로 나와 집안의 구원이 이루어집니다. 억지로 지는 십자가가 최고의 축복입니다.

◆ 힘들어서, 화가 나서 도저히 질 수 없는 나의 십자가는 무엇입니까? 내가 억지로 질 수밖에 없는 상사, 남편, 자녀, 부모를 주신 것에 감사합니까? 부끄러운 자리, 하기 싫은 역할이 주어진다면 기꺼이 그 십자가를 지겠습니까?

완전히 죽어져야 십자가를 질 수 있습니다

골고다 즉 해골의 곳이라는 곳에 이르러_마 27:33

십자가를 아무리 져도 끝까지, 완전히 죽어져야 합니다. 그것이 십자가의 완결편입니다. 십자가를 '거의 다 졌다'는 건 없습니다. 완전히 죽어져야 십자가를 지는 것입니다. 해골의 곳 골고다, 죽음의 현장까지 가야 합니다.

자다브 총장의 아버지는 구걸을 하고 막노동을 하며 4남 2녀의 자식들을 교육 뒷바라지를 했습니다. 노동과 교육이 종교가 되어서 엄지손가락이 잘리고도 다음 날 일하러 나갔다고 합니다. 그러니 그 마음에 신분제도에 대한 불만이 얼마나 많았겠습니까? 3500년의 족쇄를 끊었는데 누가 그분에게 겸손하라고 할 수 있겠습니까? 불가촉천민 폐지와 카스트 제도에 따른 차별을 금지하는 법이 시행된 지 불과 70여 년이 지난 지금, 최고의 명문인 푸네 대학에는 불가촉천민과 원시 부족이 30%나 있다고 합니다.

쓸개 탄 포도주를 예수께 주어 마시게 하려 하였더니 예수께서 맛보시고 마시고자 하지 아니하시더라 _마 27:34

쓸개 탄 포도주는 마취제 기능이 있습니다. 그걸 마시면 십자가 고통이 덜어질 터인데, 주님은 굳이 사양합니다. 이렇듯 내가 지는 십자가가 구원의 근거가 되기 위해서는 모든 과정을 잘 견뎌야 합니다. 이리저리 요령을 부리고 피해서도 안 됩니다. '이 정도 졌으면 됐어, 이만큼 참았으면 됐어' 하며 십자가를 내려놓으면 안 됩니다. 당장 내려오고 싶어도 내게 구원의 사명이 있기에 마지막까지 나에게 주어진 것을 감사하며 감당해야 합니다.

그들이 예수를 십자가에 못 박은 후에 그 옷을 제비 뽑아 나누고 _마 27:35

군병들은 예수님을 죽이는 걸로 부수입을 챙깁니다. 내 옆에 십자가를 지는 사람들을 보면서 너무 가볍게 생각하며 부수입을 올리지 않습니까? 누구는 이혼한다고 하는데 누가 돈이 많을까, 어디에 줄 설까를 계산하지 않습니까? 아이들도 엄마가 돈이 많을까, 아빠가 돈이 많을까 계산합니다. 남은 심각하게 이혼을 하느냐 마느냐 하는데 옆에서 옷을 제비 뽑아 나눕니다.

거기 앉아 지키더라 _마 27:36

게다가 내가 십자가에 잘 달려 있나 감시까지 합니다. 십자가에 달린 나를 도와주지도 않으면서 시어머니에게, 남편에게 순종을 잘 하는지 감시합니다. 그러고는 한 번만 잘못해도 '네가 그렇지' 하며 조롱합니다. 예수님의 십자가 사건을 보고도 감동하지 않기 때문에 감시를 하는 것입니다. 하나님이 역사하지 않으시면 내가 십자가를 잘 져도 아무도 감동하지 않습니다. 그래서 쉽지 않습니다.

그 머리 위에 이는 유대인의 왕 예수라 쓴 죄패를 붙였더라_마 27:37

십자가를 지고 가려면 날마다 나의 죄패를 붙이고 내 죄를 회개하면서 가야 합니다. 내가 회개한 제목만이 가장 큰 영광으로 바뀝니다. 내가 십자가에서 그냥 죽어야지, 결과를 보려고 하면 안 됩니다. 결과는 내 후손들이 볼 것입니다.

저의 어머니는 딸만 낳으신 게 수치스러워서 자식들의 입학식 졸업식도 오지 않으셨습니다. 교회에서도 직분을 거절하고 화장실 청소만 하셨습니다. 그래서 저는 어머니가 인정받는 모습을 본 적이 없습니다. 그런데 제가 사역을 할 수 있는 것은 그런 엄마의 모습을 보았기 때문이라고 생각합니다. 세상적으로 인정받던 제가 이렇게 어려운 길을 갈 수 있는 것은 수치와 조롱을 당하는 어머니를 봤기 때문입니다.

예수님은 가난한 자가 복이 있고, 애통한 자가 복이 있고, 박해받는 자가 복이 있다고 하셨습니다. 몸소 수치와 조롱을 받은 주님이 십자가가 축복이라는데 우리는 십자가 지기를 싫어합니다. 우리는 예수를 믿기 때문에 신분이 왕이지만 예수님을 따라 날마다 죄패를 붙여야 합니다.

이 때에 예수와 함께 강도 둘이 십자가에 못 박히니 하나는 우편에, 하

나는 좌편에 있더라_마 27:38

십자가를 진 내 옆에 말도 안 되는 강도 둘이 못 박혀 있습니다. 내 옆에 박사처럼 폼 나는 사람이 있었다면 징역을 살아도 폼이 났을 겁니다. 십자가를 같이 진 이가 하필 강도여서 모양이 빠집니다. 옆에서 은혜받는 사람도 없고 감동받는 사람도 없습니다. 제자들도 다 도망가고 강도들만 내 옆에 있습니다. 사람들이 잘한다고 박수 쳐 준다면 십자가 지는 일이 뭐 그리 대수겠습니까?

39 지나가는 자들은 자기 머리를 흔들며 예수를 모욕하여 40 이르되 성전을 헐고 사흘에 짓는 자여 네가 만일 하나님의 아들이어든 자기를 구원하고 십자가에서 내려오라 하며 41 그와 같이 대제사장들도 서기관들과 장로들과 함께 희롱하여 이르되 42 그가 남은 구원하였으되 자기는 구원할 수 없도다 그가 이스라엘의 왕이로다 지금 십자가에서 내려올지어다 그리하면 우리가 믿겠노라 43 그가 하나님을 신뢰하니 하나님이 원하시면 이제 그를 구원하실지라 그의 말이 나는 하나님의 아들이라 하였도다 하며 44 함께 십자가에 못 박힌 강도들도 이와 같이 욕하더라_마 27:39~44

입 있는 사람이 다 예수님을 모욕합니다. 하나님의 아들이라면 거기서 내려오라고 모욕합니다. 내가 십자가 잘 지고, 그 십자가에 잘 못 박혀 있어도 그렇습니다. 모두가 한결같이 고난에서 벗어나는 것만이 구원이라고 생각합니다. 주야장천 빨리 내려오라고 합니다. "예수 믿는다면서 왜 그러고 사니?" 하면서 그만 내려오라고 합니다. 그러면 십자가에 못 박혀 있다가도 '내가 돈이 없어서 이러고 있는 줄 알아? 내가 누구인지 한 번 보여 줄까?' 하는 생각이 들지 않겠습니까? 내 권력과 지위와 용모를 자랑하고 싶어집니다. 타락하고 싶고 복수하고 싶어집니다. "십자가는 이제 그만!" 하고 내려오고 싶어집니다. 특별히 대제사장과 서기관과 장로 같은 잘난 사람들이 조롱하면 더 그렇습니다.

너무나 큰 구원이 이루어지고 있기에 사탄이 총궐기해서 구원을 방해합니다. 주님이 수많은 기적을 베푸신 것은 마지막에 십자가를 지기 위해서입니다. 엄청난 고난을 이기고 인간 승리를 이루었다 해도 인간의 가장 큰 기쁨은 하나님을 알고 즐거워하는 것입니다. 그리고 그것은 내 죄를 보지 못하면 안 됩니다.

◆ 이만큼 참았으면 됐다면서 여행으로, 쇼핑으로 안식을 얻고자 합니까? 구원을 위해 마지막까지 감당하며 죄패를 붙이고 죽기로 결단합니까? 내가 사랑하고 사랑받는 것은 수치와 무시를 잘 당하기 위해서임을 알고 있습니까?

우리는 날마다 죄패를 붙이고
내 죄를 회개하면서 가야 합니다.
내가 회개한 제목만이 가장 큰 영광으로 바뀝니다.

말씀으로 기도하기

우리는 누가 조금만 나를 무시하고 조롱해도 견디지 못합니다. 자존심과 자부심이 높을수록 그것이 손상되는 것을 견디지 못하고 자살을 하고 극단적인 폭력을 행합니다. 그런데 예수님은 창조주 하나님의 아들로서 온갖 모욕과 수치와 조롱을 당하시고 십자가를 지셨습니다. 천 번의 극형이라는 십자가의 고통을 몸소 감당하셨습니다.

십자가를 지려면 수치와 조롱을 잘 감당해야 합니다(마 27:26~31).
십자가를 지기까지 채찍질부터 희롱을 당하는 과정이 있습니다. 그것이 너무나 수치스럽고 두려워서 거기에서 그만두고 싶은 것을 고백합니다. 내가 무시당하는 것은 자존심 상해서 죽을 일이 아니라 십자가 구원의 과정을 보여 주는 축복임을 알게 하옵소서. 나의 수치가 주님의 수치로 바뀌어 구원의 약재료가 되기를 기도합니다.

십자가는 억지로 지는 것입니다(마 27:32).
내가 스스로 무시와 조롱을 자처할 수 없기에 억지로 십자가 지게 하시니 감사합니다. 억지로 지게 하신 십자가, 억지로 감당하게 하신 힘든 환경이 나와 내 가정을 구원으로 인도하는 최고의 복인 것을 알게 하옵소서.

완전히 죽어져야 십자가를 질 수 있습니다(마 27:33~44).

십자가를 아무리 져도 죽어지지 않으면 안 됩니다. 내 고난이 너무 힘들어서 쓸개 탄 포도주를 마시고 잠시라도 쉬고 싶고 잊고 싶은 연약함을 고백합니다. 십자가는 완전히 죽어져야 하는 것입니다. 내가 주님의 사랑을 많이 받았다면, 십자가의 조롱과 수치 속에서 천 번의 극형에 해당한다는 십자가 위에서 죄패를 붙이고 내 죄를 회개하기 원합니다. 내가 무시 잘 받는 것을 보여 주길 원합니다.

우리들 묵상과 적용

저는 모태신앙인으로 태어났지만 예수님이 십자가를 지신 의미가 무엇인지, 저의 십자가가 무엇인지 알지 못했습니다. 온 교인이 말씀 묵상을 하는 교회에 와서 내게 주신 환경이 십자가임을 깨달았지만 가정에서도, 직장에서도 십자가를 잘 지지 못했습니다. 그런 저에게 예수님이 억지로 십자가를 지게 하신 사건이 있었습니다. 내과에서 근무하던 제가 대장 내시경을 하다가 한 할머니 환자의 장에 천공이 생기는 사고가 난 것입니다. 처음엔 너무 두렵고 떨려서 매일 아침 할머니의 안부를 확인하며 기도하곤 했는데, 점점 회복되시는 것을 보면서 맘이 놓였습니다.

그런데 어느 날, 그동안 별말이 없던 외과의 과장님이 저를 찾으셨습니다. 과장님 옆에는 그 할머니의 사위가 있었습니다. 그분은 저에게 "어린 사람이 내시경을 해서 이렇게 된 것이고, 그간 코빼기도 보이지 않았다"면서 서운함과 분을 표현하셨습니다. 그러면서 과장님과 사위분은 저에게 "할머니께 가서 용서를 빌라"고 하셨습니다.

저는 억울한 마음에 그 자리에서 나와 소화기내과 과장님을 찾아갔습니다. 이야기를 들은 소화기내과 과장님은 저보다 더 흥분하시며 "외과에서 경솔하게 일을 처리했다. 동의서에 다 써 있는 부분이니 너에겐 법적 책임이 없다"며 행동 강령을 알려 주셨고, 이 사건은 내과와 외과 간의 갈등으로 번지는 듯했습니다. 든든한 지원군을 얻은 듯 안심하며 자리에 돌아왔지만 마음이 불편했습니다. 사람들은 제게 "십자가 질 필요 없다"고 했지만 예수님은 그렇게 말씀하지 않으셨습니다. 그래서 저는 구레네 사람 시몬처럼 억지로 십자가를 지고, 할머니의 병실 앞에 서게 되었습니다(마 27:32).

어리둥절해하시는 할머니, 할아버지 앞에서 제 소속과 이름을 밝혔습니다. 순간 할머니는 제 손을 잡고 한참 동안 우셨습니다. 아마도 그동안의 억울함과 분노, 체념 등 여러 가지 감정이 북받치시는 것 같았습니다. 저도 할 말이 없어서 그냥 눈물만 흘렸습니다. 저는 "죄송합니다"라는 말밖에 할 말이 없었습니다. 그런데 할머니는 "와 줘서 고맙다. 밥은 잘 먹고 지내냐?"고 말씀하셨습니다. 그리고 제게 좋은 의사 되라고, 원망 같은 것 없다고, 용서했다고 말씀하셨습니다. 그리고 할아버지는 이번 일로 제재받은 것 없냐고 하시며 병원장님께 말씀드려 주겠다고 하셨습니다. 저는 그냥 억지로 십자가 앞까지만 갔을 뿐인데 그 못 박히신 분이 저를 용서해 주시고, 오히려 보호해 주셨습니다(마 27:35). 억지로 십자가 지는 것이 축복임을 기억하며, 앞으로도 제게 허락하신 십자가를 잘 지고 가기 원합니다.

영혼의 기도

하나님 아버지, 주님을 사랑한다고 하면서도 과정마다 십자가에서 내려오고 싶을 때가 많습니다. 겨우 채찍질을 넘겼는데 옷을 벗기고 침 뱉음을 당하고 가시 면류관을 씌워 머리를 치니 주눅이 듭니다. 그것이 너무 싫어서 쓸개 탄 포도주를 먹고 싶고 예수님을 죽이고 부수입도 챙기고 싶습니다. 지나가는 자들의 모욕이 싫고 내 옆에 있는 초라한 강도들 때문에 내 십자가가 너무나 싫습니다. 사람들이 주야장천 십자가에서 내려오라고 조롱하니까 그만 내려가고 싶어집니다. 타락하고 싶고 죽고 싶습니다.

나의 이런 연약함을 아시고 주님은 제게 억지로 십자가를 지게 하셨습니다. 정신 차리라고 힘든 아내, 남편, 부모, 직장을 붙여 주셨습니다. 주님만 바라보라고 억지로 십자가를 지게 하시니 감사합니다.

내가 십자가 지는 것을 보는 자녀와 가족이 있습니다. 그 과정마다 구원의 통로가 되어 그들을 주님께 인도하는 사명이 내게 있음을 알았습니다.

지금 이 자리에서 십자가 지기를 원합니다. 우리 모두 주님의 사랑을 받아서 수치 잘 당하고 멋있게 무시당하면서 주님을 보여 주는 인생이 되도록 은혜를 내려 주옵소서. 예수님 이름으로 기도합니다. 아멘.

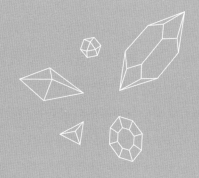

13

진실로 하나님의 아들

마태복음 27:45~56

하나님 아버지, 제가 죽고 난 후에
진실로 하나님의 아들이었다는
말을 듣고 싶습니다.
말씀하여 주옵소서. 듣겠습니다.

후세인이 사형을 당할 때입니다. 후세인은 시아파 사형 집행인들이 조롱하고 독설을 퍼붓는데도 전혀 흔들리지 않고 늠름했다고 합니다. 그러자 한 달 전만 해도 죽어 마땅한 독재자였던 후세인이 갑자기 순교자로 둔갑했습니다. 죽음 앞에서도 의연한 후세인의 모습에 사람들이 감동한 까닭입니다. 이렇게 죽음이 중요합니다. 나의 죽음을 보고 "그는 진실로 하나님의 아들이었다"는 고백을 들을 수 있어야 합니다. 그러려면 어떤 모습을 보이며 살아야 할까요?

죽음 앞에서 올바른 태도를 보여야 합니다

제육시로부터 온 땅에 어둠이 임하여 제구시까지 계속되더니_마 27:45

광명이 임하려면 가장 짙은 어둠이 먼저 다가오게 됩니다. 지금 예수님은 강도에게 욕을 먹고, 남은 구원하면서 정작 자신은 구원하지 못한다며 무리에게 조롱을 당하셨습니다. 온 땅에 어둠이 임한 제육 시부터 제구 시까지 세 시간 동안 특히 그랬습니다. 숨이 끊어졌으면 싶을 정도로 힘든 세 시간입니다. 숨도 쉴 수 없을 만큼 힘든 고난이 누구에게나 있습니다. 그런데 인생에서 세 시간은 그리 길지 않습니다. 그래서 우리의 고난이 길다면 길고 짧다면 짧습니다. 길다는 사람은 지옥이고 짧다는 사람은 천국입니다.

창세기 50장 25절에서 요셉은 이스라엘 백성이 애굽을 떠날 때 자신의 해골을 메고 가라고 유언합니다. 그런데 이스라엘 백성이 무슨 믿음이 있어서 애굽을 떠날 수 있겠습니까? 요셉은 "너희가 잘나서가 아니라 하나님이 찾아오시고 돌보셔서 가나안 땅으로 갈 것이라"고 예언한 것입니다.

나에겐 선한 것도, 고난을 이길 힘도 없습니다. 그러나 조상이 축복한 기도 때문에 하나님이 나를 찾아오시고 돌보실 줄 믿습니다. 자녀들에게 선한 것이 없고 우리에게 선한 것이 없어도 그렇습니다. 하나님이 찾아오시고 돌보시기 때문에 숨이 끊어질 것 같은 고난에서도 우리 가정이 지켜질 것을 믿습니다.

> 제구시쯤에 예수께서 크게 소리 질러 이르시되 엘리 엘리 라마 사박다니 하시니 이는 곧 나의 하나님, 나의 하나님, 어찌하여 나를 버리셨나이까 하는 뜻이라 _마 27:46

예수님이 너무 힘드니까 절정의 고백을 하십니다. 주님은 최후에 아버지라는 호칭보다 공적인 신뢰를 뜻하는 '하나님'을 부르셨습니다. 이

때 하나님 아버지와의 단절을 경험하십니다. 예수님이 세례받으실 때 "이는 내 사랑하는 아들이요 내 기뻐하는 자라"(마 3:17)고 하신 하나님이십니다. 그런데 이 기뻐하고 사랑하는 아들을 어찌 이렇게 내버려 둘 수 있습니까? 하나님이 응답하지 않으시는 것 같은 상황을 우리는 어떻게 해석해야 합니까?

주님은 이때 시편 22편 말씀을 인용하십니다. 다윗이 고백한 "내 하나님이여 내 하나님이여 어찌 나를 버리셨나이까"(시 22:1)를 인용하신 것입니다. 이 세상에서 가장 무서운 일이 버림받는 것임을 고백하셨습니다.

어려서 버림받은 고통은 누구라도 채워 줄 수가 없습니다. 부모의 이혼으로 자녀는 자신이 버림받은 존재라는 것을 경험합니다. 나를 낳아 준 부모가 나를 버렸다는 충격은 엄청난 것입니다. 그러므로 구원의 확신이 있다면 이혼해선 안 됩니다.

주님은 인간이 표현한 가장 무서운 고통의 표현을 그대로 가져와서 고백하셨습니다. 다윗이 얼마나 힘들었으면 벌레처럼 수치와 조롱을 당했다 하고, 사람들이 고개를 흔들며 모욕하고 흉악자들이 에워쌌다고 고백했겠습니까. 이런 기막힌 고통에서 예수님은 '나의 하나님'을 부르셨습니다.

모든 인간의 절망은 부족함에서 출발합니다. 부족 중에서 가장 큰 부족은 매 맞고 침 뱉음 당하는 게 아니라 그 안에 하나님이 안 계신 것입니다. 그 부족은 지옥으로 갈 수밖에 없습니다. 예수님은 침 뱉고 채찍질하는 그들을 위해 죽기로 작정하셨습니다. 그리고 이 부족을 경험하셨습니다. 하나님이 독생자 예수님에게 고난을 허락하신 것은 인류를 구원하시기 위한 것이었습니다. 예수님의 고난을 하나님은 참고 지켜보셨습니다. 그러므로 우리는 인류의 구원을 위해 예수님을 십자가에 못 박는 것을 참고 계신 하나님의 고통을 생각해 보아야 합니다.

주님이 '어찌하여 나를 버리셨나이까' 한 것은 인간적인 고통 때문이 아닙니다. 물과 피를 쏟으면서까지 사랑에 목마른 사람들에게 사랑을 주고 떠나시는데 주님 역시 사랑에 목이 마르셔서 외치신 말씀입니다.

내 죄를 사해 주려고 내가 십자가에 못 박히는 걸 허용하셨는데 그것을 하나님이 나보다 더 힘들어하십니다. 자식이 십자가에 박히는 걸 우리가 어떻게 보겠습니까? 사랑에 목이 마른 인류에게 사랑을 주기 위해 왔건만 제자들도 예수님을 떠났습니다. 인류를 위해 모든 것을 버린 주님은 사랑에 목말랐습니다. 사랑에 목말라서 심장이 터지셨습니다.

거기 섰던 자 중 어떤 이들이 듣고 이르되 이 사람이 엘리야를 부른다 하고_마 27:47

똑똑한 사람들이 주님의 마음을 모르니까 엘리야를 부른다고 합니다. 어떻게 주님이 엘리야에게 구원을 요청하겠습니까? 자기를 똑똑히 여기니 주님의 마음을 알 수가 없습니다.

그 중의 한 사람이 곧 달려가서 해면을 가져다가 신 포도주에 적시어 갈대에 꿰어 마시게 하거늘_마 27:48

쓸개 탄 포도주는 안 드신 주님이신데 해면에 적신 신 포도주는 왜 드셨을까요? 같은 사건을 기록한 요한복음 19장 28절과 29절에 보면 "그 후에 예수께서 모든 일이 이미 이루어진 줄 아시고 성경을 응하게 하려 하사 이르시되 내가 목마르다 하시니 거기 신 포도주가 가득히 담긴 그릇이 있는지라 사람들이 신 포도주를 적신 해면을 우슬초에 매어 예수의 입에 대니"라고 합니다. 그렇다면 주님이 응하려 하신 성경은 또 무엇입니까? 시편 69편 21절에 "그들이 쓸개를 나의 음식물로 주며 목마를 때에는 초를 마시게 하였사오니"의 말씀입니다. 이 성경 말씀에 응하기 위해서 해면에 적신 신 포도주를 마시신 것입니다. 구속사를 이루기 위함입니다. 그런데 이런 자리에서 그저 주님을 동정하는 사람이 있습니다.

주님은 성경을 응하게 하시려고 "내가 목마르다" 하셨는데, 이 한 사람은 그저 예수님이 목마르신 줄로만 알고 신 포도주를 드린 것입니다. 구속사를 깨달아서가 아니라 동정심에서입니다.

> 그 남은 사람들이 이르되 가만 두라 엘리야가 와서 그를 구원하나 보자 하더라_마 27:49

주님이 마지막에 고난 가운데서 "엘리 엘리 라마 사박다니" 하니까, 사람들은 이제 예수님의 사역이 완전히 실패했다고 생각합니다. 구속사가 이루어져 가는 것을 알지 못하니 동정도 하고, 내버려 두라고 조롱하고 멸시합니다.

> 예수께서 다시 크게 소리 지르시고 영혼이 떠나시니라_마 27:50

그 조롱과 동정과 멸시 속에서 주님은 크게 소리 지르고 돌아가셨습니다. 십자가에서 내려오지 않고 그대로 죽으셨습니다. 돌아가시면서까지 자존심을 내려놓지 못하는 우리에게 모범을 보여 주셨습니다. 믿음은 떡이 생기고 사업이 잘되고 돈이 벌리는 게 아니라, 자존심 내려놓고 어떤 경우에도 변명하지 않고 가는 것임을 알려 주셨습니다. 그럼에도 "다 이루었다, 내 영혼을 아버지 손에 부탁한다"고 소리 지르고 이 땅을 떠나셨습니다.

제가 30대에 과부가 되어 남편의 간증을 하는데, 남편이 기적같이 살아났다고 해야 은혜를 끼친다고 생각되지 않습니까? 그런데 그러잖아도 무시와 조롱당하다가 남편까지 하루아침에 죽었으니 사람들이 저를 어떻게 보았겠습니까? 어떤 사람은 전혀 구속사를 이해하지 못하니까 '저런 여자가 무슨 간증을 하느냐?'고 했습니다. 유교적인 관점에서 본다면 저는 남편을 먼저 보낸 죄인입니다. 사람들은 남편이 죽었다고, 사업이 망했다고, 자녀가 속을 썩인다고 무시합니다. 나의 고난을 보며 나를 무시합니다. 어떤 아이가 우리들교회가 강남에 있으니까 세상적인 기대를 하고 왔다가 막상 와서 보니 그렇지 않아서 교회를 무시했다고 합니다. 그런데 아버지 사업이 힘들어지고, 고난을 말씀으로 이해하고 참는 부모님을 보면서 우리들교회의 영적 파워를 인정하게 됐다고 합니다.

저도 어렸을 때는 교회에서 가난한 아이들을 무시했습니다. 그래서 용광로에 들어가야만 했습니다. 가진 것이 많을수록 돌아오기가 힘이 듭니다. 그때 잘살던 제 친구들은 지금까지 안 믿습니다. 그러니 어렸을 때부터 여러 부류의 아이들과 접하면서 인생을 배우는 것이 좋습니다.

주님도 고난 가운데서 시편 말씀을 인용하셨듯이 저도 말씀대로 되는 것이 너무 신기했습니다. 제가 에스겔 말씀을 묵상하는데 제가 과부가 된 날 에스겔 선지자도 홀아비가 됐습니다. 저와 같은 일을 에스겔 선지자도 당했습니다. 그러므로 저의 고난은 예수님의 것입니다. 저는 그저 간증만 하면 됩니다. 죽고 사는 게 영광이 아니라 그 상황에서 하나님의 증인만 되면 됩니다. 너무 슬퍼서 죄인처럼 드러누워 있어야 하는데 제가 너무 신기해서 증인이 됐습니다. 그렇게 내가 죽음에서 어떤 태도를 보이는가에 따라서 나를 지켜보는 사람들이 예수를 믿을 수도 믿지 않을 수도 있습니다.

마지막에 예수님은 "다 이루었도다, 아버지께 나의 영혼을 부탁한다"하며 소리 지르고 가셨습니다.

어떤 한 노모는 죽음을 앞두고도 예배드리기를 완강하게 거부하는 아들이 너무 안타까워 제게 방문을 요청했습니다. 그 집 며느리의 반대에도 들어가 예배를 드렸습니다. 환자는 이미 혼수상태였으나 살아 있는 남은 가족을 위해 말씀을 전했습니다. 그리고 혼수상태에 빠진 아들의 이름을 부르며 "예수님 영접하십시오" 했더니 그 아들이 영접하겠다고 크게 소리를 질렀습니다. 너무 놀라 기절할 뻔했습니다.

그리고 그 아들은 그날 저녁에 돌아가셨답니다. 마지막에 노모의 기도로 인해 크게 소리 지르고 떠나셨습니다. 정말 감격적인 구원의 장면이었습니다. 아무쪼록 우리는 마지막까지 손을 놓지 말고 구원을 위해 기도해야 합니다.

◆ 세상의 죽음을 보며 올바른 태도를 보여 주고 있습니까? 모두 나를 버린 것 같은 고통에서 말씀을 이루어 갑니까? 돈이 떨어지고 병에 걸리는 죽음과 같은 사건 앞에서 모든 자존심을 내려놓고 어떤 경우에도 변명하지 않고 믿음의 길을 갑니까?

내가 잘 죽어야 사람을 살릴 수 있습니다

> 이에 성소 휘장이 위로부터 아래까지 찢어져 둘이 되고 땅이 진동하며
> 바위가 터지고_마 27:51

휘장은 지성소와 성소를 가로막고 있는 것입니다. 지성소는 1년에 한 번 대속죄일에 대제사장만 들어갈 수 있습니다. 대제사장이 죄가 많으면 지성소에서 죽습니다. 아무도 그 시체를 가지러 들어갈 수 없으니까 대제사장이 들어갈 때 끈을 매달아 두었습니다. 죽었을 경우 끈을 잡아당겨 끄집어내기 위해서입니다. 이렇듯 지성소는 아무나 아무 때나 들어갈 수 없는 곳입니다. 죄로 인해 하나님과 인간 사이에 생긴 장벽입니다. 그런데 예수님이 속죄의 제물이 되셨습니다.

히브리서 10장 19절과 20절에 "그러므로 형제들아 우리가 예수의 피를 힘입어 성소에 들어갈 담력을 얻었나니 그 길은 우리를 위하여 휘장 가운데로 열어 놓으신 새로운 살길이요 휘장은 곧 그의 육체니라"고 했습니다. 그리스도의 속죄 사역으로 휘장이 찢어지고 성소, 지성소의 개념이 사라졌습니다. 이제 이 땅의 모든 것은 성과 속의 개념이 없습니다. 다 거룩한 것입니다. 부부생활도 자녀도 모두 다 거룩한 것입니다.

> 51 이에 성소 휘장이 위로부터 아래까지 찢어져 둘이 되고 땅이 진동하며 바위가 터지고 52 무덤들이 열리며 자던 성도의 몸이 많이 일어나되_마 27:51~52

휘장이 찢어져서 나와 하나님 사이에 막힌 담이 허물어지고, 화평이

되니까 인간관계도 화평이 됩니다. 하나님과의 관계가 화평이 되니까 부모님과도 남편과도 화평이 됩니다. 그래서 나와 하나님 사이에 휘장이 찢어져야 합니다. 그러면 땅이 진동하고 굳은 바위 같던 마음이 열리고 순교했던 모든 사람이 일어납니다. 내가 잘 죽으면 내 후손들이 이렇게 다 일어날 줄 믿습니다. 주님이 아무 열매도 못 보고 무시당하다 죽으셨듯이 내가 그렇게 죽어도 많은 열매가 맺힐 것을 믿습니다.

성경은 주님이 십자가에서 수치와 고난을 당한 이야기에는 많은 지면을 할애했으나 부활 이야기는 간략합니다. 단지 세 절밖에 없습니다. 그리고 주님도 천국보다 지옥 이야기를 훨씬 많이 하셨습니다. 천국 간 사람이 생전에 천국 이야기를 못 들었다고 누구를 원망할 리는 없습니다. 그런데 지옥에 가면 '왜 지옥 얘기를 안 해줬느냐'고 원망할 것입니다. 그래서 주님이 지옥 얘기를 더 많이 하신 게 아닐까 합니다. 부활과 천국은 우리가 생각하는 것처럼 그저 잘 먹고 잘사는 것이 전부가 아닙니다. 이 땅에서 십자가 잘 지는 것이 이미 천국이고 부활입니다. 그러므로 이 땅에서 수치와 조롱을 당하면서 부활을 맛보고 있어야 합니다.

> 예수의 부활 후에 그들이 무덤에서 나와서 거룩한 성에 들어가 많은 사람에게 보이니라_마 27:53

원어로는 '그들이 무덤에서 나온 것'이 먼저이고, 예수님이 부활하시고 거룩한 성에 들어가 많은 사람에게 보인 것이 나중입니다. 다른 사람이 내 십자가를 보고 주님을 믿고 싶은 마음이 생겨야 한다는 이야기입니다. 나의 인생에도 마지막 제육 시부터 제구 시가 있습니다. 온 땅에 어둠이 임한 마지막 세 시간까지 잘 참고 인내해야 합니다. 그래서 십자가의 의미는 사랑이고, 사랑은 가장 먼저 오래 참는 것입니다. 인내가 가장 큰 사랑인 것입니다. 눈앞의 열매를 보고 일희일비하면 안 됩니다. 십자가의 고난이 얼마나 큰 능력인지를 알아야 합니다.

마태복음 1장부터 27장까지 오면서 십자가 이야기를 참 많이 했습니다. 이 땅에서 예수 그리스도의 능력을 보여 주려면 십자가에 달려 있어야 합니다. 나는 힘들어서 못 해도 주님이 돌보시면 우리가 달려 있게 될 줄 믿습니다. 우리 인생은 예수 믿고 예수 믿게 하기 위한 인생이기 때문입니다. 그렇게 살고자 하면 육적인 것도 술술 풀리게 되어 있습니다. 그런데 이것을 못 알아들으니까 엘리야를 부른다고 합니다. 무덤이 열리고 땅이 진동하고 바위가 터져도 여전히 대제사장과 서기관은 못 알아봅니다.

◆ 삶의 현장에서 수치와 조롱을 당하면서 부활을 맛보고 있습니까? 십자가 지는 인생을 살기에 내 후손에게 땅이 진동하고 바위가 터지고 무덤이 열리는 역사를 일으킵니까? 내 십자가로 사람들을 주님께로 인도합니까?

의외의 사람이 하나님의 아들을 알아봅니다

54 백부장과 및 함께 예수를 지키던 자들이 지진과 그 일어난 일들을 보고 심히 두려워하여 이르되 이는 진실로 하나님의 아들이었도다 하더라 55 예수를 섬기며 갈릴리에서부터 따라온 많은 여자가 거기 있어 멀리서 바라보고 있으니 56 그 중에는 막달라 마리아와 또 야고보와 요셉의 어머니 마리아와 또 세베대의 아들들의 어머니도 있더라_마 27:54~56

유대인들이 예수님을 죽였기 때문에 복음은 이방인과 천히 여기는 자들에게 흘러갈 수밖에 없습니다. 아무리 예수 믿으라 권해도 눈 하나 깜짝 안 하는 부모와 형제가 있습니다. 너 혼자 믿으라고 합니다. 그런데 오히려 그들이 무시하던 이방인인 백부장, 예수를 지키던 자들이 두려워하며 "진실로 하나님의 아들이었도다"라고 고백합니다.

여자들 중에도 일곱 귀신 들렸던 막달라 마리아 같은 사람만 주님을 믿습니다. 베드로가 멀찍이서 예수님을 따른 것과 여인들이 멀리 선 것은 다릅니다. 십자가 옆에는 약하고 천한 사람들이 겁 없이 있습니다. 더 이상 내려놓을 것이 없기 때문입니다. 예수님 무덤을 지키는 자들은 진실로 사랑하는 자들과, 살아날까 두려워서 지키는 사람들 두 종류입니다. 그래서 진짜 사모하는 사람들과 진리에 반박하려는 이단들이 말씀을 열심히 보는 겁니다.

오늘 이 말씀에도 의외의 사람들이 주님을 알아봅니다. 힘들고 어려워서 주님을 찾는 사람들, 주님을 사모함으로 날마다 십자가 지는 사람들이 모일 때 '진실로 하나님의 아들'이라 인정받는 성도, 인정받는 교회가 될 것입니다.

✦ 무시받는 여인, 내려놓을 것이 없는 사람들에게 복음이 전해진 것처럼 나도 가난한 이에게 복음을 전파합니까? 어떤 환경이든 어떤 상황이든 십자가를 짐으로써 의외의 사람이 구원받는 길을 여십니까?

부활과 천국은 우리가 생각하는 것처럼
그저 잘 먹고 잘사는 것이 전부가 아닙니다.
이 땅에서 십자가 잘 지는 것이 이미 천국이고 부활입니다.
그러므로 이 땅에서 수치와 조롱을 당하면서
부활을 맛보고 있어야 합니다.

말씀으로 기도하기

잘 죽으면 잘 살아나는 역사가 있습니다. 죽음에서 올바른 태도를 보여야 합니다. 주님은 마지막 피와 물을 쏟으면서까지 사랑에 목마른 사람들에게 사랑을 주고 떠나셨습니다. 그리고 의외의 사람들이 주님의 십자가 죽음을 알아보았습니다. 진실로 하나님의 아들이었도다 증거하는 부활의 증인이 되었습니다.

죽음 앞에서 올바른 태도를 보여야 합니다(마 27:45~50).

진실로 하나님의 아들은 부모의 죽음, 내 죽음, 모든 세상의 죽음에서 올바른 태도를 보여야 합니다. 고통 가운데 말씀을 인용하신 주님처럼 성경 말씀을 내 삶에 적용하며 하나님의 뜻을 이루기 원합니다. 예수님은 기적을 보이실 수 있음에도 수치와 고통을 온전히 감당하고 돌아가셨습니다. 돈이 생기고, 병이 낫고, 죽음에서 살아나는 것이 믿음이 아니라 어떤 경우에도 변명하지 않고 가는 것이 죽음에 대한 올바른 태도임을 알고 그런 태도를 보여 주고 가기를 기도합니다.

내가 잘 죽어야 사람을 살릴 수 있습니다(마 27:51~53).

예수께서 죽으심으로 성소의 휘장이 찢어지고 하나님과의 화평이 이루어지고 땅이 진동하며 무덤이 열리는 역사가 일어났습니다. 내가 십자가에서 잘 죽어짐으로 부부관계, 모든 인간관계에 화평과 치유와 생명의 변화가 일어나기를 기도합니다.

의외의 사람이 하나님의 아들을 알아봅니다(마 27:54~56).

이방인 백부장, 무시받는 여인, 일곱 귀신 들렸던 막달라 마리아 같은 약하고 천한 사람들이 예수께서 하나님의 아들이신 것을 알아봅니다. 힘들고 어려워서 주님만 바라보는 환경이 내가 부활의 증인이 되게 하는 영광이고 축복인 것을 알기 원합니다.

우리들 묵상과 적용

저는 예수를 믿지 않는 불신 가정에서 태어났습니다. 당대 신앙인으로 말씀을 듣고 양육을 받아 지금은 교회 공동체의 목자로 섬기고 있는데, 그러다 보니 사람들에게 믿음이 있는 것처럼 보였습니다. 그렇지만 주님은 죄를 온전히 회개하지 않고 복음을 전하지 않는 저의 믿음 없음에 속지 않으셨습니다.

얼마 전 연로하신 아버지가 출혈이 쉽게 멈추지 않아 급히 병원에 입원하셨습니다. 정밀 검사를 받은 결과, 급성 골수성 백혈병으로 소위 혈액암이라는 결과가 나왔습니다.

홀로 자수성가하신 아버지는 유교적, 도덕적 가치관으로 아들 넷을 꿋꿋이 키운 강인한 분이었습니다. 예수님을 믿은 후로 아버지를 찾아뵐 때마다 복음을 전하려 했지만 마음을 열지 않으셨고, 담임목사님의 책이나 설교 테이프를 전해 드려도 관심을 두지 않고 외면하셨습니다. 예수 믿고 천국 가시도록 말씀을 들려 드리고 저의 변화된 삶을 보여 드려야 하는데, 입으로만 예수 믿으라 하며 아버지의 구원을 위한 진정한 애통함이 없었습니다. 그리고 주님께 인도함 받지 못하시는 것을 당신의 강한 성격 때문이라 합리화하며 죽음에서 올바른 태도를 보이지 못했습니다 (마 27:49).

예수님이 십자가에 매달리는 순간 제자들이 모두 뿔뿔이 흩어져 자기들의 사명을 감당하지 않았듯이, 저 또한 아버지의 혈액암 사건에서 아버지가 구원받도록 애통함으로 기도하지 못하고 그동안 아버지께 품은 악한 마음들을 고백하며 사죄하지 못했습니다. 아버지가 이번 병환으로 주님을 영접하고 예수 믿도록 아버지의 영혼 구원을 위해 쉬지 않고 간절히 기도하겠습니다(마 27:54).

영혼의 기도

하나님 아버지, 진실로 하나님의 아들이신 주님을 알아보고 그렇게 살고 싶습니다. 그런데 '나의 하나님, 나의 하나님, 어찌하여 나를 버리시나이까' 하는 고통이 올 때 내가 과연 말씀을 이루고 떠날 수 있는가 생각하면 자신이 없습니다. 제육 시부터 제구 시까지의 고통에서 주님을 부인하지 않을 자신이 없음을 고백합니다.

제가 잘 죽어야 후손들이 잘 살 텐데, 주님은 마지막까지 자존심을 죽이고 끝까지 참으셨는데 저는 아직도 자존심이 살아 있습니다. 제가 잘 살아야 후손들이 땅이 진동하고 바위가 터지고 열리는 역사를 입을 텐데 보여 줄 것이 없습니다. 그래서 지금 일어나는 모든 일이 제 삶의 결론입니다.

주님, 이 땅에 별 인생이 없는데 허황된 꿈을 꾸는 것을 불쌍히 여겨 주옵소서. 보이지 않는 하나님 나라를 보여 주기 위해, 하나님의 사랑을 보여 주기 위해 참고 인내하며 주님처럼 죽어지기 원합니다.

제가 이 사람 저 사람 품고자 했지만 저에게 사랑이 없습니다. 그들을 위해 제가 어떻게 죽어야 되는지를 아직도 모르오니 찾아오시고 돌보셔서 제가 깨닫도록 역사하옵소서.

제가 죽은 뒤에라도 자녀들을 찾아가셔서 제육 시부터 제구 시까지의 고난 가운데서도 살아나는 역사가 있을 것을 믿습니다. 예수님 이름으로 기도합니다. 아멘.

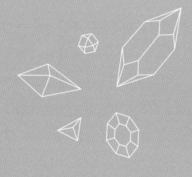

예수님의 장례식

마태복음 27:57~66

하나님 아버지, 예수님의 장례식을 보면서
우리의 장례식을 준비하기 원합니다.
어떻게 준비할지
말씀하여 주옵소서. 듣겠습니다.

미국 재계에서 신화적 존재로 인정받는 루터 잭슨이 타계하자 지역신문과 《월스트리트저널》 등에서 대서특필했습니다. 장례식장은 아름다운 꽃으로 장식되어 있고, 유명한 가수가 송가를 부르고, 여기저기서 흐느낌이 터져 나왔습니다. 그러나 가족실에는 단 두 사람만 덩그러니 앉아 있었습니다. 한 방울의 눈물도 흘리지 않는 젊은 아내와 오랫동안 섬긴 집사가 그들입니다. 네 명의 자녀와 열다섯 명의 손자 손녀, 자녀들의 생모인 전처도 오지 않았습니다. 이들은 아버지가 죽은 것보다 아버지가 자신들을 버렸다는 게 훨씬 슬퍼서 평생 그들을 돌보지 않은 아버지에 대하여 추모의 마음보다 원망의 마음이 컸습니다.

그는 재계에 큰 영향을 끼친 사업가였지만 세상을 손에 넣고도 가족과 영혼을 잃었기에 가장 화려하지만 가장 초라한 장례식의 주인공이 되었습니다. 지옥에 간 것보다 더 초라한 장례식이 또 있겠습니까?

여러분은 어떤 장례식의 주인공이 되기를 원하십니까? 꽃으로 장식한 리무진을 타고 장지에 가고 싶습니까? 소복 입은 자녀들이 흘리는 눈물의 배웅을 받으며 국립묘지에 묻히고 싶습니까? 예수님의 장례식에는 두 부류의 사람이 있었습니다. 부활을 기다리는 사람과 대항하는 사람입니다. 여러분은 어느 쪽입니까?

부활을 기다리는 사람이 있습니다

저물었을 때에 아리마대의 부자 요셉이라 하는 사람이 왔으니 그도 예수의 제자라 _마 27:57

아리마대의 부자 요셉이라는 사람이 나타났습니다. 당시 유대의 장례 문화는 시체가 방치되는 것을 수치로 여겼습니다. 특별히 나무 십자가에 처형된 시체는 그 밤을 넘기면 안 됐습니다. 그다음 날이 유월절 안식일인 경우는 더더욱 그렇습니다. 그래서 시체를 깨끗이 씻어 세마포로 싸서 예루살렘 성 밖으로 나가서 장례를 치렀습니다. 그중에 부자들은 바위를 파서 묘실을 만들고 돌로 막았습니다. 그런데 바로 이때 정확하게 필요한 사람, 아리마대의 부자 요셉이 나타났습니다. 부자 중에 드물게 쓰임받은 스타입니다.

다른 복음서는 요셉을 산헤드린 공회원에 의로운 사람이라고 기록했는데 마태만 부자라고 썼습니다. 마태복음은 믿는 유대인을 대상으로 쓰였기에 "그는 강포를 행하지 아니하였고 그의 입에 거짓이 없었으나 그의 무덤이 악인들과 함께 있었으며 그가 죽은 후에 부자와 함께 있었도다"(사 53:9)라는 말씀의 성취를 보여 주고자 부자라고 표현했다고 생각합니다.

아리마대는 사무엘의 고향인 에브라임 산지 라마다임 소빔과 같은 장소로 추정됩니다. 요셉이 혈통도 대단하고 돈도 많고 권력과 지위도 있는 사람인데 이때까지 드러난 바가 없었습니다. 높은 지위와 품위와 교양을 가지고 제자들과 어울리기를 꺼렸을 것입니다. 사람은 누구나 자신의 환경을 뛰어넘기가 어렵습니다. 교양 있는 그가 무식하고 거짓말도 하는 어부 출신의 제자들과 아무렇지도 않게 교제한다는 것이 진짜 힘든 겁니다. 그래서 부자들은 사업자 선교회나 의료 선교회처럼 부자들끼리만 모여서 공부하고 싶어 합니다.

그럼에도 요셉은 하나님 나라를 기다리는 사람이고 예수님의 제자입니다. 부족함에도 하나님께서 쓰셨습니다. 빌라도가 요셉의 청이 아니면 시체를 내줄 수가 없는 것입니다.

빌라도에게 가서 예수의 시체를 달라 하니 이에 빌라도가 내주라 명령하거늘_마 27:58

그는 단 한 번에 시체를 요구하고 받아 냈습니다. 사형을 판결한 빌라도에게 시체를 요구한 것은 목숨을 건 적용입니다.

요셉이 시체를 가져다가 깨끗한 세마포로 싸서_마 27:59

또 요한복음 19장 39절을 보면 거듭남에 대해 묻고 떠났던 니고데모가 바로 이때 나타나서 예수님의 장례를 같이 치릅니다.

바위 속에 판 자기 새 무덤에 넣어 두고 큰 돌을 굴려 무덤 문에 놓고 가니_마 27:60

아리마대 요셉과 니고데모는 생명을 건 적용을 했습니다. 제자들은 다 도망갔는데 이들이 의로운 일을 했습니다. 지금까지 드러나지 않던 이들이 예수님의 마지막을 지키는데 3년 동안 가르친 제자들은 다 어디에 간 겁니까?

거기 막달라 마리아와 다른 마리아가 무덤을 향하여 앉았더라 _마 27:61

돈 가진 사람들이 세마포로 싸고 새 무덤에 안치하는 동안 막달라 마리아는 돈 없어도 주님을 사랑해서 처음부터 끝까지 지켜보고 있습니다. 여기에 무슨 신학이 필요합니까? 제자들은 무서워서 도망가고 대제사장들은 죽이려 하는데 부자들이 새 무덤에 예수님의 시체를 안치하고 갔습니다. 그러나 또 사도행전을 보면 요셉과 니고데모는 어디 갔는지 보이지 않고 제자들이 쓰임받는 것을 봅니다. 반전에 반전을 거듭합니다.

그러므로 가장 중요한 것은 주님과 삶을 나누는 것이고 공동체에서 훈련받는 것입니다. 부자들은 끼리끼리 놀고 싶겠지만, 공동체에는 가난한 사람과 부자와 이상한 사람이 다 어울려 있습니다. 거기서 훈련받아야 사람 낚는 어부가 될 수 있습니다.

그런데도 여러분은 요셉과 니고데모가 되고 싶습니까? 이들은 공동체에 들어와 제자들과 어울리지 않았습니다. 그저 돈으로 돕겠다고 했습니다. 우리 마음속에는 요셉 역할만, 니고데모 역할만 하고 싶은 마음이 있습니다.

죽음 직전까지 멸시를 받으신 예수님이 죽은 후에는 화려한 부자의 묘실에 곱게 단장되셨습니다. 7~8명은 들어가는 새 무덤을 요셉이 예수님께 드렸습니다. 그래서 요셉은 성경에 기록되는 복을 받았습니다. 60절에 돌을 굴렸다는 것은 유대인의 관습으로 장사가 완전히 끝났음을 의미합니다.

요셉은 예수님의 시체를 가져와서 스스로 무덤을 팠습니다. 힘든 것을 내 의지로 파서 주님께 드린 것처럼 우리도 내 의지로 학벌과 재물과 능력을 파서 주님께 드려야 합니다. 드리기만 하면 주님은 엄청나게 갚아 주십니다. 2천 년 동안 아리마대 요셉이 받은 상은 이루 말할 수 없습니다. 내 힘으로 판 명예, 학벌, 지위, 돈, 모든 것을 주님께 드려야 좋은 장례식을 치를 수 있습니다.

부활을 기다리는 사람은 이렇게 부자도 있고 가난한 사람도 있습니다. 막달라 마리아가 계속 지켜봤다고 하는데 저는 이런 본문에 시선이 갑니다. 주님을 사랑해서 지켜볼 수밖에 없는 막달라 마리아가 이해됩니다.

막달라 마리아가 아무것도 드릴 것이 없지만 무덤을 향해 앉아 있기 때문에 부활도 제일 먼저 보았습니다. 예수님은 환난당하고 원통하고 빚진 사람들을 위해 사역하셨는데 돌아가시니까 생각지 못한 부자가 장례를 치릅니다. 진실로 주의 일이라면 주님은 누구를 통해서든 일하실 수 있습니다.

예수님의 무덤을 기념하라고 화려한 묘실을 주신 게 아닙니다. 부활하셔서 빈 무덤이 되었으니 좋은 무덤이 무슨 소용입니까? 중요한 것은 십자가를 잘 지고 수치와 조롱을 잘 받고 죽으면, 죽은 뒤에라도 화려하게 장례를 치르게 하십니다. 부한 자는 헛된 것을 깨닫고 가난한 자는 높아짐을 자랑하게 됩니다. 이렇게 인생은 하나님의 증인이기만 하면 됩니다. 예수님의 장례식을 보면서 나도 힘들게 살았으니 내 장례식도 화려했으면 좋겠다고 생각합니까? 그게 유언한다고 됩니까? 자식들더러 "둘러서 있으라" 하고 성악가를 불러 송가를 부르라고 한다고 됩니까? 내가 지옥 가면서 화려한 장례식을 하면 무슨 의미가 있습니까?

저는 지금까지 몇 번의 장례식을 치렀습니다. 우리 집이 가장 힘들었을 때 치른 어머니 장례식은 식구들이 교회만 다니고 거듭난 사람이 없어서 어머니가 천사 같은 모습으로 돌아가셨어도 슬퍼서 울었습니다. 또 시부모님의 장례식은 세상적으로 호상이었고 두 분 모두 오일장을 잘 치렀습니다. 그러나 제게 가장 감동적인 장례식은 남편의 장례식이었습니다.

당시 저는 변화되어 틈만 나면 전도하고 기도하고 묵상했습니다. 그러나 이사 온 지 얼마 안 돼 교회에는 구역 식구 외에는 아는 사람이 별로 없었습니다. 그런데도 교회 식구들이 장례식장에 와서 자기 일처럼 도와주고 얼굴도 모르는 성도들이 문상을 왔습니다.

친정아버지는 우리들교회 개척예배를 드리고 9일 만에 돌아가셨습니다. 그러자 20년 넘게 여느 사역자 못지않게 섬긴 교회 식구들은 오지 않고 겨우 9일 함께한 우리들교회 식구들이 발 벗고 나서 주었습니다. 정말 조건 없이 섬기라는 하나님의 섭리입니다. 섬김을 받기 위해 섬기는 게 아니라 오직 구원 때문에 섬겨야 함을 알게 하셨습니다.

아버지의 인생은 이 땅에서 험악했습니다. 그러나 아버지의 장례식은 감격스러웠습니다. 이 땅에서 험악한 인생을 살 때, 이 땅에서 섬길 때, 주님은 반드시 갚아 주십니다.

여러분도 장례식에 가끔 가실 것입니다. 죽음의 소식을 듣고 '잘 죽었다' 한다면 화려하게 치러도 초라한 장례식입니다. 예수 믿고 죽은 장례식이 가장 화려한 장례식입니다. 성령의 임재가 있다면 최고의 장례식입니다. 비싼 도구는 필요하지 않습니다. 마음을 모아서 각자 정한 세마포로 싸고, 자기 의지로 판 새 무덤을 드리는 것이 최고의 장례식입니다.

1921년 루이스 로웨스가 미국 싱싱교도소의 소장으로 부임했습니다. 싱싱교도소는 악명 높았습니다. 루이스는 아내인 캐서린에게 교도소 근처에는 오지 말라고 했지만, 그녀는 교도소 농구 대회가 열렸을 때 어린 세 딸을 데리고 스탠드에 앉아서 경기를 구경했습니다. 그리고 그들에게 이렇게 이야기했습니다. "남편과 나는 여러분을 섬기게 되었습니다. 그리고 여러분을 돌보게 되었습니다. 그런데 여러분 또한 나를 돌볼 것을 믿습니다."

그녀는 한 살인범이 눈이 멀었다는 말을 듣고는 그에게 점자를 가르쳤고, 마침내 책을 읽을 수 있게 해 주었습니다. 귀가 잘 안 들리는 죄수를 위해서는 수화를 배웠습니다. 그렇게 캐서린은 16년 동안 싱싱교도소의 죄수들의 굳은 마음을 부드럽게 어루만졌습니다. 그러던 어느 날 캐서린이 자동차 사고로 사망했다는 소식이 들렸습니다. 그녀의 시신은 감옥에서 얼마 떨어지지 않은 그녀의 집에 안치되었습니다. 한 교도관이 순찰을 도는데 감옥문 입구에 죄수들이 모여 있는 것을 발견했습니다. 그들의 눈에는 눈물이 가득 고여 있었습니다. 이때 교도관은 놀라운 결정을 내렸습니다. 모두 문상을 가되 오늘 밤 안으로 돌아오라고 한 것입니다.

싱싱교도소는 살인범, 어린이 강간범 등 미국 최악의 범죄자들이 수감된 곳입니다. 그런데도 교도관은 감옥문을 열었고 죄인들은 아무런 감시 없이 캐서린의 집까지 걸어가서 문상을 했습니다. 물론 한 사람도 빠짐없이 감옥으로 돌아왔습니다. 이 사건을 접한 온 세상은 진정한 사랑이 어떻게 사람을 변화시키는지를 보았습니다. 캐서린의 장례식이야말로 가장 화려하고 감동적인 장례식이지 않습니까?

◆ 힘든 것을 의지로 파서 주님께 드린 아리마대 요셉처럼 나도 내 의지로 학벌과 재물과 능력을 파서 주님께 드리고 있습니까? 내가 부하건 가난하건 내 자

부활을 믿지 않고 대적하는 사람이 있습니다

> 그 이튿날은 준비일 다음 날이라 대제사장들과 바리새인들이 함께 빌
> 라도에게 모여 이르되_마 27:62

준비일 다음 날이 안식일인데 이들이 예수님을 죽이려니까 차마 안
식일이라는 표현을 못 씁니다. 대제사장과 바리새인은 무슨 말에도 은혜
를 받지 못하는 사람들이었습니다.

> 주여 저 속이던 자가 살아 있을 때에 말하되 내가 사흘 후에 다시 살아
> 나리라 한 것을 우리가 기억하노니_마 27:63

예수님을 '저 속이던 자'라고 합니다. 정처 없이 방황하며 남을 미혹
시키던 자라는 뜻입니다. 예수님은 어디서 와서 어디로 가는지 목적과 방
향이 분명한 분입니다. 그의 말씀 자체가 길이고 진리이고 생명입니다.
그분의 말을 들어야 하는데 이들은 스스로 존귀해서 하나님의 말씀을 듣
지 못합니다. 믿음이 있어서 직분을 주고 나면 직분 때문에 깨닫지 못합
니다.

재미있는 것은 제자들은 주님이 사흘 만에 살아나리라 하신 것을 기
억 못 하는데, 죽이려는 사람들은 기억을 한다는 것입니다.

64 그러므로 명령하여 그 무덤을 사흘까지 굳게 지키게 하소서 그의 제
자들이 와서 시체를 도둑질하여 가고 백성에게 말하되 그가 죽은 자 가
운데서 살아났다 하면 후의 속임이 전보다 더 클까 하나이다 하니 65 빌
라도가 이르되 너희에게 경비병이 있으니 가서 힘대로 굳게 지키라 하
거늘_마 27:64~65

예수님의 무덤 주위에 사모하며 지키는 자와 살아날까 두려워 지키
는 자들이 있습니다. 빌라도는 관심도 없지만 대제사장과 같은 레벨이니
까 마음대로 하라고 합니다. 예수님이 살아나지 않을까 하는 생각도 있어
서 모든 방법을 동원해서 힘대로 굳게 지키라고 합니다. 대제사장들도 모
든 방법을 동원해서 굳게 지킵니다.

그들이 경비병과 함께 가서 돌을 인봉하고 무덤을 굳게 지키니라
_마 27:66

무덤 입구를 큰 돌로 막고 밧줄로 동여맨 후에 흙으로 인봉해서 누
구도 열지 못하게 철저하게 막았습니다. 제육 시부터 제구 시까지 고난받
고 죽었는데도 숨을 못 쉬게 막아 버립니다. 거기서 3일을 기다려야 합니
다. 부활을 보려면 끝없이 기다려야 합니다.

여러분이 지키는 돌은 무엇입니까? 예수님을 가둘 무덤도 없고, 예
수님을 묶어 둘 밧줄도 없습니다. 세상 쾌락 때문에 예수님을 가두고 방
해하고 막아도 예수님의 부활을 막을 수 없습니다.

부활은 파수꾼을 세운다고 막을 수 있는 게 아닙니다. 손바닥으로
바닷물을 막는 것과 같습니다. 부활은 노력으로 막을 수도, 빨리 오게 재

촉할 수도 없습니다. 기다리는 수밖에 없습니다.

제가 묶여서 아무것도 못 한다고 생각했는데 묶여 있어도 부활의 주님을 만나고 나니까 그 자리에서 전도하고 기도하고 성경 읽고 다른 사람을 도왔습니다. 나를 가둔 것은 다름 아닌 나 자신이었습니다. 교수도 돼야 하고 성경공부도 가르쳐야 하는데 왜 나를 묶어 두시냐고 원망했는데 정작 묶고 있는 것은 나 자신이었습니다. 예수님을 믿는다는 것은, 주님을 인격적으로 만났다는 것은, 그때부터 다른 사람들을 위해 살기 시작했다는 것을 뜻합니다. 환경이 어떠하든지 다른 사람을 위해 살아야 함을 깨닫고 나니까 여전히 묶인 상태지만 자유할 수 있었습니다.

여러분이 여러분을 가둡니다. 남편이 바람을 피웠다고 밤새 괴로워하지 말고 당장 나가서 전도하십시오. "남편이 바람피웠어도 주님 만나는 게 최고의 환경이다, 남편으로 인해 주님을 부를 수 있어서 감사하다" 하십시오. 이것이 전도입니다. 남편이 바람피우고 돌아와야 시작할 수 있는 게 아닙니다. 지금 하는 겁니다.

악한 자가 지켰기 때문에 예수님의 부활이 사실성을 가졌습니다. 나를 괴롭히는 사람이 있어서 전도를 더 확실하게 할 수 있습니다. 이 땅에서 나를 막을 무덤은 아무것도 없습니다. 좋은 환경은 없습니다. 그것을 모르면 초라한 장례식을 치를 수밖에 없습니다.

◆ 내가 예수님을 가두고 막는 세상의 쾌락과 욕심은 무엇입니까? 어떤 환경에서든 다른 사람의 구원을 위해 전도합니까?

말씀으로 기도하기

예수님의 장례식에는 부활을 기다리는 사람과 부활을 대적하는 사람이 있습니다. 아리마대 요셉과 막달라 마리아처럼 어떤 환경에서든 나의 환경에서 다른 사람의 구원을 위해 살아야 합니다. 누구에게나 인생의 장례식이 있음을 기억하며 마지막까지 사람을 살리는 인생이 되기를 기도합니다.

부활을 기다리는 사람이 있습니다(마 27:57~61).

대제사장과 장로들은 예수님을 죽이고 제자들은 다 도망갔는데 아리마대 요셉이 나타나 생명 내놓는 적용으로 예수님의 장례를 치릅니다. 부자이고 지위 권세를 가졌음에도 하나님 나라를 소망하는 아리마대 요셉처럼 내 의지로 재물과 능력을 드릴 때 성경의 스타로 기억되게 하실 것을 믿습니다. 요셉처럼 부자이건 마리아처럼 가난한 자이건 주신 환경에서 쓰임받으며 하나님의 증인으로 살게 하옵소서.

부활을 믿지 않고 대적하는 사람이 있습니다(마 27:62~66).

모든 사람이 예수님의 죽음을 보고 진실로 하나님의 아들이라 인정해도 대제사장 바리새인들은 은혜를 못 받습니다. 무덤을 인봉하고 굳게 지키며 예수님의 말씀을 부정하고 부활을 대적합니다. 상처와 힘든 환경의 무덤, 쾌락의 무덤에 갇혀 부활을 대적하는 것이 저의 모습임을 고백합니다. 돈도, 명예도 없지만 주님을 사랑함으로 무덤을 향해 앉은 마리아처럼 힘들어도 주님만을 향해 앉을 때 부활의 증인이 되게 하실 것을 믿습니다. 이 땅에서 화려하게 살다가 구원받지 못하는 초라한 장례식이 아니라 죽음 직전에라도 회개하고 예수님을 믿고 가는 장례식, 가족 모두가 회개와 용서의 세마포로 싸고 성령의 임재를 경험하는 화려한 장례식을 치르기 원합니다.

우리들 묵상과 적용

저는 믿지 않는 집에서 자랐고 저의 시댁은 불교를 믿는 가정이었습니다. 사업을 하시던 시아버님은 1970년대 당시 세금 납부액이 상위 10위 안에 들 정도의 재력가여서 시아버님의 장례식에는 친지들을 비롯한 경제인, 정치인 등이 보낸 화환이 200개가 넘을 정도로 화려하고 성대했습니다. 하지만 구원받지 못한 초라한 장례식이었습니다.

제 남편은 아버지의 뒤를 이어 미래를 열심히 준비하며 살았지만, 어느 날 갑자기 간암이라는 청천벽력과 같은 진단을 받았습니다. 그리고 하나님을 멀리하며 간이식 수술을 받기 위해 저와 아들을 한국에 남겨 둔 채 젊은 여자 간병인과 함께 미국으로 떠났습니다. 남편의 수술은 성공적이었습니다. 그러나 알고 보니 남편과 간병인은 불륜 관계였고, 남편은 그 여자와의 사이에서 아들까지 낳았습니다. 남편은 이제 한국에 돌아오지 않겠다며 저에게 이혼을 요구했습니다. 당시 저는 제 아들이 아버지 없이 살게 될 것이 두려워 남편의 병이 더 악화되지 않도록 이혼에 응해 주었습니다. 그것은 완전한 해결책이 되지 못했습니다.

이후 남편은 하나님을 믿지 않고 자신의 돈으로 건강을 되찾으려 애쓰다가 가족의 원망을 받으며 초라한 죽음을 맞았습니다. 남편은 죽기 전 제 아들에게 자신의 회사를 물려주려 했지만, 남편의 죽음 뒤 친구의 배신으로 회사는 400억의 큰 부도를 맞았습니다. 저는 무덤을 돌로 막고 인봉한 것처럼 이 사건에서 살아날 수 없다는 절망감에 빠져 마음이 심히 요동쳤고 제자들처럼 도망가고 싶었습니다(마 27:60). 회사를 상속받기로

했던 아들은 하루아침에 부채를 떠안으며 신용불량자가 되었습니다.

그때 믿음의 공동체 고백을 통해서 살아난 사람들의 간증을 들으며 말씀 공동체 외에는 살아날 길이 없음을 깨달았습니다. 그제야 나의 교양과 열심을 내려놓았고 막달라 마리아처럼 힘없이 무덤을 지켜보며 기다릴 수밖에 없었습니다(마 27:61).

그랬더니 아들의 문제도 사실상 상속을 받은 것이 없기에 면책을 받을 수 있었습니다. 이 사건에서 저는 예수님만을 사랑하게 되었고 내 환경에서 남을 살리고 가는 것이 나의 죽음을 잘 준비하는 길임을 깨달았습니다. 나와 우리 가정을 부활로 인도해 주신 하나님, 감사합니다.

영혼의 기도

하나님 아버지, 예수님의 화려한 장례식을 보면서 부자인 아리마대 요셉과 같은 역할로만 쓰이고 싶은 마음이 있습니다. 요셉처럼 부자로 섬기는 역할이라도, 마리아처럼 가진 것 없는 역할이라도 예수님을 믿으면 같은 복인 것을 알기 원합니다. 예수 믿고 다른 사람을 위해 사는 것이 화려한 장례식의 유산임을 알기 원합니다.

십자가의 주님을 보고도 아직도 부활을 대적하며 세상을 사랑하는 마음이 있습니다. 그래서 예수님을 무덤에 가두어 놓고 나를 도와줄 사람이 없다고 날마다 외칩니다. 그러나 이 땅에서 수치와 조롱을 받아도 주님을 잊지 않겠다고, 주의 언약을 지키겠다고 고백하는 환경이 얼마나 축복인가를 알기 원합니다. 배우자가 바람을 피우고 병에 걸리고 망하고 먹을 것이 없어도 막달라 마리아처럼 주님 앞에 나와서 주님을 사랑한다고 고백하기를 원합니다. 지금 내가 처한 환경에서 주님의 말씀을 듣고 나가 사명을 감당하기 원합니다.

우리 자녀들이 무덤과 옥에서 나오게 하시고 그들의 영적 눈을 가리는 귀신들을 물리쳐 주옵소서. 마약과 음란과 중독의 무덤에서 나오기 원합니다. 부활하신 주님께서 모든 무덤과 옥에서 풀고 나올 수 있도록 은혜를 내려 주옵소서. 예수님 이름으로 기도합니다. 아멘.

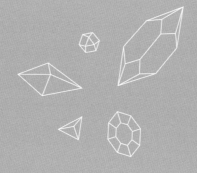

15

살아나신 주님

마태복음 28:1~10

하나님 아버지,
살아나신 주님이 오늘 이 시간 이곳에 오셔서
우리도 다 살아나기를 원합니다.
말씀하여 주옵소서. 듣겠습니다.

영국인 브라이언(William Jenning Brian)이 1844년에 이집트 카이로를 방문했다가 3천 년 된 미라와 함께 있던 곡식 단지를 보았습니다. 그 속에서 완두콩 하나를 가져다 심었더니 3천 년이 지난 돌 같은 씨에서 다시 싹이 나고 자랐다고 합니다. 3천 년 된 곡식도 다시 나는데 하나님의 형상대로 지은 만물의 영장인 인간의 부활이 왜 불가능하겠습니까? 인생의 부활을 위해 내 삶에 적용해야 할 것은 무엇일까요?

주님만 바라보아야 합니다

안식일이 다 지나고 안식 후 첫날이 되려는 새벽에 막달라 마리아와 다른 마리아가 무덤을 보려고 갔더니_마 28:1

예수님이 맨 처음 막달라 마리아에게 보이셨습니다. 경비병이 무덤을 인봉하고 굳게 지키고 있는 안식일에 막달라 마리아가 스타로 등장합니다. 막달라 마리아와 다른 마리아가 무덤을 보러 왔습니다. 그 이유가 무엇입니까? 마가복음 16장 1절에서 3절까지를 보면 이들은 예수님의 시신에 향품을 바르기 위해 간 것으로 기록되어 있습니다. 비록 주님은 떠났지만, 주님에 대한 사랑이 조금도 식지 않았다는 것입니다.

그리고 '막달라 마리아와 다른 마리아'라고 하면 복수를 써야 하는데 성경 원어에 보면 3인칭 단수를 썼습니다. 그건 막달라 마리아가 주인공이라는 뜻입니다. 막달라 마리아가 무덤에 갈 때 다른 마리아가 따라간 것입니다.

"운동장에서 달음질하는 자들이 다 달릴지라도 오직 상을 받는 사람은 한 사람인 줄을 너희가 알지 못하느냐"(고전 9:24)는 말씀처럼 무덤을 향해 앉은 이도 막달라 마리아, 부활을 처음 보러 온 이도 막달라 마리아입니다. 부활의 은혜를 누리려면 이처럼 오직 주님만 바라보아야 합니다.

우리들교회의 어떤 자매가 이런 나눔의 글을 올렸습니다.

예전에 저에게 부러움과 사랑을 보내 주던 많은 사람이 계속 깨어지고 망가지는 제 삶을 보며 '네 옆에 있기가 무섭다'고 합니다. 그러나 저는 주님이 살아나시겠다는 말씀을 믿고 무덤 앞에서 죽음의 시간을 들여다보며 기다리던 막달라 마리아의 마음을 압니다. 그녀의 기다림에는 다른 이들의 시선과 비난이 들어갈 틈이 없었습니다. 공부 귀신, 돈 귀신, 사랑 귀신에 씌워서 각종 귀신에 들렸던 저를 살려 주신 주님의 그 사랑을 알기 때문에 저는 사랑하는 주님이 하시는 일을 바라보고 믿고 기다리고 싶습니다.

저는 이 자매가 말한 막달라 마리아의 마음을 압니다. 막달라 마리야야말로 주님 때문에 인생의 목적을 알게 되었습니다. 로마 병정의 노리개 창녀로 일곱 귀신 들렸던 마리아가 주님 때문에 살아났는데 무엇이 무섭겠습니까? 예수님이 삶에 미친 영향이 너무 컸기 때문입니다. 그런데 그런 영향을 받은 사람이 마리아밖에 없겠습니까? 아리마대 요셉마저 떠나고 없습니다. 주님만 바라보는 그 마음에 하나님은 큰 은혜를 베푸십니다. 정말 사랑하는 사람은 잘난 사람이 아니고 많은 사람 중에 가장 비천한 사람입니다.

> 큰 지진이 나며 주의 천사가 하늘로부터 내려와 돌을 굴려 내고 그 위에 앉았는데_마 28:2

무덤을 보려고 새벽같이 달려갔지만 막달라 마리아의 마음 한쪽에는 '무덤을 막은 큰 돌을 어찌 굴려 낼꼬?' 하는 걱정도 없지 않았습니다. 그런데 이 본문에서 '돌을 굴려 내고'의 동사는 부정과거 시제입니다. 그러니 여인들이 오기 전에 큰 지진이 나고, 천사가 내려와서 그 돌을 굴려 내고 그 돌 위에 계속 앉아 있었다는 것입니다. 사람으로서는 상상조차 할 수 없는 방법으로 무덤을 인봉했던 큰 돌문이 열렸습니다. 주님을 보고자 새벽같이 달려간 막달라 마리아의 믿음과 간절함이 이런 역사를 일으킵니다.

우리들교회에 힘들고 어려운 사람들을 많이 보내 주시는데, 말을 하지 않으면 그 힘든 것을 어떻게 알겠습니까. 말한다는 것이 우리들교회의 특징입니다.

힘들어서 우리들교회에 오신 분들이 주님을 만나고 그 믿음으로 학교로 회사로 돌아갑니다. 그러면 인정을 받습니까? 여전히 무시받고 힘이 듭니다. 그것이 가슴 아프지만 냉혹한 세상에서 교회가 그들을 품고 가야 합니다. 힘들고 어려운 이들을 무시하는 마음이 들 때면 주님을 향한 막달라 마리아의 사랑을 보시기 바랍니다. 이런 사람에게 주님이 부활을 보이십니다.

어렵고 힘든 아이들만 아픈 게 아니라 집안이 부자인 아이도 아픕니다. 집안이 부자인 한 아이가 체육특기생으로 대학에 갔습니다. 그런데 다리를 다쳐서 전과를 하더니 나이가 스물아홉이 되도록 졸업도 못했습니다. 전과한 공부가 너무 힘들어서 따라갈 수도 없고 그럴수록 게임에 빠지니 부자 엄마가 아들 때문에 낮아졌습니다.

그런데도 만날 교회에 아들을 데리고 오고 말씀을 듣게 했더니 기적이 일어났습니다. 이 아이가 입학한 해에만 해당되는 특별법이 있어서 졸업을 하게 된 것입니다. 그것을 몰랐다가 교무처에서 연락이 와서 알게 되었답니다. 그 엄마가 집에서도 안 하던 화장실 청소를 매주 교회에 와서 했답니다.

자식 때문에 고난이 오는 게 축복입니다. 안 그랬다면 그 엄마가 이렇게까지 했겠습니까? 남들 다 하는 졸업이지만 저는 너무 기뻤습니다. 여러분이 다 막달라 마리아처럼 주님만 쳐다보기를 바랍니다.

◆ 예수님을 사랑하는 마음 때문에 세상 시선에 신경 쓰지 않고 막달라 마리아처럼 예수께로 달려 나갑니까? 세상에서 아프고 무시당해도 환경을 보지 않고 주님만 바라보겠습니까?

집착을 내려놓아야 합니다

3 그 형상이 번개 같고 그 옷은 눈 같이 희거늘 4 지키던 자들이 그를 무서워하여 떨며 죽은 사람과 같이 되었더라 _마 28:3~4

주님이 살아나셨는데 그 형상이 신비합니다. 외형 자체가 신비한 게 아니라 천사가 예수님의 신성을 나타내는 역할을 하고 있습니다. '지키던 자들'이란 말은 현재 능동태 분사로 쓰였는데 그들이 지키는 시점과 천사가 돌을 굴려 내는 시점이 같았다는 사실을 강조하는 것입니다. 그들은 죽자고 지켰는데 시신이 없어졌으니까 무서워합니다.

지키고 있다는 말 속에는 어떤 것을 안전하게 지킨다는 의미도 있습니다. '내가 당신을 안전하게 지킨다' 하고 결혼도 하고 자녀도 키웁니다. 그래서 밤잠 안 자고 돈 벌고 자녀를 지켰는데 어느 날 우리 집을 무덤이라고 하면서 집을 나가는 남편, 자녀가 생깁니다.

번개같이 온 사건은 나를 희게 하는 거룩한 사건인데 그 본질을 모르기 때문에 가정을 지키고 회사를 지켰어도 왜 시신이 없어졌는지 몰라 죽은 사람같이 됩니다. 이를 악물고 살아도 인간은 무엇도 지킬 수 없습니다. 문제가 많은 부모일수록 자녀에게 집착합니다. '너라도 잘돼서 원수를 갚아 달라'고 합니다. 나는 열심히 지켰다고 하지만 그것이 결국엔 죄다 무덤인 것을 알아야 합니다. 아무리 건강에 집착해도 언젠가는 건강이 나가 버리고 병드는 날이 옵니다. 주님의 무덤을 지키던 자들처럼 '떨며 죽은 사람과 같이' 되는 것입니다. 그렇다고 건강관리를 하지 말자는 게 아닙니다. 집착하지 말자는 것입니다.

시체를 지키던 병사들은 무술도 뛰어나고 아마 학벌도 다 갖춘 사람들이었을 것입니다. 자기 활과 칼만 믿고 지키다가 시체가 없어진 것을 알고 자책하며 새파랗게 질렸습니다. 시체 없어진 사건이 예수님이 살아나신 사건이고 희게 하시는 사건인데 그 본질을 못 봐서 남 탓을 하는 처방을 내릴 수밖에 없습니다.

◆ 내가 장담하며 죽자고 지키던 것들이 사라진 경험을 해 보았습니까? 구원을 위한 사건인데 본질을 보지 못하고 망하고 돈 없어진 사건만 보고 벌벌 떨고 있진 않습니까?

주께서 가라고 하시는 그곳을 향해 달려가야 합니다

천사가 여자들에게 말하여 이르되 너희는 무서워하지 말라 십자가에 못 박히신 예수를 너희가 찾는 줄을 내가 아노라_마 28:5

"예수를 너희가 찾는 줄을 내가 아노라"라는 천사의 말에서 '아노라'는 과거완료 시제입니다. 여자들이 온 것을 보고 천사가 지금 그 사실을 알았다는 게 아닙니다. 그들이 주님을 찾으러 올 줄 이미 전부터 알고 있었다는 것입니다. 그런데 이 여인들은 산 자 가운데서 찾아야 할 예수님을 죽은 자로 알고 찾으러 왔습니다. 그래서 무서워했습니다. 연약하지만 본성적으로 주님을 찾았습니다. 하지만 내가 연약해도 주님을 사랑하는 것을 주님이 아시면 게임 오버입니다. 주님이 아시기 때문에 무서워하지 말아야 합니다. 무서워하지 말아야 할 이유는 또 있습니다.

그가 여기 계시지 않고 그가 말씀 하시던 대로 살아나셨느니라 와서 그가 누우셨던 곳을 보라_마 28:6

그가 여기 계시지 않는다고 합니다. 빈 무덤입니다. 빈 무덤이란 게 무슨 뜻입니까? 마호메트, 석가 등 이 세상 모든 성인은 무덤이 있습니다. 빈 무덤이야말로 세상 종교와 참 생명을 가르는 확실한 증표입니다. 예수님은 죽음의 권세를 깨뜨리고 살아나셨습니다. 실패하고 무능한 분이 아니라 말씀하신 모든 것을 성취하신 분입니다.

제가 남편의 죽음을 겪고 나니까 죽음의 권세를 깨뜨리는 것이 무엇인지 알게 됐습니다. 말씀의 권세가 얼마나 대단한지 알게 되었습니다.

주님은 무덤에 계시지 않고 죽음을 정복하신 분입니다. 천사는 "그가 누우셨던 곳을 보라"고 합니다. 제가 남편의 장례를 집에서 치렀는데 시신이 3일 동안 집에 있었습니다. 그런데 장지에 묻고 와서 누웠던 곳을 보라고 하면 얼마나 무섭겠습니까. 그런데 "그가 스스로 헤아리고 그행한 모든 죄악에서 돌이켜 떠났으니 반드시 살고 죽지 아니하리라"(겔 18:28)는 말씀대로 남편이 회개하고 예수님 영접하고 갔기 때문에 무섭지 않았습니다. 슬프지만 예수 믿고 갔기 때문에 하나도 무섭지 않았습니다. 그래서 저도 안방에서 자고 아들딸도 각자의 방에서 평소와 다름없이 잤습니다. 무서운 사건이 아니었습니다.

주님은 누우실 필요가 없으신 분임에도 우리를 위해 누우셨습니다. 그 어두운 무덤에 누우셨던 곳을 보라고 하신 것처럼 저도 남편의 구원을 위해 내 의지를 다 꺾고 누워야 될 일이 있었던 겁니다. 구원을 위해 누워야 될 일이 있고, 보라고 하기 위해서 암흑 속에 누워야 되는 간증이 필요합니다. 그리고 누구나 장례식에서 슬퍼하고 눈물 흘릴 수 있습니다. 하지만 구원받고 갔으면 영생에 들어갔으니 슬퍼서 울고 난리칠 일이 아닙니다.

> 또 빨리 가서 그의 제자들에게 이르되 그가 죽은 자 가운데서 살아나셨고 너희보다 먼저 갈릴리로 가시나니 거기서 너희가 뵈오리라 하라 보라 내가 너희에게 일렀느니라 하거늘_마 28:7

주님은 부활을 본 이 여인들에게 '가서 전해야 할 사명'을 주셨습니다. '죽은 자 가운데서 살아나셨다'는 부활의 소식과 '갈릴리에서 뵙게 될 것'이라는 소식입니다. 우리도 증인이 되려면 정확한 복음의 내용을 기억해야 합니다. 갈릴리는 첫 만남의 장소이고 제자들을 부르신 곳입니다. 그런데 제자들은 주님이 죽으신 줄 알고 다시 물고기를 잡으러 갈릴리로 갔습니다. 그래서 주님이 그들을 먼저 찾아가신다는 겁니다.

그런데 이후 10절에 보면 주님이 이런 제자들을 '내 형제들'이라고 부르십니다. 제자훈련을 하시면서 처음에는 '애들아' 하시다가(막 10:24) 그다음에 '작은 자들아' 하시다가(요 13:33) 죽기 직전에는 '친구여'라고 부르셨습니다(마 26:50). 그런데 엄청난 형상으로 부활하시고 세상의 모든 것을 제압하신 지금은 '형제들'이라고 부르십니다. 제자 사역을 하려면 시간이 갈수록 이런 겸손함이 있어야 합니다. 우리는 조금만 환경이 나아지고 윗자리에 가도 목에 힘을 줍니다. 주님의 겸손함으로 나의 갈릴리를 찾아가고 첫사랑을 회복해야 합니다. 낙망하여 물고기 잡고 있는 갈릴리로 내려가야 합니다.

그리고 주님은 이제 너희가 전해야 한다고 하십니다.

> 그 여자들이 무서움과 큰 기쁨으로 빨리 무덤을 떠나 제자들에게 알리려고 달음질할새 _마 28:8

마가복음 16장 8절에서는 여자들이 몹시 놀라 떨며 도망하고 아무 말도 하지 못했다고 기록하고 있습니다. 사건 앞에 장사가 없습니다. 저도 남편이 세상을 떠날 때 무서웠지만 그날 말씀으로 살아났습니다. 여기에 등장하는 여인들도 예수님의 시신이 없어졌다는 것이 당연히 무서웠을 것입니다.

저는 막달라 마리아와 베다니 마리아를 생각해 보았습니다. 예수님께 향유를 붓고 말씀을 듣던 마리아는 베다니 마리아입니다. 그런데 왜 그녀가 예수님의 무덤과 부활을 지키지 않고 귀신 들렸던 막달라 마리아가 그 자리를 지켰을까 생각해 봤습니다. 묵상 후 이런 깨달음을 얻었습니다.

나사로가 죽었을 때 주님은 이미 마리아와 마르다를 양육해 주셨습니다. 그 양육을 통해 주님이 시공을 초월하신 분임을 알았을 터이니 굳이 부활의 현장에 안 가도 됩니다. 이미 부활을 믿기 때문입니다. 저는 베다니 마리아의 믿음이 이 정도였지 않았을까 생각했습니다. 또 생각해 보는 것은, 살아난 나사로를 죽이려는 사람들이 있기 때문에 공적인 장소에 안 나타났을 수도 있고, 또 막달라 마리아에 비해 별다른 고난이 없기 때문에 그랬을 수도 있을 것 같습니다.

또한 막달라 마리아는 주님을 사랑하지만 양육이 안 되었습니다. 그래서 조건반사적으로 무서워할 수 있습니다. 그러나 부활의 현장에서 인류를 양육시키려면 막달라 마리아가 있어야 합니다. 믿음이 좋으면 두려움도 없이 "할렐루야!" 하잖아요. 그러나 보통 사람은 무서워합니다. 막달라 마리아도 무서워했습니다.

하지만 천사가 말씀을 기억하라고 양육해 주고, 또 그로 말미암아 말씀을 기억하고 나서야 큰 기쁨으로 무덤을 빨리 떠났습니다. 무서워도 말씀을 기억하고 그 말씀에 힘을 얻으면 큰 기쁨이 있게 마련입니다. 그때 사명을 위해 달음질할 수 있습니다.

당시는 여자들의 증언은 법정에서도 인정받지 못하던 시절입니다. 그런데 예수님의 탄생과 부활이 여자들에게 목격됐습니다. 내 사건에서 살아났다면 위안받는 정도가 아니라 증거를 해야 합니다. 정말 살아난 사람은 교양 있게 못 합니다. 목숨 걸고 막달라 마리아처럼 지키고 앉아 있는 겁니다. 내 사건에서 교양 있게 위안 정도만 받는다면 부활을 전하지 못합니다.

> 9 예수께서 그들을 만나 이르시되 평안하냐 하시거늘 여자들이 나아가 그 발을 붙잡고 경배하니 10 이에 예수께서 이르시되 무서워하지 말라 가서 내 형제들에게 갈릴리로 가라 하라 거기서 나를 보리라 하시니라
> _마 28:9~10

사명을 감당하려면 평안이 필요합니다. 무엇을 해도 평안이 없으면 소용이 없습니다. 예수 믿고 가장 큰 축복이 평안입니다. 유대인들이 평범하게 하는 인사가 '샬롬(평안)'인데 이것이 얼마나 대단한 것인지 모릅니다.

'평안하냐'에는 '기뻐하라'는 의미가 있습니다. 결혼하고 집을 사고 학교에 가도 평안하지 않으면 무슨 소용입니까. 부활의 주님이 처음으로 빌어 주신 것이 평안인데 집도 돈도 뛰어넘는 평강, 시공을 초월하는 평

강이 없으면 사명을 감당할 수 없습니다. "너희 근심이 도리어 기쁨이 되리라"(요 16:20)의 성취이기도 한데 성령으로 하는 근심은 항상 기쁨의 근거가 됩니다.

주님을 보고 여자들이 가서 발을 붙잡고 경배했습니다. 겸손이 필요합니다. 사명을 감당하려면 평안이 있어야 하고, 주님과의 예배가 올바르게 되어야 하고, 겸손이 있어야 합니다. 주님은 이런 겸손을 보시고 주의 일을 맡기십니다. 하루아침에 두려움이 없어지는 게 아니고 종류가 다른 두려움이 늘 오는 것이 인생입니다.

하나님은 여호수아의 마음과 상관없이 모세를 데려가시고 평안하라고 하셨는데 이게 말이 됩니까? 제 남편 데려가시고 평안하라고 하시니 말이 됩니까? 그런데 사명으로 인도하기 위해서 모세를 데려가시고 남편을 데려가셨습니다. 모든 사건은 사명으로 이어져야 하는데 시신 없어진 것만 두려워하면서 돈을 지킵니까? 자녀를 지킵니까? 하루아침에 없어질 것을 지키면서 무서워서 떨진 않습니까?

주님은 여인들에게 "갈릴리로 가라"고 정확한 말씀을 주셨습니다. 예수님을 엎드려 경배하는 자는 그분의 말씀을 증거하는 자로 열심히 가야 합니다. 주께서 가라고 하시는 그곳을 향해 큰 기쁨으로 달음질하며, 살아나신 주님의 소식을 외치는 우리 모두가 되기를 기도합니다.

◆ 연약하고 허물 많은 죄인이지만 온전히 예수님을 사랑합니까? 남편, 자녀, 동료의 구원을 위해 내 의지를 꺾고 무덤에 누워 있습니까? 나는 사건을 만난 후 사람들에게 증거하며 예수님을 전파합니까?

주님만 바라보는 그 마음에 하나님은
큰 은혜를 베푸십니다.
정말 사랑하는 사람은 잘난 사람이 아니고
많은 사람 중에 가장 비천한 사람입니다.

말씀으로 기도하기

살아나신 주는 막달라 마리아에게 나타나셨습니다. 주님을 사랑함으로 무덤을 향해 앉았다가 부활의 첫 증인이 되었습니다. 주님의 부활은 무서운 사건이 아니라 나를 거룩하게 하시는 사건입니다. 나에게 사명을 주기 위해 말씀하신 대로 살아나시고 나와 만나 주십니다. 사건이 무서워도 빨리 양육받고 큰 기쁨으로 바뀌어서 주님께서 빌어 주시는 평강, 주님의 발아래 무릎 꿇는 겸손을 가지고 오늘도 힘든 곳들을 찾아가서 주님이 살아나셨다고 외치기 바랍니다.

주님만 바라보아야 합니다(마 28:1~2).

힘들고 어려운 처지였던 막달라 마리아처럼 곤고한 마음으로 주님을 보고 싶어 하는 자가 되길 원합니다. 사람의 힘으로 굴려 낼 수 없는 무덤의 돌을 하나님께서 지진으로 굴려 내십니다. 고난당한 우리가 모여 주님만 바라볼 때 감당할 수 없는 무거운 돌들을 굴려 내시고 부활의 증인이 되게 하실 것을 믿습니다.

집착을 내려놓아야 합니다(마 28:3~4).

부활의 사건을 무서워하는 파수꾼들처럼 번개같이 갑작스럽고 눈같이 흰 거룩의 사건 앞에 두려워할 수밖에 없음을 고백합니다. 내 힘으로 지킬 수 없는 돈과 건강을 지키려 애썼기에 사건이 올 때 무서워하며 떠는 것을 회개합니다. 예수님이 무덤에서 나가신 사건이 무서운 사건이 아니라 살아나신 부활의 사건임을 알기 원합니다. 돈이 나가고 건강이 나가도 그 사건을 통해 주님의 살아나심을 경험하고 거룩을 이루어 가기 원합니다.

주께서 가라고 하시는 그곳을 향해 달려가야 합니다(마 28:5~10).
주님이 살아나신 사건은 무서워할 일이 아닙니다. 내가 연약해도 주님을 찾는 그 마음을 아시고 무서워 말라고 하시는 음성을 듣기 원합니다. 말씀하시던 대로 살아나셨기에 주님의 말씀을 기억하며 그 누우셨던 자리를 보고 빨리 가서 부활을 전하는 증인의 삶을 살게 하옵소서. 주님의 살아나심을 전할 사명을 주셨기에 무서워도 큰 기쁨을 누리게 하옵소서. 사명을 위해 달음질하는 자에게 평안을 빌어 주시는 주님의 평안을 누리기 원합니다. 주께서 가라고 하시는 그곳을 향해 주님의 부활을 외치며 사명을 잘 감당하게 하옵소서.

우리들 묵상과 적용

저는 믿지 않는 가정에서 태어나 교회를 다녀 본 적이 없습니다. 내 열심과 의로 살면서 신앙은 필요 없다는 신조로 살았지만, 아들의 사망 사건으로 나의 무능력함을 인정하고 주님께 엎드릴 수밖에 없었습니다. 하지만 무덤을 지키던 자들이 예수님의 빈 무덤서 무서워 떨며 죽은 사람과 같이 된 것처럼 저도 아들이 죽은 집이 싫었고, 우울증이 생긴 아내가 흘리는 눈물로 인해 그 집에서 계속 살 수가 없어서 다른 집으로 급하게 이사를 했습니다(마 28:4). 믿음이 전혀 없었기에 번개같이 온 이 사건을 나를 눈같이 희게 할 사건으로 해석하지 못해 단순히 육적인 장소를 벗어나려고만 하며 잘못된 적용을 했습니다(마 28:3).

교회에 열심히 출석하고 성경공부도 했지만 삶에서는 그 어떤 적용도 없었습니다. 겉으로는 거룩하고 선한 척했지만 속에는 열등감을 포장하기 위한 교만이 가득했습니다. 대기업을 다닐 때도 질서에 순종하는 부하가 되기보다 상사의 부족을 들추기에 바빴습니다.

하나님이 가장 싫어하시는 것이 교만이라고 했는데, 교만하고 질서에 순종하지 못하는 제 모습은 바뀌지 않았습니다. 그래서 직장과 사람들이 싫어지면 저를 스카우트하는 중소기업으로 자리를 옮기는 일이 반복되었습니다. 그러다 주위 사람들과 상사의 만류를 뿌리치고 대기업을 나왔는데, 이런 제 삶의 결론으로 무시하던 중소기업에서 연거푸 해고를 당하는 일이 있었습니다. 나의 부족을 깨달아 조롱과 무시를 잘 받는 적용을 해야 함을 20년 넘게 사회생활을 한 이제야 깨닫습니다.

나의 이런 교만을 깨닫게 하시려고 예수님이 돌아가시고 누우셨다는 것을 알게 하시니 회개가 됩니다. 모든 것을 내려놓는 적용을 할 때, 부활의 예수님이 모든 것을 뛰어넘는 평안을 주실 것을 믿습니다(마 28:6). 아직도 작은 것 하나에도 분을 내며 조롱과 무시를 견디기 힘들어하는 연약한 저를 만나 주셔서 진정성 있는 온전한 예배를 드리게 해 주심에 감사합니다.

영혼의 기도

하나님 아버지, 주님이 살아나신 것을 일곱 귀신 들리고 창녀였던 막달라 마리아에게 처음 보이십니다. 멸시와 조롱받는 자녀 배우자가 우리 집의 구속사를 이루어 갈 것인데 그들을 무시하는 저를 용서하여 주옵소서. 상한 마음의 제사로 무덤을 들여다보는 마리아가 되기 원하고 그렇게 주님을 사랑하기 원합니다.

예수님의 시신을 지키던 파수꾼들이 학벌 지위가 있어도 시신이 없어진 것 때문에 무섭고 죽은 자같이 되었습니다. 밤잠을 안 자고 회사를 지키고 가정 지키고 공부를 지켜도, 무덤이라 하며 가족이 사원이 나가 버립니다. 내 몸이 성전인데 더러운 것만 집어넣으니 건강이 나가고 암이 걸리고 죽은 자같이 되었습니다.

번개 같은 이 사건이 우리를 눈같이 희게 하시려는 하나님의 거룩한 계획임을 알고 무서워하지 않게 하옵소서. 내가 연약해도 주님을 사랑하는 것을 하나님이 아시기 때문에 무서워할 이유가 없습니다.

말씀하신 대로 살아나신 주님을 알기 위해 말씀을 알아야 합니다. 이 사명을 가지고 부활의 주님이 빌어 주신 평안으로, 발아래 엎드린 겸손으로 나의 모든 사건을 약재료로 내어놓으며 나는 죽고 주님이 살아나셨다고 외치게 하옵소서. 예수님 이름으로 기도합니다. 아멘.

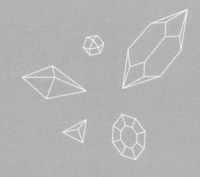

16

제자 삼으라

마태복음 28:11~20

하나님 아버지, 땅끝까지 가서
제자 삼으라는 최고의 명령을 주셨는데
어떻게 제자 삼을지 주님의 명령을 듣기 원합니다.
말씀하여 주옵소서. 듣겠습니다.

군사들에게 잡혀 온 탈영병이 알렉산더 대왕 앞에 섰습니다. 왕이 이름을
묻자 탈영병은 '알렉산더'라고 대답했습니다. 그의 이름을 들은 알렉산
더 대왕은 "너는 이름을 바꾸든지 아니면 이름에 걸맞은 삶을 살라"고 했
습니다.

주님이 피로 값 주고 사셔서 우리가 크리스천이라는 이름을 갖게 되
었습니다. 크리스천의 이름에 걸맞은 삶은 제자 삼는 삶입니다. 부활하시
고 하늘에 오르시는 예수께서 "제자 삼으라"는 최고의 명령을 주십니다.
어찌해야 제자 삼는 사명을 잘 감당할 수 있을까요?

세상 방법을 버리고 끝까지 주님 뜻대로 살아야 합니다

11 여자들이 갈 때 경비병 중 몇이 성에 들어가 모든 된 일을 대제사장
들에게 알리니 12 그들이 장로들과 함께 모여 의논하고 군인들에게 돈

을 많이 주며 13 이르되 너희는 말하기를 그의 제자들이 밤에 와서 우리가 잘 때에 그를 도둑질하여 갔다 하라 14 만일 이 말이 총독에게 들리면 우리가 권하여 너희로 근심하지 않게 하리라 하니 15 군인들이 돈을 받고 가르친 대로 하였으니 이 말이 오늘날까지 유대인 가운데 두루 퍼지니라_마 28:11~15

제자 삼기 위해 세상 방법을 버리라고 하십니다. 다시 살아나신 예수님의 무덤에서 여인들이 무서움과 큰 기쁨으로 부활을 전하기 위해 달음질했습니다. 그런데 군병들은 똑같은 사건에서 보는 것과 전하는 것이 전혀 다릅니다.

경비병들은 모든 된 일, 즉 부활하고 살아나신 일을 대제사장에게 고했습니다. 시신이 없어졌으니 무섭지 않겠습니까? 그래서 고했는데 대제사장은 장로들과 의논합니다. 그리고 군병들에게 돈을 줍니다. 표적을 요구할 때 주님은 요나의 표적, 즉 3일 만에 죽었다 살아나는 것을 이야기하셨는데 이는 십자가와 부활을 의미합니다. 주님께서 표적을 보이셨음에도 이들은 회개하지 않고 거짓말을 하라고 합니다. 표적을 구하는 사람은 인격적으로 주님을 만나기가 불가능합니다. 학교 들어가면, 돈 벌면 믿는다고 하는 사람은 주님을 만나기 어렵습니다.

주님은 십자가에서 피 흘리심으로 교회를 지키셨는데, 주님께서 살아나시자마자 직분을 가진 자들이 거짓말과 돈, 권모술수로 교회를 더럽힙니다. 더럽히는 장본인이 대제사장, 장로, 경비병들입니다.

이 사람들이 지위와 권세를 가졌기에 주변에 사람들이 모일 수밖에 없습니다. 그런데 예수님이 십자가를 지시고 수치와 조롱을 당하고 가시에 찔리면서도 마지막까지 순종하시는 것을 보니까 점점 분이 납니다. 게

다가 십자가 지던 사람이 살아났습니다. 내가 무시했던 사람이 잘된 것을 보니까 인정하기가 싫습니다. 목수의 아들 예수님은 계속 무시받아야 되는데 갑자기 잘되니까 인정하기 싫은 겁니다. 그래서 입을 틀어막고 싶습니다.

우리의 세상 권세가 제자 삼는 데 방해가 됩니다. 그들도 함께 모여 성경공부, 제자훈련 다 했을 것입니다. 니고데모는 산헤드린 공의회의 성경 선생님입니다. 지위 때문에, 집이 화려해서 그에게 사람들이 많이 모입니다. 그러나 그것 때문에 제자 삼을 수는 없습니다. 그렇게 함께 모여 봐야 "예수님 시신을 제자들이 도적질했다고 소문내라" 하며 돈을 주고 일을 시키는 것뿐입니다.

믿음이 대단한 사람이 시키는 일이라 하여도 주의 일이 아닐 수 있습니다. 대제사장이 시켜도 주의 일이 아닐 수 있습니다. 너희에게 누를 끼치지 않겠다고 큰소리로 장담하고 보장해 줘도 절대 해서는 안 되는 일이 있습니다.

환경에 장사가 없습니다. 누구누구에게 줄 서면 장래가 보장될 것 같아서 교회에서 봉사하고, 그래서 직분을 받고 인정받으면 제자라고 할 수 있겠습니까?

부모가 돈이 많으면 돈으로 자녀들을 가르칩니다. 그러면 자녀들도 무엇이든 돈으로 해결하려고 합니다. 세상 방법을 버리지 않으면 자녀에게 제자훈련을 시킬 수 없습니다. 제자는 돈으로, 거짓말로, 뇌물로 되는 게 아닙니다.

솔로몬이 아들 르호보암에게 여호와를 경외하는 것이 지혜의 근본이라고 큰소리치고 부르짖었습니다. 음녀를 취하지 말라고, 젊은 시절의 짝을 버리지 말라고, 절대 바람피우지 말라고 가르쳤습니다(잠2:16~17).

그런데 그러면서 자신은 여자를 천 명이나 얻고 이방과 무역하면서 이방 여인을 닥치는 대로 취했습니다. 애굽 바로의 공주도 데려오면서 나라의 부강을 위한 일이라고 합리화했습니다. 그랬기에 아무리 솔로몬이 돈을 많이 벌고 금언을 3,000개나 지었어도 르호보암을 제자 삼는 것에는 실패했습니다. 르호보암은 아버지가 죽고 정권을 잡으니까 원로대신을 무시하고 자기 친구들을 요직에 앉힌 뒤 백성을 전갈과 채찍으로 치리했습니다. 어려서 부모 말 잘 듣는 것 같아도 자녀는 부모가 산 그대로 살 수밖에 없습니다.

말씀이 없으면 부모에게 맞아도 사랑을 받아도 정죄감을 가지게 됩니다. 아무리 잘해 줘도 아무리 때리고 훈육해도 말씀이 없으면 헛것입니다.

세상은 물질이 신이기 때문에 돈이면 다 됩니다. 돈 때문에 결혼 못하고 무시받고 떨어진다고 생각합니다. 그러다가 돈 많은 사람을 찾아가고 돈 주고 학교에 들어갑니다. 이 세상은 그래서 돈 주고 돈 받는 모임입니다. 돈 주고 돈 받는 가족 모임, 돈 주고 돈 받는 학교 모임입니다. 세상 방법을 버리지 못하면 주의 제자가 될 수 없습니다.

아무리 도적질해 갔다고 거짓말해도 부활을 막을 수 없습니다. 아무리 나를 괴롭히는 사람이 있어도 주님 뜻대로 살다 보면 언젠가는 부활이 증거될 줄 믿습니다.

✦ 내가 무시했던 사람이 잘되는 걸 보면서 어떤 감정을 느꼈습니까? 세상 방법으로 직장에서 일하고, 자녀를 교육하여 제자 삼지 못했습니까? 나를 괴롭히는 사람이 있어도 주님 뜻대로 살기로 결단하십니까?

예수의 명을 기억하고 초심을 잃지 말아야 합니다

열한 제자가 갈릴리에 가서 예수께서 지시하신 산에 이르러_마 28:16

세상 방법을 버리기 위해 예수께서 명하신 산에 가서 예수님의 명을 들어야 합니다. 이 산은 팔복을 가르치신 산입니다. 18절에 보면 말씀을 가르치시기 위해 예수님이 나아오십니다. 병을 고치시기 위해 나아오신 일은 많지만 말씀 자체를 위해 나아오신 본문은 여기밖에 없습니다. 주님께 받은 은혜를 기억하고 초심을 잊지 말라는 것입니다.

주님은 이 땅에서 가르치시고, 가르치신 대로 사시고, 제자 뽑으시고, 말씀하신 대로 십자가에서 돌아가시고 부활하셨습니다. 너무 자신이 있으신 겁니다. 그래서 내가 명한 대로 살라고 제자들을 만나 주십니다.

대제사장과 백성은 주님을 만나지 못했지만 제자 삼았던 사람들은 주님을 만났습니다. 똑같은 상황 속에서도 주님을 만난 사람과 만나지 못한 사람의 차이가 대단한 것입니다.

주님은 부활하신 뒤 40일가량을 머무시면서 '전하는 사명'을 주시기 위해 제자들을 양육하셨습니다. 그래서 우리에게는 내가 본 예수님을 전해야 할 사명이 있습니다. 같이 살아도 남편도 못 보고 아버지도 못 보고 아이들도 못 봅니다. 대제사장도 군병도 못 봤습니다. 예수님을 본 사람들은 사명이 있습니다. 예수님을 보지 않았다면 어떻게 제자 삼는 사명을 감당하겠습니까?

예수를 뵈옵고 경배하나 아직도 의심하는 사람들이 있더라_마 28:17

내 옆에 있는 사람 중에 의심하는 자도 있습니다. 내가 살아났다고 하는데 시집살이가 무슨 고난이냐는 사람도 있고 암에서 살아났다고 간증하면 암이 아니었다고 하는 사람도 있습니다. 진짜 죽었는지 진짜 살아났는지 의심하는 자도 있지만, 대개는 불신이라기보다 확신하지 못하는 것입니다. 그런 사람에게도 예수님은 나와서 말씀하십니다.

솔로몬처럼 대단한 환경에서 아이비리그를 나와 모범생으로 살아도 아들 르호보암에게 말씀을 못 전해 줍니다. 르호보암이 듣는 것처럼 보였지만 말씀이 안 들립니다. 장로님 권사님 집안에 직업이 좋고 모태신앙인이어도 결혼하자마자 이혼하겠다는 집들이 많습니다.

청교도들이 신앙의 자유를 바라고 영국의 화려한 곳을 떠나 일엽편주에 몸을 싣고 미 대륙으로 갔습니다. 가면서 힘들어서 죽고 추워서 죽고 살아남은 사람이 몇 안 되었어도 성경에 손을 얹고 나아갔습니다. 미국은 그렇게 시작되었습니다.

청교도의 설교 주제는 첫째, 죄에 대한 지적이고 둘째, 항상 거룩이고 셋째, 구원이고 넷째, 그리스도의 인격과 사역이고 다섯 번째가 가정입니다. 저는 청교도들이 이 다섯 가지를 강조했다는 걸 몰랐지만 저도 고난이 많고 성경을 읽다 보니 이 주제들을 강조하게 됐습니다. 철저히 성경 중심이었습니다. 강해 설교를 하면서 성경을 차례대로 읽어 가고 가정을 강조했습니다.

가정이 타락하면 모든 것이 타락합니다. 말씀 공부가 제대로 되어 있어야 선교도 구제도 말씀에 의거해서 하게 됩니다. 이것을 빼고 사회적인 이야기만 하고 말씀 한 부분만 강조하면 치우치게 됩니다.

창세기부터 고난 가운데 있는 사람들은 말씀을 읽고 말씀대로 살았습니다. 아무것도 없이 성경에 손을 얹고 시작한 나라에서 하버드라는 명문대학이 나왔습니다. 아이비리그는 대부분 청교도들이 세웠습니다. 힘든 가운데 신앙을 지키기 위해 애쓸 때 하나님께서 최고가 되게 하십니다.

알래스카에서 늑대에 잡아먹혀 사슴 수가 줄어드니까 늑대들을 다 죽였다고 합니다. 그런데 사슴들이 편안해지자 뛰지 않고 운동이 부족해져 병들기 시작했습니다. 그 결과 이전보다도 더 사슴 수가 빠른 속도로 줄어들었습니다. 그래서 늑대를 다시 풀었더니 사슴들이 건강해졌다고 합니다.

하나님께서 다른 사람을 위해 살라고 선교와 구제를 위해 잘살게 하셨는데 좋은 환경에 취해 예배도 사명도 잊고 있으니까 자식이 속을 썩이는 사건이 옵니다. 이것이 늑대를 푸는 사건입니다. 여러분 잘살라고 주님이 불러 주신 것이 아니라 제자 삼으라는 명령을 주시려고 불러 주셨습니다. 잘 먹고 잘살면서 예수도 안 믿으면서 한마음이 되는 건 저주입니다. 우리의 모든 사건을 하나님께서 나를 건강하게 하시려고 늑대를 푸신 사건이라고 생각하면 어려움을 잘 이겨낼 줄 믿습니다.

◆ 나는 말씀 듣기에 힘쓰고 있습니까? 날마다 말씀을 먹어 가정과 직장과 학교에 적용하며 살고 있습니까?

하나님께서 주신 하늘과 땅의 권세를 잘 받아야 합니다

18 예수께서 나아와 말씀하여 이르시되 하늘과 땅의 모든 권세를 내게 주셨으니 19 그러므로 너희는 가서 모든 민족을 제자로 삼아 아버지와 아들과 성령의 이름으로 세례를 베풀고 20 내가 너희에게 분부한 모든

것을 가르쳐 지키게 하라 볼지어다 내가 세상 끝날까지 너희와 항상 함께 있으리라 하시니라 _마 28:18~20

주님이 천국을 위해 모든 것을 바쳤기 때문에 천국의 모든 권세를 우리에게 주십니다. 내가 천국을 위해 시간, 애정, 물질 모든 것을 바칠 때 하나님께서 하늘과 땅의 모든 권세를 주십니다.

주님이 십자가 지기 이전의 권세와 십자가 진 후의 권세가 다릅니다. 주님은 원하시면 우리에게 돈도 나라도 권세와 명예도 다 주십니다.

그 권세를 가지고 내가 해야 할 일은 가서 세례를 주고 가르쳐 지키게 하는 것입니다. '가서'는 명령 분사, '세례 주는 것'은 현재 분사, '가르치는 것'은 명령 분사입니다. 세 개의 분사가 둘러싸여서 명령 동사인 '제자를 삼으라'고 하는 것입니다.

여기서 동사는 제자 삼는 것 하나입니다. 가서 제자 삼고 세례 주고 가르쳐서 또 제자 삼는 것입니다. 제자 삼기 위해 결혼하고, 제자 삼기 위해 직장에 가고, 교회도 가고, 학교도 가야 합니다. 하나님의 형상을 닮은 제자, 즉 예수님의 붕어빵들을 만들어 내기 위해서입니다.

"가서" 모든 민족을 제자 삼아야 합니다. 이는 안 해도 되는 것이 아니라 반드시 해야 하는 명령입니다. 먼저 자녀들, 그리고 하나님께서 붙여 주신 사람들, 고통 가운데 있는 사람들, 그리고 교회 공동체에서 목자로 목원으로 제자 삼아야 합니다.

목자가 하는 일은 세례를 주고, 죄를 보게 해 주는 것입니다. 솔로몬처럼 입으로만 하는 것이 아니라 삶으로 죄를 보게 해 줄 때 제자 삼을 수 있습니다.

특히 은혜받았으면 자녀들에게 가르쳐야 합니다. 계속 죄를 보게 하면서 가르쳐 지키게 하는 것은 그리스도의 인격과 사역을 이뤄 가기 위해서입니다.

주님은 명령을 주시고 함께 있으리라 약속하셨습니다. 이 약속을 믿고 제자 삼아야 합니다. 내가 주님께 분부받은 게 있으면 가야 되고 가르쳐 지키게 해야 합니다. 분부받은 것이 없으면 들어야 됩니다. 모르는 것은 배우기로 작정해야 합니다.

세상 끝날까지 항상 함께하리라 약속하신 주님을 의지하여 제자 삼는 부모, 제자 삼는 목자, 제자 삼는 교회로 우리가 세워져 가길 바랍니다.

◆ 나는 천국을 위해 시간, 애정, 물질을 드립니까? 주님이 주신 권세로 제자 삼는 삶을 살고 있습니까? 늘 함께하시겠다는 주님의 약속을 굳게 믿습니까?

가서 제자 삼고 세례 주고 가르쳐서 또 제자 삼는 것입니다.
제자 삼기 위해 결혼하고, 제자 삼기 위해 직장에 가고,
교회도 가고, 학교도 가야 합니다.
하나님의 형상을 닮은 제자, 즉 예수님의 붕어빵들을
만들어 내기 위해서입니다.

말씀으로 기도하기

마태복음 마지막에, 부활하시고 승천하시는 주님께서 제자 삼으라는 명령을 주십니다. 이 명령은 반드시 들어야 합니다. 제자 삼으라는 이 명령을 따르기 위해 우리 인생의 모든 것이 가고 오는 것입니다. 내가 명령을 따르기로 작정만 해도 주님께서 힘을 주십니다. 세상 끝날까지 함께 하리라 약속하시며 제자 삼는 성도, 제자 삼는 가정, 제자 삼는 교회로 세우십니다.

세상 방법을 버리고 끝까지 주님 뜻대로 살아야 합니다
(마 28:11~15).

제자 삼기 위해 세상 방법을 내려놓기 원합니다. 대제사장과 장로들이 주님의 부활을 거짓으로 감추며 돈과 거짓말로 주님께서 피로 값 주고 사신 교회를 더럽히는 것을 봅니다. 나의 돈과 지식으로 교회를 더럽히고 복음을 왜곡시키는 죄를 짓지 않도록 지켜 주옵소서. 세상 방법을 버리고 주님 뜻대로 사는 삶을 보여 줄 때 내 가족, 내 자녀가 예수님의 제자가 될 것을 믿고 기도합니다

예수의 명을 기억하고 초심을 잃지 말아야 합니다(마 28:16~17).

주님의 가르치심과 은혜를 기억하고 주님이 명하시던 곳으로 가게 하옵소서. 살아나신 예수님을 뵙고도 의심하면서 순종하지 못하는 것을 회개합니다. 이렇게 연약하고 가진 것이 없어도 다시 말씀해 주시고 말씀

으로 살아나게 하시니 감사합니다. 언제나 예수님의 명을 따르며 그 말씀을 가르침으로 일류 제자, 일류 교회, 일류 학교가 세워지고 하나님의 나라가 확장되게 하옵소서.

하나님께서 주신 하늘과 땅의 권세를 잘 받아야 합니다
(마 28:18~20).

제자 삼으라는 명령을 이루시려고 하늘과 땅의 권세를 주셨습니다. 내 시간과 애정과 물질을 가지고 내게 붙여 주신 모든 민족, 자녀와 가족과 이웃과 동료, 또 다른 힘든 사람들에게 찾아가기 원합니다. 내 죄를 고백하고 그들에게도 죄를 깨닫게 함으로 세례를 베푸는 인생을 살기 원합니다. 그들의 죄를 깨닫도록 도울 때 하나님께서 가르쳐 지키게 하시고 제자로 세워 주시는 것을 믿습니다. 주님께서 분부하신 사명으로 가르치며, 아직 사명을 깨닫지 못했다면 듣고 배우는 자가 되어 각자의 자리에서 제자 삼는 사역에 힘쓰게 하옵소서.

우리들 묵상과 적용

수년 전 실직한 후 사람들을 만나러 다닐 때, 수백 억대 자산가로 변신한 전 직장 동료를 만난 적이 있습니다. 완전히 망했던 그가 부자가 된 것은 점쟁이의 지시로 선물거래를 했기 때문이라며, 자기 사명은 점괘를 따라 옛 직장 동료 10명을 먹여 살리는 것이라고 했습니다. 그러더니 "먹고사는 문제를 다 해결해 줄 테니 우선 그 점쟁이에게 같이 가자"는 것이었습니다. 저는 머뭇거릴 필요도 없이 더 크신 하나님의 권세를 생각하고 권유에 응하지 않았습니다.

그런데 이때만 해도 형편이 괜찮았나 봅니다. 지난달, 적은 금액이라도 꼬박꼬박 월급을 받으며 살았으면 좋겠다고 생각하던 차에 한 선배로부터 조그만 홍삼 제조회사에 입사하겠냐는 제의를 받았습니다. 지방에서 근무해야 했지만 가릴 처지가 아니었습니다. 그런데 막상 가 보니 취약한 제품을 신설되는 다단계 방문 조직을 통해 판매한다는 것이었습니다. 돈을 벌게 해 줄 테니 기획을 맡아 달라는 요구에 갈등하게 되었습니다. 가장으로서 책임이 무거워질수록, 또 힘들어질수록 '세상 방법이냐, 예수님의 명이냐'의 선택을 요구받는 것 같습니다(마 28:18).

얼마 전에는 외곽 변두리 지역의 한 어학원에 업무차 들렀다가 "와서 아이들을 가르쳐 보라"는 제의가 있었습니다. 학부모와 아이들에게 선한 영향력을 미칠 수 있는 건전한 일이고 주님이 열어 주시는 길 같았으나, 장거리와 적은 수입, 또 장기간 매여서 고생해야 한다는 점 등 마음으로 주판알을 굴리기에 바빴습니다. 부활하신 주님이 마지막 명령으로

"가서 제자 삼으라. 이것이 네가 살아갈 사명이다"라고 말씀해 주시는데도 귀 기울여 듣지 못했습니다(마 28:19~20). 가라고 하시면 가야 하는데 낮은 자리라고, 힘든 곳이라고, 돈이 안 된다고 안 가는 제 모습이 있었습니다. 이제는 사명자로서 영혼 구원을 위해서라면 어디든 가는 사람이 되게 해 달라고 기도합니다.

영혼의 기도

하나님 아버지, 마태복음 마지막에 결론으로 제자 삼으라고 하십니다. 제자 삼기 위해서는 세상 방법 다 내려놓으라고 하시는데 우리는 하늘과 땅의 권세를 주셨음에도 주님의 제자를 삼으려 하지 않고 내 제자 삼으려 열심을 부리고, 그러다 지쳐서 낙망합니다.

세상 방법 내려놓기 위해 하나님의 명을 듣기 원합니다. 주님은 말씀하시고 가르치시고 말씀대로 사셨기 때문에 '말을 들으라' 하실 자격이 있지만 우리는 그렇게 살지 못하기 때문에 자녀들의 교육에 실패하고 제자 양육에 실패합니다.

입으로 가르치는 것보다 삶으로 가르칠 수 있도록 은혜를 내려 주시고, 예수 믿는 사람을 보려거든 아버지를 봐라, 엄마를 봐라 말할 수 있는 부모가 되기 원합니다.

내가 연약하지만 하늘과 땅의 모든 권세를 주신다고 하셨사오니 권세를 갖고 앉아 있지 말고 찾아가기 원합니다. 세례를 주고 죄를 보게 하고 가르쳐 지키게 하는 것은 내 힘으로 할 수 없지만 가려고 마음만 먹어도 주님께서 하게 하실 줄 믿습니다.

날마다 나의 연약함을 보며 기도할 때 자녀들을 제자 삼게 될 줄 믿습니다. 세상 끝날까지 항상 함께하시는 주님과 동행하며 제자 삼는 부모, 제자 삼는 목자, 제자 삼는 교회로 세워 주시옵소서. 예수님 이름으로 기도합니다. 아멘.

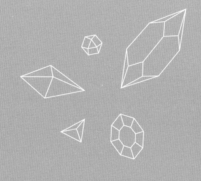

뜨겁게 행하라

초판 발행일 ㅣ 2006년 10월 11일
개정증보판 발행일 ㅣ 2023년 12월 11일
지은이 ㅣ 김양재

발행인 ㅣ 김양재
편집인 ㅣ 김태훈
편집장 ㅣ 정지현
편집 ㅣ 김윤현 진민지 고윤희
디자인 ㅣ 디브로(주)

발행한 곳 ㅣ 큐티엠
주소 ㅣ 경기도 성남시 분당구 판교공원로2길 22, 4층 큐티엠 (우)13477
편집 문의 ㅣ 070-4635-5318　**구입 문의** ㅣ 031-707-8781
팩스 ㅣ 031-8016-3193
홈페이지 ㅣ www.qtm.or.kr　**이메일** ㅣ books@qtm.or.kr
인쇄 ㅣ (주)정현씨앤피
총판 ㅣ (주)사랑플러스 02-3489-4300

ISBN ㅣ 979-11-92205-64-9

Copyright 2023. QTM. All rights reserved.

이 책은 저작권법에 따라 보호 받는 저작물이므로 무단 전재와 복제를 금합니다.
이 책에 실린 글과 그림, 사진의 모든 저작권은 큐티엠에 있으므로
큐티엠의 사전 서면 동의 없이 복제 내지 전송 등 어떤 형태로도 사용할 수 없습니다.

잘못된 책은 구입하신 곳에서 바꿔드리며, 책값은 뒤표지에 있습니다.

큐티엠(QTM, Quiet Time Movement)은 '날마다 큐티'하는 말씀묵상 운동을 통해
영혼을 구원하고, 가정을 중수하고, 교회를 새롭게 하는 일에 헌신합니다.